MUDANÇA

MUDANÇA

COMO AS GRANDES TRANSFORMAÇÕES ACONTECEM

DAMON CENTOLA

Tradução de
Maria Antonia Kormann e Alessandra Kormann

Editora Melhoramentos

Dados Internacionais de Catalogação na Publicação (CIP)
(Câmara Brasileira do Livro, SP, Brasil)

Centola, Damon
  Mudança: como as grandes transformações acontecem / Damon Centola; tradução de Maria Antonia Kormann e Alessandra Kormann. – 1. ed. – São Paulo, SP: Editora Melhoramentos, 2022.

  Título original: Change: how to make big things happen.
  ISBN: 978-65-5539-505-1

  1. Comportamento humano 2. Desenvolvimento pessoal 3. Liderança 4. Mudança (Psicologia) 5. Mudança social 6. Sucesso nos negócios I. Kormann, Maria Antonia. II. Kormann, Alessandra. III. Título.

22-118350   CDD-303.4

Índices para catálogo sistemático:
1. Mudança social: Sociologia: 303.4

Eliete Marques da Silva – Bibliotecária – CRB-8/9380

Título original: *Change – How to Make Big Things Happen*
Copyright © 2021 by Damon Centola.
Direitos desta edição negociados pela Agência Literária Riff Ltda.

Tradução de © Maria Antonia Kormann e Alessandra Kormann
Preparação de texto: Marcia Men
Revisão: Júlia Nejelschi e Isadora Attab
Capa, projeto gráfico e diagramação: Estúdio dS
Imagens de capa: Kamol.K/Shutterstock

Toda marca registrada citada no decorrer deste livro possui direitos reservados e protegidos pela de lei de Direitos Autorais 9.610/1998 e outros direitos.

Direitos de publicação:
© 2022 Editora Melhoramentos Ltda.
Todos os direitos reservados.

1.ª edição, setembro de 2022
ISBN: 978-65-5539-505-1

Atendimento ao consumidor:
Caixa Postal 169 – CEP 01031-970
São Paulo – SP – Brasil
Tel.: (11) 3874-0880
sac@melhoramentos.com.br
www.editoramelhoramentos.com.br

Siga a Editora Melhoramentos nas redes sociais:
 /editoramelhoramentos

Impresso no Brasil

Para Susana e Milan

Sumário

Prefácio 9

Introdução 13

Parte I – Mitos disseminados que impedem a transformação

Capítulo 1 – O mito do influenciador e o paradoxo da (im)popularidade 21

Capítulo 2 – O mito da viralização e a fraqueza inesperada dos laços fracos .. 44

Capítulo 3 – O mito da aderência e por que grandes inovações falham 64

Parte II – O manual do agente de transformação: como construir uma infraestrutura de contágio

Capítulo 4 – Como a transformação acontece: a descoberta dos contágios complexos 85

Capítulo 5 – O contágio complexo em ação: memes, bots e mudança política 104

Capítulo 6 – A infraestrutura de contágio: a importância das pontes largas 115

Capítulo 7 – O princípio da relevância: o poder das pessoas como nós e das diferentes de nós 141

Parte III – O ponto de virada dos 25%

Capítulo 8 – Em busca de um novo normal 165

Capítulo 9 – Wittgenstein, #MeToo e o segredo da transformação social 183

Capítulo 10 – O ponto cego no "eu" da mente: gatilhos inesperados para pontos de virada 205

Parte IV – Discórdia, disrupção e descoberta

Capítulo 11 – Otimizando a inovação: redes sociais para descobertas 241
Capítulo 12 – Viés, crença e a vontade de mudar 264
Capítulo 13 – As sete estratégias fundamentais para a transformação 294

Agradecimentos 301
Notas e leituras adicionais.. 303
Índice remissivo 331

Prefácio

A ciência das redes é o estudo de como as coisas se propagam. Como as conexões que compartilhamos com as pessoas ao nosso redor afetam o modo como doenças, ideias, tendências e comportamentos se movem pelas comunidades e sociedades ao redor do mundo?

Quando eu estava terminando o trabalho neste livro, em 2020, na primavera do hemisfério norte, o mundo foi repentinamente transformado por dois novos exemplos poderosos de coisas que se alastram para muito longe, muito rapidamente. A primeira delas, é claro, foi o novo coronavírus, que emergiu em um mercado em Wuhan, na China, e, em questão de semanas, se espalhou por todo o país, depois para o Oriente Médio e a Europa, e de lá para todos os cantos do mundo.

O que tornou o vírus tão mortal e perturbador foi a facilidade de sua transmissão. Ele era pequeno, difícil de matar e transmissível pelo ar. Você poderia pegá-lo de alguém a alguns metros de você, e ele ficava suspenso no ar durante horas. Mas o que tornou o vírus ainda mais insidioso foi o fato de que, se o pegasse, você poderia transmiti-lo para outras pessoas antes mesmo de sentir quaisquer sintomas e sem ao menos saber que estava infectado. Toda pessoa era uma potencial fonte de contágio. Todo contato era um meio de transmissão. Um abraço. Um aperto de mãos. Receber uma encomenda. Pegar alguns papéis de um colega. E assim a doença se espalhou rapidamente em ensaios de coral, funerais e reuniões de família; por hospitais, asilos e frigoríficos; entre maridos, esposas e pessoas desconhecidas. Até junho daquele ano, mais de seis milhões de pessoas haviam sido infectadas em todo o mundo, sendo um terço delas só nos Estados Unidos. Uma vez que o vírus se estabelecia, ele se alastrava exponencialmente.

Mas outra coisa estava sendo disseminada naquela primavera. Não era uma doença. Era um comportamento.

Governos ao redor do planeta reagiram de maneiras diferentes à pandemia — alguns, muito mais rapidamente do que outros —, mas, após alguns meses, as recomendações de saúde pública em todo o mundo se resumiam a quatro medidas preventivas básicas: lave as mãos; fique em casa; use máscara; e fique a cerca de dois metros de distância de outras pessoas. Enquanto essas orientações surgiam, uma outra questão veio à tona: será que as pessoas seguiriam essas medidas? Conseguiria o mundo inteiro mudar seus hábitos de maneira tão drástica?

Primeiro, as pessoas olharam para os amigos e vizinhos. Eles estavam usando máscaras? Estavam fazendo distanciamento social? Na maioria das vezes, incrivelmente, eles estavam. Em muitas comunidades — cidades pequenas e grandes —, as calçadas ficaram quase vazias. As pessoas estavam em casa. Quando saíam, na maioria das vezes, usavam máscaras. E elas abriam um espaço exageradamente grande quando se cruzavam na rua. Em um país após o outro, populações mudaram o modo como trabalhavam, socializavam, iam à escola, criavam seus filhos e namoravam. Novas normas comportamentais surgiram, da noite para o dia, e se propagaram ao redor do mundo.

Gradualmente, esses comportamentos mudaram a evolução da doença. Após semanas com manchetes cheias de morte e desespero, houve *boas* notícias pela primeira vez em meses: a disseminação do vírus estava desacelerando. O número de novos casos estava diminuindo. Hospitais esvaziavam suas unidades de terapia intensiva (UTI).

Então, no hemisfério norte, o tempo esquentou. As pessoas começaram a se cansar dos lembretes diários de vigilância rigorosa. O verão estava chegando e as novas normas começaram a desaparecer.

Algumas pessoas deixaram de usar máscara, outras ficaram menos cautelosas com o distanciamento social. Seus amigos e vizinhos tentaram descobrir o que fazer. Quais comportamentos eram aceitáveis? Quais eram excessivamente cautelosos? Quais eram egoístas ou irresponsáveis? Comunidades diferentes responderam a essas questões de modos diferentes. Alguns grupos usavam máscara, outros não. Alguns se aglomeravam, outros mantinham o distanciamento.

Enquanto isso, a doença continuou se disseminando como antes. Cada pessoa, superfície e contato continuava sendo uma potencial fonte de infecção. E o número de casos seguiu crescendo.

Há quase um século, cientistas acreditam que os comportamentos se espalham como um vírus. Mas, como o mundo viu em 2020, a disseminação do comportamento humano, na verdade, segue regras bem diferentes do que as da propagação de doenças.

Na atualidade, epidemiologistas e especialistas em saúde pública podem prever a trajetória de um vírus e usar esse conhecimento científico para desenvolver políticas que ajudam a desacelerar essa propagação. Mas como podemos prever a disseminação de novos *comportamentos*? Como podemos identificar políticas que vão melhorar a aceitação de comportamentos positivos? Como podemos reconhecer políticas que, involuntariamente, farão com que esses comportamentos desmoronem? Por que as regras de influência social parecem variar com a cultura e a identidade e como podemos algum dia ter esperança de entender essas complexidades?

Este livro é uma tentativa de responder a essas perguntas. Nas páginas a seguir, vou mostrar a você o que a ciência moderna das redes nos conta sobre como, por que e quando o comportamento humano muda. Vou mostrar os fatores que determinam a propagação da transformação social, explicar por que nós os interpretamos mal por tanto tempo e revelar como eles realmente funcionam.

A mudança de comportamento, como agora entendemos, não é como um vírus que se espalha por contato casual. Ela segue, sim, algumas regras. Mas entender essas regras nos leva além da disseminação de doenças e nos revela um processo mais profundo, mais misterioso — e muito mais interessante.

Introdução

Em 1929, Werner Forssmann era um cirurgião cardíaco de 25 anos com uma grande ideia. Ele havia inventado um novo procedimento radical para salvar vidas, o qual imaginou que transformaria o mundo. Mas a comunidade médica recebeu sua ideia com desprezo: ele foi ridicularizado pelos colegas, demitido do emprego e afastado do campo da cardiologia. Quase trinta anos mais tarde, Forssmann estava trabalhando como urologista em uma pequena cidade nas montanhas remotas da Alemanha. Em uma noite em um bar local, ele recebeu um telefonema com notícias surpreendentes: sua antiga descoberta havia ganhado o Prêmio Nobel de Medicina e Fisiologia de 1957. Hoje em dia, o cateterismo cardíaco é usado em todos os grandes hospitais ao redor do mundo. Mas como a inovação impopular de Forssmann se tornou um dos procedimentos mais amplamente aceitos na ciência médica?

Em 1986, cidadãos estadunidenses podiam ser encarcerados por até cinco anos pela posse de maconha — uma pena de prisão que alterava para sempre a perspectiva de sucesso financeiro, casamento e até mesmo de participação política. Hoje, lojas de shopping vendem maconha abertamente e pagam impostos federais sobre os lucros. Como um comportamento que, além de ilegal, era visto como socialmente desviante se tornou aceito a tal ponto que os "vendedores de drogas", antes estigmatizados, viraram parte da grande comunidade empresarial dos Estados Unidos?

Em 2011, o gigante da internet Google lançava sua mais nova rede social, o Google+. Apesar de o Google ter mais de 1 bilhão de usuários ao redor do mundo, a empresa lutava para transferir seu domínio no mercado de ferramentas de busca para o das redes sociais. Em 2019, o Google+ foi obrigado a fechar as portas. Naquele mesmo período, a startup Instagram entrou em cena. Ela alcançou um milhão de usuários em dois meses. Em dezoito meses, a empresa foi comprada pelo Facebook por um bilhão de dólares e, em 2019, o Instagram havia se tornado algo básico entre os usuários de redes sociais. O que o Google fez de errado? E como o Instagram, com menos recursos e em menos tempo, superou a gigante das ferramentas de busca?

Em abril de 2012, a hashtag #BlackLivesMatter* foi postada pela primeira vez nas redes sociais, em resposta à absolvição pelo júri do homem que havia assassinado a tiros um adolescente de dezessete anos chamado Trayvon Martin. Nos dois anos seguintes, muitas mortes de homens e mulheres afro-americanos e associadas às forças policiais foram reportadas nos noticiários e nas redes sociais, mas em junho de 2014 a hashtag #BlackLivesMatter só havia sido usada seiscentas vezes. Porém, dois meses depois, a morte do jovem de dezoito anos Michael Brown, na cidade de Ferguson, no Missouri, desencadeou uma revolução: após poucos meses, a hashtag havia sido usada mais de um milhão de vezes, e por todos os Estados Unidos havia surgido um movimento para protestar contra a violência policial. Seis anos depois disso, em resposta ao assassinato de George Floyd, em maio de 2020, #BlackLivesMatter se transformou novamente, desta vez em um fenômeno global, com protestos solidários em mais de duzentas cidades ao redor do mundo e uma nova legislação federal para reduzir a violência policial. O que aconteceu para transformar décadas de violência policial negligenciada em um movimento popular poderoso e auto-organizado?

Este livro é sobre transformação. Como ela funciona e por que muitas vezes dá errado. É sobre a propagação de inovações improváveis, o

---

* #VidasNegrasImportam, em português. (N.T.)

sucesso de movimentos marginalizados, a aceitação de ideias impopulares e o triunfo de novas crenças controversas. E é sobre as estratégias que os ajudaram a prosperar. Todas essas histórias de sucesso têm algo em comum: em seu núcleo, todas as novas ideias radicais se expandiram e se difundiram por meio das redes sociais.

Eu tenho uma perspectiva única sobre essas questões porque sou um sociólogo que estuda a ciência das redes sociais. Na verdade, nas últimas décadas, minhas ideias contribuíram na formação desse novo campo. Em 2002, fiz uma série de descobertas que alteraram nossa compreensão científica acerca das redes sociais, e inaugurei uma nova forma de estudar como a mudança se alastra. As descobertas resultantes ajudaram a explicar por que a mudança social pode ser difícil de prever e por que ela tão frequentemente confunde nossas ideias mais confiáveis a respeito de quais estratégias vão funcionar e quais vão falhar.

Por décadas, o padrão de ideia sobre mudança social tem se baseado em uma metáfora popular — a de que a mudança se propaga como um vírus. Recentemente, fomos todos lembrados de como um vírus funciona: uma pessoa é infectada, ela transmite para uma, duas ou três pessoas (ou centenas delas), e o contágio se dissemina por toda a população. A ideia de que "influenciadores" são o segredo para disseminar inovações é baseada na noção de que indivíduos bem conectados podem desempenhar um papel enorme na propagação de uma doença — por exemplo, em uma pandemia viral. Do mesmo modo, a ideia de que a *aderência* é essencial para uma campanha de marketing social bem-sucedida é baseada na noção de que certos vírus são particularmente mais infecciosos do que outros.

Essas metáforas virais são úteis quando estamos falando da dispersão de ideias simples ou de informação (manchetes sobre uma erupção vulcânica, por exemplo, ou casamentos de celebridades da realeza). E essas informações realmente *são* contagiantes; fáceis de entender, fáceis de transmitir. Mas há um problema maior com a metáfora viral: para gerar uma mudança real, você precisa fazer mais do que apenas propagar informação; você tem de mudar as crenças e comportamentos das pessoas. E isso é muito mais difícil de influenciar. Metáforas sobre vírus são capazes de descrever um mundo em que a informação se propaga rapidamente, ainda que as crenças e comportamentos continuem os mesmos. É um mundo de *contágios simples* — ideias cativantes e memes que se espalham rapidamente para todo mundo, mas carecem de impactos duradouros sobre como pensamos ou vivemos.

Mas a mudança social é muito mais complicada. Ideias e comportamentos inovadores não se propagam de forma viral; a simples exposição não é suficiente para nos "infectar". Quando somos expostos a um novo comportamento ou ideia, não o adotamos de maneira automática. Em vez disso, precisamos decidir se vamos aceitá-lo ou rejeitá-lo. E essa decisão, muitas vezes, pode ser complexa e emocional.

Minha pesquisa, e as de muitos outros nesse campo, mostrou que, ao considerar se adotamos um novo comportamento ou uma nova crença, nós somos guiados, muito mais do que percebemos, por nossas redes sociais. Por meio do poder oculto da influência social, a rede em nosso entorno molda como respondemos a uma inovação, fazendo-nos ignorá-la ou adotá-la. Esse processo muito mais profundo da difusão social, chamado de *contágio complexo*, deu origem a uma nova ciência para compreender como a mudança acontece — e como podemos ajudar a *fazer* com que ela aconteça.

Quando discutimos "redes sociais", é importante lembrar que essas redes não são necessariamente digitais. Elas existem desde que os humanos estão por aqui. Elas incluem todas as pessoas com quem conversamos e colaboramos, das quais vivemos perto e a quem procuramos. Nossa rede pessoal compõe o nosso mundo social. A *ciência das redes sociais* estuda a teia que liga esses mundos sociais — de vizinhos que moram na mesma rua até desconhecidos em diferentes continentes — e como o contágio social pode se propagar entre eles.

Este livro cristaliza mais de uma década de novas pesquisas feitas por mim e centenas de outros sociólogos, cientistas da computação, cientistas políticos, economistas e acadêmicos da área de administração a fim de descobrir as estratégias mais efetivas de propagar o contágio complexo. Mas a ideia central é apenas uma: a mudança social bem-sucedida não tem a ver com informação; tem a ver com normas. Redes sociais não são apenas *canais* através dos quais ideias e comportamentos fluem de uma pessoa para outra. Elas também são *prismas* que determinam como vemos esses comportamentos e interpretamos essas ideias. Dependendo de como uma nova ideia chega até nós, podemos ou descartá-la ou embarcar nela.

Diferente do viés perceptivo, no qual nossos olhos distorcem a informação visual, ou do viés cognitivo, que distorce o nosso raciocínio acerca de informações econômicas, *o viés da rede* é a forma com a qual nossas redes sociais moldam de forma invisível as crenças que temos e as normas que seguimos.

A rede social que interliga os membros de uma comunidade pode, inadvertidamente, reforçar os vieses já existentes, impedindo que ideias e movimentos inovadores se popularizem entre eles. Mas, com pequenas mudanças, a mesma rede pode, em vez disso, despertar o entusiasmo coletivo por uma inovação, acelerando sua adoção por toda a comunidade.

Meu objetivo neste livro é ajudar você a desvendar alguns dos mistérios da transformação social, mostrando como essas redes sociais funcionam. De protestos nas ruas a novas estratégias de gestão em uma organização — de disseminação de dietas saudáveis à utilização de energia solar —, as redes sociais são a força que impulsiona o potencial de mudança social.

Nas páginas a seguir, visitaremos o Vale do Silício, onde veremos inovações esmagadas involuntariamente pelos próprios "influenciadores" que deveriam promovê-las.

Nós visitaremos a Dinamarca e descobriremos como um esperto grupo de cientistas da computação implantou uma rede de robôs autônomos no Twitter. E como usaram esses bots para gerar redes sociais humanas que disseminam o ativismo social para milhares de outras pessoas.

Você vai se aventurar nos bastidores da Universidade de Harvard, onde uma rede de cientistas foi pioneira nesse campo e patenteou estratégias de rede para acelerar a adoção de tecnologias inovadoras.

Por fim, mostrarei como o presidente Barack Obama usou novas estratégias de rede para aprimorar a qualidade de suas decisões presidenciais.

Quando comecei a explorar esses temas, trabalhei principalmente no campo das teorias, estudando o movimento dos direitos civis e o crescimento das tecnologias de mídias sociais ao redor do mundo. Mas, há cerca de uma década, percebi que, se realmente quisesse entender por que as mudanças sociais têm êxito ou não, eu precisaria encontrar uma forma de testar a minha a teoria das redes no mundo real. Nas Partes II, III e IV deste livro, detalharei uma série de experimentos sociais de larga escala que conduzi, nos quais manipulei diretamente o comportamento de populações inteiras. Algumas dessas populações eram jovens profissionais que frequentavam aulas de ginástica em academias locais; outras eram democratas e republicanos debatendo o aquecimento global; e outras eram médicos engajados em diagnóstico clínico. Como você verá, esses experimentos revelaram verdades profundas e novas sobre a natureza da mudança social.

Ao final deste livro, você entenderá como a ciência das redes pode ajudá-lo a obter controle sobre a sua própria rede social e a influência que ela tem em você e nos outros. E verá como as redes sociais ao seu redor exercem influência nos comportamentos das pessoas, na sua receptividade a inovações e na sua habilidade de manter hábitos culturais saudáveis e produtivos.

No próximo capítulo, vou começar a identificar mitos populares e erros no nosso entendimento sobre a mudança social. Mas, no decorrer do livro, o foco será em soluções. O objetivo principal ao apresentar essa nova perspectiva de transformação social é possibilitar que os leitores de todas as esferas da vida adquiram os recursos de que precisam para criar a mudança que querem ver.

PARTE I

Mitos disseminados que impedem a transformação

CAPÍTULO 1

O mito do influenciador e o paradoxo da (im)popularidade

Há uma velha piada nos círculos de *brand marketing*.

No dia 20 de julho de 1969, um grupo de executivos de publicidade ficou até tarde no escritório — não em virtude de prazos apertados, mas porque eles queriam testemunhar um momento singular na história: a primeira caminhada na Lua. Junto deles, aproximadamente 530 milhões de pessoas ao redor do mundo assistiram à imagem televisionada de Armstrong e ouviram sua voz descrever o evento enquanto ele dava "um pequeno passo para o homem, um salto gigantesco para a humanidade".

Todo mundo estava animado celebrando esse evento inédito, com exceção de um executivo que se afastou da TV, balançando a cabeça. Quando um colega chegou até ele e perguntou o que havia de errado, o executivo olhou com tristeza para ele e falou: "Se ao menos Armstrong estivesse segurando uma Coca-Cola".

Esse era o pensamento predominante no final dos anos 1960: as vendas aconteciam através de grandes anúncios com endosso de personalidades, no esquema *top-down**, que chegavam até espectadores passivos por meio de canais de transmissão unidirecionais.

Agora, avance várias décadas e imagine que você quer lançar uma inovação social — um aplicativo de gestão de tempo, um programa de condicionamento físico, uma coleção de poesia, uma estratégia de

---

* De cima para baixo. (N. T.)

investimento ou uma iniciativa política. Você está emocional e economicamente dedicado à sua campanha e quer garantir que ela se espalhe boca a boca, o mais longe e o mais rapidamente possível. Quem você escolheria para impulsioná-la: uma estrela altamente conectada, como Katy Perry ou Oprah Winfrey, que se encontra no centro de uma vasta rede social? Ou um "ator periférico" — alguém que é conectado de forma mais modesta e vive na margem da rede?

Se você for como a maioria das pessoas, vai decidir lançar a sua campanha de transformação com a estrela conhecida em vez do ator periférico.

E você estará cometendo um erro.

O poder que as estrelas altamente conectadas (ou, como chamamos agora, os *influenciadores*) têm para difundir inovações é, na verdade, um dos mitos mais persistentes e equivocados da ciência social. Esse mito infiltrou o mundo das vendas, do marketing, da publicidade e até mesmo da política. Tanto que, mesmo quando uma inovação sai da periferia e alcança influência global, nós ainda damos o crédito do seu sucesso a uma celebridade.

A falácia de Oprah

Quando o Twitter foi lançado, em março de 2006, o mundo não se abalou. Os fundadores e alguns dos primeiros patrocinadores estavam empolgados com a tecnologia, mas o site de *microblogging* não foi uma sensação de imediato, como você poderia imaginar, dado que agora a rede tem mais de 330 milhões de usuários e se tornou uma ferramenta amplamente popular para negócios, organizações sem fins lucrativos e até mesmo políticos. O Twitter apenas se arrastou nos primeiros meses e foi se espalhando lentamente.

Então, o que aconteceu para transformar o Twitter de apenas mais uma tentativa fracassada em uma das maiores plataformas de comunicação do mundo?

O Twitter parece o tipo de tecnologia que Malcolm Gladwell, colunista da *New Yorker*, e Jonah Berger, professor de marketing da Wharton School, chamam de "contagiosa". Para impulsionar seu crescimento, em 2007 os fundadores da plataforma decidiram promovê-la na grande conferência anual de tecnologia e mídia South by Southwest, também conhecida como SXSW, que acontece em Austin, no Texas. A SXSW é um paraíso de uma semana para os fãs de cinema, música e tecnologia que se esbaldam em descobrir mídia de vanguarda e novas tecnologias peculiares.

Hoje, a SXSW é o maior festival de música e mídia do mundo, com mais de cinquenta mil participantes anuais e palestras com figuras políticas e da mídia como Bernie Sanders, Arnold Schwarzenegger e Steven Spielberg. Em 2007, entretanto, a SXSW ainda estava trabalhando na transição de marginal para *mainstream*, e novas tecnologias bacanas como o Twitter muitas vezes estreavam lá como uma maneira de fazer seus primeiros testes de mercado. O Twitter foi um grande sucesso.

Depois desse sucesso inicial, o Twitter cresceu apenas gradualmente até 2009, quando seu crescimento disparou de súbito. A história mais conhecida acerca da explosão do Twitter é que Oprah Winfrey merece o crédito. Em 17 de abril de 2009, Oprah fez um tweet pela primeira vez no seu programa ao vivo, diante de uma audiência de milhões de pessoas. Ao final do mês, o número de usuários do Twitter tinha crescido para aproximadamente 28 milhões.

Essa versão da história de sucesso do Twitter é atraente e fácil de entender. Ela nos conta que o segredo para o sucesso é encontrar os influenciadores e convencê-los a entrar no jogo. Isso dá às startups, e às pessoas que investem nelas, um mapa para o sucesso, que conta com a participação de uma grande estrela.

O problema é que esse mapa nos desvia do rumo. Na verdade, quando se trata do tipo de transformação que realmente é importante para nós, esse mapa nos leva a um beco sem saída.

A adesão de Oprah ao Twitter não foi o motivo de sucesso da plataforma, e sim o *resultado* dele. Quando Oprah fez o seu primeiro tweet, o Twitter já estava na parte mais acelerada da sua curva de crescimento. Desde janeiro de 2009, o Twitter estava alcançando um crescimento exponencial mês a mês, disparando de menos de oito milhões de usuários em fevereiro para aproximadamente vinte milhões de usuários no começo de abril. Na verdade, Oprah aderiu ao Twitter no auge do seu crescimento. Depois disso, o site continuou crescendo, mas a um ritmo *mais lento*.

Uma pergunta melhor a se fazer acerca do sucesso do Twitter não é *como eles conseguiram que a Oprah divulgasse o Twitter?* E sim *como o Twitter cresceu tanto que a própria Oprah foi impulsionada ao entrar nele?* A resposta para essa questão explica como pequenas startups, campanhas políticas menores e grupos de interesse marginalizados podem utilizar redes de amizade bem estabelecidas para fazer novos movimentos crescerem e se tornarem nomes familiares — e isso envolve a margem da sociedade, *não* as grandes estrelas.

O gesto do Aerosmith

Um estudo revelador conduzido pela plataforma de realidade virtual Second Life oferece uma visão rica sobre como a difusão de inovações se acelera quando miramos em redes de atores periféricos — não em Perrys e Oprahs do mundo, mas em nossos vizinhos e amigos do dia a dia.

Como no mundo real, o comércio também tem um valor real no Second Life. Esse era o caso especialmente quando o site estava no começo. Em fevereiro de 2006, apenas três anos depois de seu lançamento, um membro da comunidade do Second Life, Ailin Gaef (que utilizava o pseudônimo Anshe Chung) ganhou crédito suficiente na economia fictícia do jogo para trocar seus ativos por mais de um milhão de dólares do mundo real. A atividade virtual de Anshe transformou Ailin em uma pessoa milionária da vida real.

Milhares de empresários correram em bando para o Second Life. As pessoas queriam divulgar seus produtos e serviços para o maior número de usuários possível — e ficar ricas no processo. A estratégia delas para obter sucesso era a mesma do mercado no mundo real: encontrar os influenciadores e convencê-los a propagar a sua ideia. No Second Life, como em qualquer outro lugar, a sabedoria tradicional é *mire nas estrelas altamente conectadas na rede social.*

Há muitas coisas para comprar no Second Life: roupas, casas, animais e comida, por exemplo. Mas vai muito além disso. No Second Life, você também pode comprar comportamentos. No entanto, diferentemente da vida real, se você quiser adotar uma nova forma de falar ou um aperto de mão descolado, deve fazer um esforço deliberado para *adquiri-los*. Algumas vezes, isso requer dinheiro — chegando até a 500 dólares —, em outras, isso não é preciso. Mas sempre requer um pouco de planejamento e ação.

Um gesto que ficou popular em 2008 foi o do Aerosmith, que consistia em uma animação na qual seu personagem joga as mãos acima da cabeça e faz uma forma de chifre com o dedo indicador e o mindinho, com o dedão esticado dando ênfase. Um gesto como esse precisa ser oficialmente adicionado à lista de recursos de seu personagem para que você possa usá-lo. Mas o importante sobre um gesto no Second Life é que você não *quer* realmente fazê-lo, a não ser que outras pessoas também estejam fazendo.

É a mesma coisa na vida real. Imagine cumprimentar um amigo com o gesto do Aerosmith em um bar, enquanto ele estende a mão para um aperto. Você se sentiria ridículo.

Dada a norma estabelecida do aperto de mão, como o gesto do Aerosmith se tornou popular? Na vida real, essa seria uma pergunta difícil de responder; seria quase impossível traçar exatamente quantas pessoas estavam cumprimentando os amigos com apertos de mão *versus* quantas estavam usando o gesto do Aerosmith. No Second Life, entretanto, os analistas podem não apenas contabilizar o número de jogadores usando o gesto, como também rastrear o número de interações que cada pessoa teve em determinado dia, ver como cada interação aconteceu e observar com quem cada pessoa aprendeu o gesto do

Aerosmith e em que ponto começou a usá-lo. O que faz do Second Life o lugar perfeito para medir como as inovações sociais se difundem.

Em 2008, a física Lada Adamic e os cientistas de dados Eytan Bakshy e Brian Karrer decidiram usar essa precisão digital para medir a transferência de um novo comportamento de pessoa para pessoa. Na época, o senso comum diria que a primeira coisa a se fazer era procurar pelos influenciadores. No Second Life, como na vida real, existem estrelas — as Oprahs do metaverso, que são muito mais conectadas socialmente do que qualquer um. Essas pessoas estão em posição de exercer muita influência social sobre a comunidade. Se um novo comportamento, como o gesto do Aerosmith, é adotado por algum desses indivíduos proeminentes, você poderia pensar que ele se espalharia por várias outras pessoas muito rapidamente.

Acontece que os pesquisadores encontraram exatamente o oposto do que esperavam. Os usuários com mais conexões eram, na verdade, os *menos* efetivos em difundir o gesto do Aerosmith. Por quê? Porque, surpreendentemente, quanto mais conectadas as pessoas fossem, menos propensas ficavam a aderir à inovação. Quanto mais contatos elas tivessem que *não* estivessem usando o gesto do Aerosmith, menos propensas estariam a fazer o esforço para adquiri-lo ou a começar a usá-lo elas mesmas.

O valor do gesto do Aerosmith, como a maioria dos recursos no Second Life, depende de ser comumente aceito pelas outras pessoas ao seu redor. Como qualquer gesto de saudação — abraço, beijo na bochecha ou um "toca aqui" —, você não gostaria de testá-lo em uma nova situação social se todo mundo que você conhece ainda dá apertos de mão. Você preferiria esperar até ter certeza de que o cumprimento é bem conhecido antes de experimentar fazê-lo você mesmo.

Quando uma nova tendência social se populariza, é bom estar na vanguarda. Mas você não quer aderir a ela muito cedo e ficar sozinho nessa — o único "toca aqui" em um mundo de apertos de mão.

Isso é um exemplo do que os sociólogos chamam de *problema de coordenação*. Qualquer tipo de gesto social que você possa adotar — de um "toca aqui" a um aperto de mão — é um comportamento que depende da coordenação com outras pessoas. A questão para os pesquisadores era: quantas pessoas precisam aderir ao gesto do Aerosmith antes de você pensar que a tendência é popular o suficiente para *você* decidir aderir a ela? Acontece que a resposta é relativa: isso depende do tamanho da sua rede social.

Adamic e sua equipe descobriram algo que desde então foi confirmado em dezenas de outros ambientes, do Facebook até a moda. A saber, que somos tipicamente influenciados pelo *percentual* das pessoas que conhecemos que estão fazendo algo, mais do que pelo número total de pessoas. Imagine que você conhece apenas quatro pessoas no Second Life. Se duas delas aderissem a um novo cumprimento, você provavelmente começaria a reproduzi-lo também. Cinquenta por cento da sua rede social é muita influência social. Mas, se você conhece cem pessoas no Second Life e duas delas começassem a usar o novo gesto, é improvável que isso tivesse algum efeito no seu comportamento. Você esperaria até ver mais pessoas utilizando o gesto antes de decidir reproduzi-lo também.

Na realidade, os pesquisadores descobriram que uma pessoa muito popular, com cerca de cinco mil contatos, era dez vezes *menos propensa* a adotar o gesto do Aerosmith em comparação a uma pessoa com apenas cinquenta contatos. Em outras palavras, quanto mais conectada uma pessoa for, mais difícil será convencê-la de que uma nova ideia ou comportamento é legítimo. Quanto mais contatos as pessoas têm, mais adeptos são necessários para fazê-las mudar de ideia.

A CEO relutante

Vamos pensar sobre isso no mundo real. Digamos que você quer impulsionar uma tecnologia inovadora como o Venmo — um serviço de pagamento baseado em rede social que permite dividir contas, pagar dívidas e compartilhar comentários através de um feed. Você está construindo a estratégia de marketing do Venmo e precisa decidir para quem direcioná-la: um pequeno grupo de pessoas que trabalha em uma startup de tecnologia, cada uma com algumas centenas de contatos, ou a CEO de uma marca reconhecida nacionalmente, com dezenas de milhares de contatos?

Você já leu o suficiente até agora para saber qual é a resposta.

Por mais proeminente que a CEO dessa empresa possa ser, ela também está prestando atenção ao comportamento das pessoas. Ela está bem ciente de como suas decisões serão vistas por seus pares e clientes. Ela chegou onde está, em parte, por ter uma alta capacidade de percepção social. Ela ficará pensativa antes de adotar uma tecnologia desconhecida e olhará em volta para ver quantos colegas e instituições congêneres embarcaram nessa tecnologia. É improvável que ela arrisque sua reputação ao adotar um produto altamente visível antes que muitos de seus contatos também o adotem.

Isso nos leva à questão crucial sobre por que essa CEO superinfluenciadora é tão difícil de influenciar: apesar de sua enorme rede social poder conectá-la a algumas pessoas que já adotaram a inovação, é muito mais provável que ela conheça mais pessoas que *não* a adotaram. Eu me refiro a essas pessoas como *influências compensatórias*. A mera inação dessas pessoas — sua falta de adesão — manda uma mensagem ressonante para a estrela de que a inovação ainda não foi aceita.

Essas influências compensatórias mandam um sinal social silencioso, mas notavelmente forte. Elas nos contam como uma inovação é aceita e o quanto é provável que ela seja vista como legítima (ou ilegítima) por nossos pares. Ou seja, uma líder bem conectada será muito mais influenciada por influências compensatórias, vindas da não adesão da esmagadora maioria dos seus contatos, do que pelo sinal positivo vindo de um número menor de adotantes iniciais.

Isso é diferente para quem trabalha em uma startup na periferia da rede. Um pequeno número de colegas adotantes já teria uma influência muito maior para uma pessoa moderadamente conectada do que para uma CEO altamente conectada. Devido ao fato de as pessoas na periferia da rede terem menos influências compensatórias no seu entorno, alguns adotantes iniciais constituem uma fração muito maior de sua rede social. Isso faz da periferia da rede um lugar mais fácil para uma inovação deslanchar. Quanto mais pessoas na periferia adotarem a inovação, mais forte será o sinal para todo o resto. É assim que a mudança social ganha impulso. Uma vez que uma inovação começa a se espalhar na periferia, ela pode crescer o suficiente para que até mesmo os influenciadores amplamente conectados sejam forçados a sentar e prestar atenção.

Isso é exatamente o que aconteceu com o Twitter. Também é o que aconteceu com o Second Life. Estrelas que estavam relutantes em aderir a um novo comportamento logo se tornaram ávidos usuários quando a inovação alcançou uma *massa crítica* suficiente para convencê-los de que ele era legítimo.

A história de sucesso do Twitter é particularmente instrutiva, porque ela rompe abruptamente com nossas intuições. No seu início em 2006, foram as pessoas comuns de São Francisco e nos arredores da Baía que propiciaram um grande começo ao Twitter, transmitindo-o localmente através de suas redes familiares e de amizade. A nova tecnologia da internet teve sucesso viajando de quadra em quadra, bairro em bairro e por toda a cidade. Quando o Twitter ganhou tração, se expandiu para regiões parecidas do país até finalmente alcançar a massa crítica em janeiro de 2009. Nesse ponto, sua popularidade explodiu. Só levou alguns meses para crescer de algumas centenas de milhares de usuários para quase vinte milhões de membros ativos. Esse tipo de crescimento pode fazer com que até mesmo uma supercelebridade, como Oprah, pare e preste atenção.

Formadores de opinião e o mito do influenciador

Nos anos 1940, a televisão era a tecnologia em ascensão. Por décadas, o rádio havia sido o principal meio de comunicação para disseminar praticamente tudo, de esportes a campanhas políticas. Anunciantes despejavam milhões de dólares (bilhões, no câmbio atual) em propagandas de rádio, na esperança de atingir um grande público consumidor. A televisão não parecia diferente disso. O segredo para o sucesso era simples: escrever um *jingle* chiclete e colocá-lo no ar.

O primeiro indício de uma falha nesse roteiro veio do famoso sociólogo Paul Lazarsfeld, da Universidade Columbia, cujo trabalho revolucionaria tanto a política quanto a publicidade. Em 1944, Lazarsfeld cunhou o termo *formadores de opinião* para se referir a um grupo específico de pessoas que estavam muito mais em sintonia com a mídia do que todas as outras. Elas se tornaram as "influenciadoras" sociais, com quem a maioria das outras pessoas aprendia sobre novos conteúdos de mídia. A ideia disruptiva de Lazarsfeld interrompeu a teoria clássica da mídia de difusão.

De acordo com a visão estabelecida, mensagens midiáticas viajavam de estações transmissoras para alcançar milhões de pessoas, influenciando diretamente suas opiniões e comportamentos. O público, sob essa ótica, era formado por receptores passivos facilmente influenciáveis. Tudo que um anunciante precisava fazer era colocar sua mensagem nas ondas de transmissão, e ele poderia vender o seu produto ou promover o seu candidato com facilidade.

A descoberta de Lazarsfeld revelou uma falha ainda maior nessa teoria: na verdade, a mídia de difusão influenciava somente uma fração muito pequena da audiência. A maioria das pessoas não era convencida por essas mensagens. Mas um grupo central de pessoas — os formadores de opinião — prestava muita atenção à mídia, e ele influenciava todas as outras.

Em 1955, Lazarsfeld e seu colega sociólogo Elihu Katz (a quem eu tive a incrível sorte de ter como colega na Universidade da Pensilvânia) publicaram um estudo que se tornou o trabalho de base sobre liderança de opinião, marketing direcionado, campanhas políticas e marketing de influência.

A ideia deles era simples e revolucionária: apesar de a maioria da publicidade na mídia ser ignorada, os formadores de opinião eram a grande esperança para os anunciantes. Essas pessoas eram estrelas altamente conectadas que poderiam difundir as mensagens dos anunciantes para as massas. Quando anunciantes, políticos e autoridades de saúde pública enviavam avisos para a mídia, eles precisavam mirar nos formadores de opinião. Eles eram os porta-vozes para alcançar e influenciar toda a sociedade.

As implicações foram enormes: um pequeno grupo de pessoas especiais era a chave para uma indústria de trilhões de dólares. Convença os formadores de opinião e você poderá convencer todo o resto.

Duas décadas atrás, a ideia (baseada no trabalho de Katz e Lazarsfeld) de que influenciadores amplamente conectados eram a solução para difundir de tudo, desde movimentos sociais a tecnologias inovadoras, foi cristalizada pela expressão sinistra de Malcolm Gladwell, "a lei dos poucos". Como Katz e Lazarsfeld, Gladwell teorizou que a transformação social depende dessas *pessoas especiais* — um pequeno número de estrelas luminosas cujo esforço é responsável por disseminar novas ideias e comportamentos para o resto de nós.

"A lei dos poucos" é uma noção que se tornou amplamente aceita, em parte porque existem certas situações em que ela funciona incrivelmente bem.

Gladwell e outros narraram histórias icônicas sobre pessoas influentes, como a do revolucionário estadunidense Paul Revere, cuja incrível conexão social possibilitou que ele transmitisse efetivamente a mensagem sobre a chegada da invasão britânica em 1775. Ou como a do estilista Isaac Mizrahi, cujo *status* e popularidade ajudaram a alavancar uma marca obsoleta de sapatos para crianças e transformá-la em uma febre da moda entre adultos. A intenção de Gladwell era mostrar como essas pessoas especiais eram os atores principais em famosas "epidemias" sociais. Essas histórias são irresistíveis. Uma vez que podemos ver o poder que essas pessoas bem conectadas têm de moldar a difusão da informação e de ideias, parece óbvio que o sucesso de qualquer tentativa de transformação social depende do envolvimento delas.

Hoje, nós chamamos isso de "marketing de influência". *Influenciadores* são os formadores de opinião da era das mídias sociais. E, apesar de a ideia básica do marketing de influência existir há três quartos de século, ela ainda está entre as principais práticas usadas pelos líderes da indústria na atualidade.

Mas ela baseia-se em um mito — o qual eu chamo de *mito do influenciador*.

Esse mito nos conta que sempre que quisermos que uma ideia, tendência ou comportamento sejam difundidos, nós precisaremos encontrar essas pessoas especiais. Enquanto esse mito serve perfeitamente para descrever certos eventos da história, ele se transforma de um fato em uma ficção quando passa da difusão de notícias para a adoção do Twitter, por exemplo; ou do sucesso de um sapato da moda para o crescimento do movimento pelos direitos civis nos Estados Unidos.

Nos anos 1970, sociólogos descobriram uma nova premissa sobre a propagação da informação que mudaria o pensamento dominante — não apenas no estudo do marketing de consumo e campanhas políticas, mas também nos campos da matemática, física, epidemiologia e ciência da computação. Ela mudaria irrevogavelmente as melhores práticas para a difusão de ideias em administração, na educação, nas finanças e no governo.

Essa revolução intelectual viria a ser conhecida como *ciência das redes*. A grande ideia era que estrelas amplamente conectadas não explicam como a influência se espalha. Em vez disso, os contatos das estrelas — e os contatos dos contatos, e os contatos deles, e assim por diante — formam todos um enorme padrão geométrico que está na base de toda sociedade. Esse padrão explica como os indicadores de mídia são disseminados e por que certas iniciativas de mudança social têm êxito ou não.

Esse padrão é tecnicamente referido como a *topologia* de uma rede social. Ele é crucial para decifrar tudo sobre a transformação social: como e quando inovações tecnológicas revolucionárias deslancham; se ideias políticas controversas chegam ao *mainstream*; e sob quais circunstâncias os movimentos de mudança cultural se propagam pela sociedade. O novo *insight* científico era que a estrela é apenas um elo em uma cadeia de conexões em rede. Às vezes, a estrela — como você poderia supor — é o elo mais importante nessa cadeia; elas podem de fato começar um processo de difusão em larga escala. Porém, outras vezes, como na propagação do gesto do Aerosmith no Second Life, ou na expansão do Twitter pelos Estados Unidos, as estrelas não são muito úteis para difundir inovações. E não só isso, elas podem ativamente impossibilitá-las.

O desafio para as estrelas surge quando não se trata apenas da difusão de uma notícia, mas sim de uma transformação social — uma nova ideia ou comportamento que enfrenta influências compensatórias dos não adeptos. Por ser difícil fazer pessoas amplamente conectadas embarcarem em uma campanha de mudança, elas podem criar obstáculos na rede social, retardando a propagação de inovações e novas ideias. Na verdade, isso acontece com bastante frequência: muitas das inovações de maior alcance tiveram êxito ao seguir rotas alternativas — desviando das estrelas — para se difundir através das redes sociais. Em última análise, isso faz com que estrelas amplamente conectadas sejam o *último* passo no processo de mudança.

Quando se trata de transformação social, o mito do influenciador ofusca os caminhos reais que levaram iniciativas desafiadoras e até mesmo controversas social, comercial e politicamente ao sucesso. O primeiro passo para ver como a mudança realmente acontece é parar de procurar as *pessoas* especiais na rede e, em vez disso, buscar *lugares* especiais.

O estudo de Berlim

Em 1989, a União Soviética estava à beira do colapso. Era o momento geopolítico mais importante desde a Segunda Guerra Mundial, e todo mundo sabia disso. Alemães orientais se reuniam diariamente ao longo do extenso muro que os separava do Ocidente, encarando a polícia soviética que apontava metralhadoras carregadas com munição real para a multidão.

A cobertura de notícias ao vivo mostrava um grande evento histórico se desenrolando diante dos olhos do mundo todo. Mas como ele poderia ser estudado cientificamente?

Nas semanas seguintes à queda do Muro de Berlim, a investigação científica mais avançada sobre o tumulto social da era estava sendo conduzida pelo renomado sociólogo alemão Karl-Dieter Opp. Seu procedimento era preciso e fácil de seguir. Ele entrou no seu carro em Hamburgo e dirigiu aproximadamente 390 quilômetros, atravessando a fronteira da antiga Alemanha Oriental, até Leipzig, onde os protestos haviam eclodido. Quando Opp chegou a Leipzig, ele saiu do carro e respirou fundo. Então, começou a caminhar por lá e entrevistar as pessoas. Era definitivamente uma abordagem de baixa tecnologia — mas era, na época, a vanguarda da técnica sociológica.

Ele perguntava às pessoas: "Por que você aderiu ao protesto? Você não teve medo de ser morto ou preso?".

Opp falou com mais de mil cidadãos de Leipzig. Pedia a eles que respondessem a uma pesquisa e rabiscava notas incansavelmente em seu diário científico.

Ele começou a publicar suas descobertas quase que de imediato. E rapidamente elas se tornaram registros científicos proeminentes da queda do Muro de Berlim. Em 1994, Opp havia publicado mais de meia dúzia de artigos científicos, explicando como esses protestos aconteceram e por que tiveram sucesso. Ele mostrou que as pessoas não aderem a revoluções apenas por estarem infelizes. Não é puramente a raiva decorrente dos abusos civis que leva as pessoas a se revoltarem. Nem a frustração com a pobreza, nem o sonho de riqueza e nem mesmo a promessa de liberdade.

Em vez disso, o fator-chave são as redes sociais.

Os cidadãos alemães aderiram ao protesto no Muro porque eles tinham amigos e familiares que estavam aderindo. Eles fizeram isso juntos. Foi um processo coletivo de coordenação social. Uma vez que as pessoas descobriam que cidadãos como eles estavam indo lá e se posicionando, acreditaram que poderiam fazer a diferença e também queriam fazer parte disso.

Alguns meses antes, em 1988, o sociólogo Doug McAdam, da Universidade Stanford, havia usado métodos similares aos de Opp para conduzir o primeiro estudo científico rigoroso acerca do movimento dos direitos civis nos Estados Unidos. Histórica e culturalmente, o movimento dos direitos civis foi muito diferente dos protestos na Alemanha Oriental. Mas McAdam descobriu o mesmo exato padrão comportamental que Opp: o fator-chave que explicava por que cidadãos estadunidenses participaram de alguns dos movimentos sociais mais perigosos e importantes dos anos 1960 era que outras pessoas em suas redes sociais também participaram.

Pessoas como Rosa Parks se tornaram pontos focais para o movimento dos direitos civis durante os boicotes aos ônibus em Montgomery. Ela se posicionou publicamente contra a opressão governamental e motivou outros a fazerem o mesmo. Mas Rosa Parks foi bem-sucedida porque não estava sozinha; ela era parte de uma rede social extensa de cidadãos que coordenavam seus esforços para protestar contra a segregação racial no sul dos Estados Unidos.

Nos meses que antecederam a prisão infame de Rosa Parks em 1955, por sua recusa em se sentar na parte traseira do ônibus — a seção legalmente destinada aos cidadãos de uma raça em detrimento da outra —, pelo menos meia dúzia de outras mulheres de Montgomery também foram presas por se recusarem a aceitar os assentos segregados por raça. É bem possível que você nunca tenha ouvido falar de Claudette Colvin ou das outras manifestantes, mas elas foram tão corajosas e tão vitais ao movimento pela equidade racial quanto Rosa Parks. A diferença em termos de impacto é que elas não tinham o apoio de uma rede social extensa e coordenada ao seu redor. Elas simplesmente não estavam localizadas na parte certa da rede social para despertar uma revolução.

Em qualquer luta por liberdade, incontáveis pessoas corajosas se levantam com valentia contra a opressão. A maioria delas é rapidamente silenciada pelo regime vigente. Mas isso só ocorre se elas agem sozinhas. Redes sociais são as fontes de coordenação que permitem que um grande número de pessoas comuns, de muitas camadas sociais diferentes, trabalhe de maneira conjunta. Quando as pessoas agem como um todo coordenado, então a ação de qualquer pessoa — a de Rosa Parks, por exemplo — carrega consigo uma massa de outras pessoas anônimas. É assim que as revoluções começam.

Em 1994, sociólogos descobriram que as redes sociais são o fator crucial para a transformação social. Mas apenas no novo milênio é que finalmente tivemos uma tecnologia que nos permitiu observar essas redes em ação. As descobertas resultantes colocariam a sociologia em uma rota de colisão com quase um século de teoria das ciências sociais.

Essa tecnologia eram as mídias sociais.

O que aconteceu (ou não) na praça Tahrir

No dia 18 de janeiro de 2011, a ativista egípcia Asmaa Mahfouz, de 26 anos, planejava uma revolução. Apenas algumas semanas antes, o mundo havia testemunhado a eclosão de uma revolução espontânea na Tunísia, que teve êxito na derrubada do regime autoritário do país. Mahfouz queria que o Egito seguisse os mesmos passos. E ela não estava sozinha.

Mahfouz fazia parte dos membros fundadores do "Movimento 6 de abril", um dos principais grupos ativistas do Egito. Na primavera anterior, no dia 6 de abril, seu grupo havia mobilizado com sucesso grandes protestos contra as condições desumanas que os trabalhadores egípcios enfrentavam, mas esse sucesso foi recebido com violenta retaliação. Muitos dos manifestantes foram presos e alguns foram espancados. Nenhum deles escapou da ira do despótico líder do Egito, Hosni Mubarak.

Mahfouz era uma líder carismática e popular. Ela era experiente com mídias sociais e havia usado o Facebook e o Twitter de maneira eficaz, ganhando dezenas de milhares de seguidores que apoiavam o seu ativismo. Em outras palavras, ela era uma "conectora" que ficava no centro de uma ampla comunidade ativista e de mídia social. Mahfouz já havia organizado manifestações bem-sucedidas no passado e estava bem posicionada para organizar outro protesto — particularmente oportuno — contra o regime de Mubarak.

O sucesso recente da revolução na Tunísia havia dado uma nova esperança aos ativistas no Oriente Médio. A revolução pairava no ar. Todo mundo podia senti-la.

O país estava preparado para entrar em ação, e Mahfouz era a pessoa perfeita para incendiar o barril de pólvora. Ela não só era bem conectada social e tecnologicamente, como também era uma organizadora experiente, que havia aprendido métodos e técnicas eficazes com movimentos de protesto anteriores. O blog de ativismo de Mahfouz tinha dezenas de milhares de seguidores.

Ela anunciou para o seu enorme público que o momento havia chegado. Mahfouz convocou seus seguidores para se juntarem a ela na praça Tahrir, no Egito, no dia 18 de janeiro. Seu objetivo era começar uma revolução egípcia.

A sua mensagem se espalhou por todos os cantos.

Mas o seu movimento não.

Mahfouz chegou à praça Tahrir de braços dados com um pequeno grupo de amigos. Mas ninguém mais estava lá. Com exceção da polícia.

O que deu errado?

Os cidadãos egípcios sabiam que podiam confiar em Mahfouz. Eles sabiam que suas postagens eram sinceras, e sua chamada para ação, genuína. De tudo que sabemos sobre estrelas amplamente conectadas, ela seria exatamente a pessoa certa para dar início a uma revolução.

Mas aqui está o ponto: saber que Mahfouz é uma jovem ativista dedicada também significa que ela é diferente da maior parte de nós.

A maioria de nós tem filhos, cônjuges ou pais idosos para cuidar, empregos para levar em consideração ou casas para proteger. Em outras palavras, enquanto podemos admirar as Mahfouzes do mundo, também sabemos que elas não têm as mesmas preocupações que nós temos. Elas são tipicamente jovens, justas e cheias de clareza moral. Elas também estão muito mais dispostas a entrar em perigo do que a maioria de nós, pois temos famílias, negócios e reputações para cuidar. Enquanto ativistas podem difundir suas chamadas para a ação por toda parte, raramente eles inspiram dezenas de milhares de cidadãos comuns a enfrentar a retaliação da polícia e tomar as ruas.

Então o que foi diferente em Berlim, no sul dos Estados Unidos e na Tunísia, que possibilitou que as revoluções sociais nesses lugares ganhassem força entre pessoas comuns?

Sete dias depois, os eventos revelariam que foram as *redes* sociais, e não as *mídias* sociais.

No dia 25 de janeiro, Mahfouz e seus amigos foram novamente à praça Tahrir, mas desta vez eles estavam acompanhados de dezenas de milhares de compatriotas egípcios. Foi uma das rebeliões mais chocantes desde a dissolução da União Soviética. O protesto na praça Tahrir cresceu e se tornou uma revolução egípcia que derrubou o regime de Mubarak.

Nos anos seguintes, a mídia internacional e muitas organizações de direitos humanos celebraram merecidamente Mahfouz pela sua bravura e determinação. As postagens de Mahfouz eram fervorosas e cativantes e, sem sombra de dúvida, a colocaram em perigo. Mas esse fato isolado não é capaz de explicar o sucesso da revolução. Por que suas postagens preparativas para o dia 18 de janeiro foram em vão, mas seus esforços preparativos para o dia 25 de janeiro derrubaram um governo?

Para entender o que aconteceu — não só no Egito, mas também na Tunísia, no Iêmen, no Marrocos e na Líbia —, nós devemos olhar além das Mahfouzes do mundo e suas chamadas fervorosas para a revolução; nós precisamos entender como o ativismo se propagou entre as redes sociais dos não ativistas. Como a topologia social expansiva entre os cidadãos egípcios os coordenou ativamente para executar uma única ação?

A história do levante no Egito é a mesma história das redes sociais. É a história da rede periférica modestamente conectada, onde a maioria das pessoas vive. Pelo fato de a periferia da rede ser tão grande e nada excepcional, ela pode parecer menos significativa do que a rede de estrelas amplamente conectadas. Mas a verdade é justamente o oposto: quando se trata da transformação social, a periferia da rede é onde tudo acontece.

Muitos analistas especularam que as mídias sociais foram as responsáveis pelo sucesso da Primavera Árabe. Devido à forma como as ferramentas das novas mídias como o Facebook e o Twitter conectaram as pessoas por todo o Oriente Médio, é tentador pensar que essas tecnologias sociais possibilitaram que estrelas como Mahfouz tivessem um alcance e uma influência maiores do que jamais tiveram. Mas a riqueza de evidências científicas daquele ano, na verdade, aponta para uma conclusão diferente.

Em 2011, as conexões das pessoas nas mídias sociais eram, como hoje, surpreendentemente prosaicas. As curvas da influência pessoal nesses sites não são tão diferentes de como as redes sociais operavam algumas gerações atrás, muito antes do advento das mídias sociais. Nos últimos cinquenta anos, todos os estudos sobre redes apontaram para os mesmos padrões básicos de ligações sociais: redes pessoais compostas de amigos, familiares, vizinhos e colegas de trabalho. As redes que possibilitaram o sucesso do movimento dos direitos civis no sul dos Estados Unidos, nos anos 1960, são consideravelmente parecidas com aquelas que levaram à queda do Muro de Berlim na Alemanha Oriental em 1989. E ambas são notadamente similares às redes que desencadearam as revoluções da Primavera Árabe em 2011. A diferença importante da Primavera Árabe foi que, pela primeira vez, nós tínhamos como *medir* como essas redes operavam em tempo real.

Em 2011, as mídias sociais nos deram uma ferramenta excepcionalmente poderosa para estudar a transformação social — uma lente através da qual os cientistas sociais podiam observar a difusão do ativismo entre líderes, amigos, vizinhos, estudantes, professores, empresários e parentes. Hashtags como #jan25 viraram contágios sociais que revelaram a propagação da ação revolucionária em tempo real. Fotografias publicadas com data e hora documentaram o número de pessoas nas ruas, evidenciando a correlação entre atividade nas mídias sociais e marchas de protesto, violência policial e o aumento da agitação civil. Pela primeira vez, cientistas sociais tiveram um registro exato de como um movimento social se desenrolou. E esse registro possibilitou que víssemos com clareza, pela primeira vez, que os influenciadores altamente conectados *não* estavam no centro da ação.

Analisando a Primavera Árabe

Zachary Steinert-Threlkeld é um cientista político muito ativo na Universidade da Califórnia em Los Angeles (UCLA). Há quase uma década, Steinert-Threlkeld tem se dedicado aos estudos dos registros das redes sociais de países como a Tunísia e o Egito a fim de entender como os padrões da conectividade social podem ter contribuído para os eventos improváveis que ocorreram na Primavera Árabe, em 2011. Na época em que terminava seu doutorado na Universidade da Califórnia, em San Diego, ele examinou mais de treze milhões de tweets, procurando um padrão em comum que conectasse o Egito, a Líbia e o Marrocos a todos os outros lugares onde a revolução eclodiu. E como se viu, existia um padrão: em todos os casos, sempre que a atividade nas mídias sociais se transformava em ativismo social na realidade — isto é, pessoas marchando nas ruas —, a maior parte das mensagens não vinha de estrelas amplamente conectadas na mídia social. Pelo contrário, o maior fator preditivo do ativismo era a atividade on-line coordenada na periferia da rede.

No final de janeiro de 2011, a reação em cadeia entre grupos menos conectados de pessoas comuns na periferia das redes sociais do

Egito criou um padrão reforçado de engajamento. Um poderoso contágio social se propagou.

Enquanto os protestos no Egito cresciam, cidadãos na periferia da rede forneciam informações uns aos outros sobre as movimentações da polícia, os focos de protesto e as localizações dos bloqueios. A coordenação foi logística, mas também emocional. Cidadãos usavam hashtags como #egito e #jan25 para demonstrar solidariedade uns com os outros. Eles postavam fotos e compartilhavam relatos em primeira mão, que conscientizavam as pessoas de fora do Cairo sobre o movimento. As mensagens, as postagens, os vídeos e as conversas provocaram uma conexão emocional entre amigos e familiares — o sentimento de que eram parte de um movimento que os rodeava. Esse sentimento os mobilizou a tomar as ruas. Essas redes periféricas logo desencadearam uma reação em cadeia de manifestações que se espalharam de uma cidade egípcia para outra, do Cairo até Gizé e Waraq Al Hadar.

Os dados sobre a Primavera Árabe mostraram o mesmo padrão histórico observado no movimento pelos direitos civis nos Estados Unidos e nos protestos na Alemanha Oriental, mas com muito mais clareza e resolução. Também foi o que Adamic e sua equipe viram na propagação do gesto do Aerosmith no Second Life, e é a mesma característica da rede que foi responsável pelo crescimento explosivo do Twitter.

Muitas gerações depois da descoberta de Paul Lazarsfeld sobre os formadores de opinião, nós finalmente temos um novo tipo de informação à disposição. Agora podemos dizer com convicção que as redes cruciais de transformação social não são do padrão de irradiação *hub-and-spoke**, ou do tipo estrela, que envolve os influenciadores amplamente conectados, mas sim laços interligados que permeiam a periferia da rede. Se a mudança social for ganhar tração, ela precisa começar aí — entre as pessoas que se deparam com as mesmas decisões e os mesmos desafios que nós, pessoas cuja coordenação e

---

* Eixo e raio, ou aquilo se espalha do centro para redes ao entorno. (N.T.)

aceitação formam uma parte invisível, porém essencial, do nosso cotidiano. A periferia da rede é um lugar poderoso. É lá que as amplas e fortes correntes de transformação se consolidam e se expandem.

O lugar certo

O mito do influenciador é uma história de mudança que tem como apelo o nosso amor por heróis. É romântico pensar em uma pessoa especial que luta contra todas as adversidades para mudar o curso da história. A principal falha nessa história não é a ideia de que uma pessoa pode ter um impacto. De fato, quando eu mostrar a ciência por trás do movimento #MeToo, você verá que é verdade que algumas pessoas — e, em alguns casos, uma só pessoa — podem ser a diferença entre o sucesso ou o fracasso de um movimento. A principal diferença entre a minha história e a que vem sendo contada há três quartos de século é que essas pessoas-chave não são *especiais*. Elas não são diferentes do restante de nós. Inclusive, elas podem até mesmo *ser* nós mesmos. Elas são simplesmente as pessoas localizadas na parte certa da rede social, no momento certo. E, naquele momento, as suas ações podem fazer toda a diferença.

Isso não significa que eu vou contar a você uma história na qual a transformação social é meramente uma série de eventos aleatórios. Se isso fosse verdade, não haveria nenhuma forma útil de estudá-la de maneira científica. E seria impossível fazer previsões.

Em vez disso, vou mostrar por que prever a transformação social é difícil... mas não impossível. Vou mostrar como o "lugar certo na hora certa" não é uma ocorrência aleatória, mas uma característica mensurável das redes sociais. E vou mostrar como identificar esses padrões essenciais da rede, e como mirar neles.

O herói deste livro não é uma celebridade ou uma estrela, mas uma *localização* dentro das nossas redes sociais. Não é uma pessoa, mas um lugar. É o tipo de lugar no qual a confluência dos laços sociais por diferentes grupos fortalece os elos entre famílias, as parcerias entre organizações e a solidariedade entre nações.

A ciência das redes sociais mostra que esses lugares também existem on-line. O herói das revoluções da Primavera Árabe não foi o Twitter nem o Facebook, foi o padrão de comunidade que se formou nas redes presentes nessas mídas sociais, criando caminhos surpreendentemente efetivos para a expansão da coordenação social. O restante deste livro vai mostrar como identificar esses lugares especiais nas nossas redes sociais e como usá-los para difundir suas próprias iniciativas de transformação. O que você ler vai lhe ajudar a responder duas questões prioritárias que todos os pais, professores, eleitores, empresários, políticos, trabalhadores da saúde, empreendedores e ativistas querem saber: como a mudança acontece e o que podemos fazer para ajudar?

CAPÍTULO 2

O mito da viralização e a fraqueza inesperada dos laços fracos

Na primavera de 1347, a peste bubônica chegou a Marselha, na França. Ratos de navio vindos da Sicília e de Creta, carregados de pulgas da espécie *Xenopsylla cheopis* — "pulgas de ratos orientais" —, espalharam-se rapidamente pela cidade. Os intestinos das pulgas estavam infectados com a bactéria da peste. Elas injetavam uma dose pesada da doença diretamente na corrente sanguínea de todos que picavam, resultando em uma infecção imediata. Em alguns dias, os ratos haviam infestado a cidade, assim como a doença.

Quando a peste já havia tomado Marselha por completo, ela começou a se alastrar pela Europa em efeito cascata. Até meados de 1348, já tinha se disseminado para o oeste, chegando a Barcelona, e para o leste, até Florença. Quanto mais cidades alcançava, mais rapidamente a onda da doença se propagava. Seis meses depois, todas as cidades do oeste da Espanha, sul da Itália e norte da França haviam sido atingidas. Paris foi abatida, além de Rouen, no litoral norte da França, bem como Frankfurt, na Alemanha. Passageiros que navegavam do norte da França para Londres levaram a doença através do Canal da Mancha. Naquele outono, a peste se espalhou por Londres e, ao final de 1349, já havia viajado até a Escócia. No continente, a doença percorreu o terreno montanhoso do nordeste europeu, alcançando Praga, Viena e até mesmo a Escandinávia. Até 1351, um terço da população da Europa havia morrido. Cidade por cidade, a Europa foi devastada.

A importância dos laços fracos

A peste bubônica é um dos exemplos mais dramáticos da propagação de uma doença na história da Europa. E também nos lembra como as coisas são diferentes hoje em dia. No século XIV, as redes de comunicação eram determinadas pela geografia do continente e por transportes de baixa tecnologia. Pulgas infectadas viajaram de cidade em cidade em animais contaminados por meio de carroças, carrinhos de mão, carruagens e às vezes barcos. Atualmente, doenças modernas não perdem tempo viajando por terra ou mar. O transporte aéreo acelerou radicalmente a propagação de doenças infecciosas. Em 2009, o vírus H1N1 se espalhou ao redor do mundo em questão de semanas — de Nova York a São Francisco, Londres, Rio de Janeiro, Sidney, Frankfurt, Tóquio e Hong Kong.

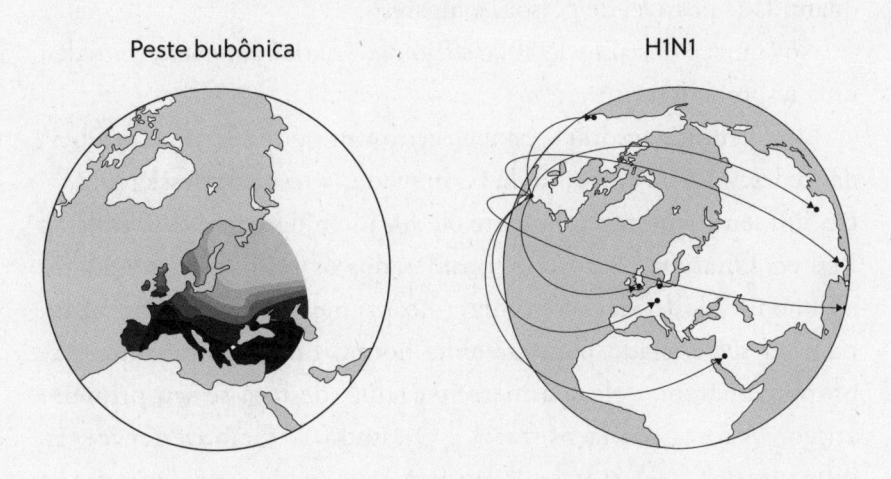

Peste bubônica · H1N1

Em 2020, a covid-19 se disseminou por todo o planeta com a mesma velocidade e com um impacto muito maior. Então, por que a peste bubônica levou anos para dominar a Europa, enquanto doenças modernas chegam a todas as cidades do mundo em questão de semanas? A resposta é óbvia: redes de transporte melhores e mais rápidas.

Agora, considere o que isso significa.

Significa que, mesmo que os caminhos percorridos pela peste bubônica pareçam diferentes daqueles percorridos por doenças modernas como a H1N1 ou a covid-19, a noção de *propagação viral* se aplica igualmente para todas elas. Estritamente falando, a peste bubônica é transmitida por uma bactéria e a covid-19 por um vírus, mas elas são, obviamente, doenças. Se as condições de transporte fossem as mesmas, a peste bubônica e a covid-19 teriam se espalhado do mesmo modo — global e rapidamente.

Elas são doenças contagiosas que se disseminam pelo contato próximo e ambas se aproveitam de extensas redes para viajar muito mais rapidamente ao redor do mundo.

O que mais já se propagou de forma lenta, pela terra e pelo mar, que poderia agora se espalhar rápida e viralmente, se nós pudéssemos encontrar redes melhores e mais rápidas para expor isso para a maior quantidade possível de pessoas e lugares?

No começo dos anos 1970, o sociólogo Mark Granovetter nos deu uma resposta definitiva: *tudo*!

Essa resposta ajudou a estabelecer o campo moderno da ciência das redes. Aliás, o trabalho de Granovetter a respeito desse tema foi tão influente que recentemente ele foi incluído entre os Thomson Reuters Citation Laureates, considerados os principais candidatos ao Prêmio Nobel de Economia — o primeiro sociólogo na história a ser selecionado para tamanha honra. Entre os trabalhos que proporcionaram a ele sua merecida fama, destaca-se seu primeiro artigo, "A força dos laços fracos". O estudo de Granovetter foi tão influente que esse é o artigo científico mais citado em todo o campo da sociologia atualmente.

A ideia dele é poderosa e clara. Ela depende da elegante distinção entre laços "fortes" e "fracos". Seus amigos próximos e sua família são os seus laços fortes de confiança. Eles constituem o seu círculo social íntimo. Seus conhecidos casuais — as pessoas que você encontra em conferências, em uma aula ou nas férias — são os seus laços fracos. Eles constituem seu círculo social externo — as conexões aleatórias na sua órbita. E, por existirem fora da sua órbita habitual, elas o conectam a novas pessoas com as quais você provavelmente nunca cruzaria de outra forma.

Não é difícil ver como a diferença entre laços fortes e fracos se aplica à disseminação de doenças. A peste bubônica se propagou por meio de laços fortes — conexões sociais muito próximas que ligavam as pessoas a famílias, amigos e vizinhos. Mas isso somente porque *não existiam* laços fracos nos anos 1340: a maioria das pessoas vivia a vida inteira na mesma pequena comunidade, nas quais todo mundo se conhecia. Viajar para fora dessas comunidades era raro. Era um mundo estático, de baixa tecnologia e laços fortes.

Claro, transportes modernos e tecnologias de comunicação mudaram tudo isso. Agora cruzamos com pessoas de todo o mundo, o tempo todo, percebendo isso ou não. Esses contatos aleatórios têm famílias e amigos cujos caminhos muito provavelmente nunca cruzarão com os seus. Devido a essas pessoas estarem fora da sua rede social mais próxima, qualquer contato que você tenha com elas lhe dá uma rara conexão com as redes sociais *delas* — pessoas que você, muito provavelmente, nunca conhecerá. Essas conexões "fracas" normalmente não evoluem para conexões "fortes". Por não compartilhar amigos e contatos com esses conhecidos, os laços fracos que você faz tipicamente não criam vínculos sociais duradouros. Mas eles são extremamente efetivos em disseminar vírus que provocam doenças como a covid-19 de forma rápida e extensa por todo o planeta.

O efeito de redundância

O trabalho inovador de Granovetter acerca de laços fracos e fortes foi baseado no seu estudo de como as pessoas encontram informações sobre oportunidades de emprego. Granovetter argumentou que, enquanto aqueles aos quais estamos conectados por laços fortes obviamente são os que mais importam para nós, aqueles que são conectados conosco por laços fracos são responsáveis pela maioria dos processos de difusão em larga escala dos quais fazemos parte.

Para ver por que a ideia de Granovetter foi tão influente, pense por um minuto sobre os laços fortes na sua vida. Essas são as pessoas a quem você não hesitaria em emprestar dinheiro ou às quais você pediria para cuidar dos seus filhos por uma noite. Em outras palavras, essas são as pessoas nas quais você confia. Uma coisa que você pode perceber rapidamente sobre essas pessoas familiares e de confiança é que as redes sociais delas se sobrepõem às suas. Muitos dos seus laços fortes já se conhecem entre si e também conhecem muitos dos *outros* contatos uns dos outros. Os seus laços fortes estão muitas vezes intimamente ligados.

Granovetter explicou que a estrutura sobreposta dos laços fortes os torna ineficientes em disseminar informações e ideias. Por quê? Porque a interseção leva à *redundância*. Se você tentar usar os seus laços fortes para propagar uma nova ideia, cada pessoa que espalhar a notícia provavelmente acabará contando a outra pessoa que já ouviu a mesma coisa, seja de você ou de um amigo em comum. Mesmo que a mensagem seja intuitiva e "pegajosa" (mais sobre isso em breve), se ela se propagar unicamente através de laços fortes, vai acabar ricocheteando na mesma comunidade de pessoas sem ir muito longe.

Em um cenário competitivo, onde sua ideia está lutando por atenção em meio a um mar de outras ideias, a redundância é um grande problema. Toda vez que alguém explicar a sua ideia para uma pessoa que já escutou sobre isso, um laço da rede é "desperdiçado". Esse laço poderia levar sua ideia a alguém novo, mas em vez disso ele a leva de novo às mesmas pessoas que já ouviram sobre ela.

Sua rede seria muito mais útil a você se os seus contatos pudessem disseminar a sua ideia para outras pessoas que nunca a ouviram antes. Em vez de perder tempo ricocheteando em redes redundantes, a sua ideia poderia ser levada via cada novo contato a lugares distantes, onde poderia alcançar mais rapidamente muitas pessoas novas. A *fraqueza* dos laços fortes é que acabamos conversando entre nós mesmos, muitas vezes pregando para convertidos. A *força* dos laços fracos é que eles expõem nossas ideias a uma vasta rede global de novos rostos, os quais podemos nunca chegar a conhecer pessoalmente, mas que podem, no entanto, descobrir nossas ideias. Laços fracos proporcionam *alcance*.

Baseado nessa vantagem crucial do alcance em relação à redundância, Granovetter concluiu que as pessoas que você conhece por meio de laços fracos são as melhores pessoas para engajar nas suas tentativas de encontrar um emprego, nas suas campanhas promocionais, nos seus empreendimentos de divulgação de produtos e nas suas iniciativas sociais. Laços fracos têm canais de longo alcance que nos permitem conectar com muito mais pessoas — e, mais importante, com muitos tipos diferentes de pessoas.

Os cartões-postais de Stanley Milgram

Em 1967, quando Granovetter era apenas um aluno de graduação, o palco estava sendo montado para os seus *insights* revolucionários por outro luminar na história das redes sociais, Stanley Milgram.

No começo dos anos 1960, Migram havia ganhado reconhecimento internacional por publicar seus agora famigerados estudos sobre obediência e autoridade — normalmente referidos como "Os experimentos de Milgram". Em meados dos anos 1960, Milgram aproveitou sua reputação para uma mudança na carreira de Yale para Harvard, o que lhe possibilitaria voltar a atenção para um novo problema: ele queria desvendar a típica distância social entre os estadunidenses.

Esse era um assunto em alta naquela época. Muitos cientistas procuravam entender como resolver esse quebra-cabeça das redes sociais. Um grupo empreendedor de matemáticos do Instituto de Tecnologia de Massachusetts (MIT, na sigla em inglês) havia começado a entrevistar centenas de pessoas em uma tentativa de deduzir os princípios matemáticos subjacentes à conexão social dos estadunidenses. Com base nos seus cálculos, os matemáticos do MIT especularam que a maioria das pessoas estava a apenas dois passos de distância.

Esse foi um bom começo, mas Milgram percebeu ao menos duas grandes falhas nessa abordagem. Em primeiro lugar, muitos dos contatos das pessoas são laços fortes. Isso significa que, se você entrevistar centenas de pessoas de uma mesma área que se conhecem entre si, isso não necessariamente diria muito sobre o quão conectadas elas estão com o restante do país. Em segundo lugar, normalmente há nítidas divisões socioeconômicas nas redes sociais das pessoas. Ou, como Milgram colocou, "pessoas pobres tendem a estar entre pessoas pobres". Por mais áspera que seja essa frase, ela estava fundamentada.

As redes sociais nos anos 1960 não eram uma massa aleatória de laços entrecruzados. As pessoas tendiam a viver e trabalhar em comunidades pequenas. Pessoas mais ricas tendiam a conhecer pessoas mais ricas, e pessoas mais pobres tendiam a conhecer pessoas mais pobres. Essas divisões não eram puramente econômicas. A segregação racial foi um fator enorme nas redes sociais nos Estados Unidos, bem como a segregação religiosa. Qualquer abordagem que tivesse a amostragem de um pequeno grupo de redes pessoais era improvável de revelar qualquer coisa acerca da conectividade nacional. A não ser que ela pudesse, de alguma forma, identificar também os laços fracos que ligavam um grupo social ao outro.

No seu primeiro ano em Harvard, Milgram desenvolveu uma inusitada abordagem "experimental" para estudar as redes sociais. Ela não era um experimento controlado como um ensaio clínico, no qual um grupo de pessoas recebe um tratamento e o outro não. Pelo contrário, a abordagem de Milgram era mais parecida com uma série de observações repetidas cuidadosamente.

Milgram apresentou sua ideia aos financiadores do Laboratório de Relações Sociais de Harvard. Ele pediu que eles considerassem se seria ou não possível mensurar o número de degraus sociais entre uma pessoa aleatória no meio do país (por exemplo, o funcionário viúvo de uma mercearia em Omaha, no Nebraska) e um estranho da costa leste americana (digamos, um corretor da bolsa que vive em Sharon, Massachusetts). Assim que Milgram despertou interesse, ele ofereceu uma solução.

Se o laboratório o financiasse, ele selecionaria aleatoriamente várias dezenas de pessoas do meio-oeste americano — o funcionário viúvo de uma mercearia, entre outros — e enviaria a eles um pacote de cartões-postais já pagos. Cada uma dessas pessoas receberia a tarefa de enviar os seus cartões-postais para pessoas que elas acreditavam que seriam capazes de passar a mensagem no cartão-postal adiante para uma pessoa-alvo selecionada (o corretor da bolsa em Massachusetts). Mas havia um porém: os remetentes do meio-oeste não poderiam apenas procurar pelo corretor da bolsa na lista telefônica e enviar a mensagem diretamente a ele. Eles só poderiam enviar seus cartões-postais a pessoas que conheciam *pessoalmente*. Por ser improvável que qualquer remetente dessa região conhecesse o corretor da bolsa de Massachusetts pessoalmente, Milgram levantou a hipótese de que eles enviaram seus cartões-postais a pessoas que acreditavam ser socialmente parecidas, ou "próximas" ao corretor de Massachusetts — por exemplo, alguém que trabalhasse no setor financeiro em Chicago ou alguém que porventura vivesse no estado de Massachusetts.

A ideia de Milgram era que, uma vez que as fontes originais no meio-oeste enviassem seus cartões-postais aos seus alvos intermediários, esses destinatários então seriam a próxima rodada de remetentes. Ele considerou que essa corrente de remetentes e destinatários continuaria seguindo adiante até, por fim, chegar ao destino final — o corretor da bolsa em Sharon, Massachusetts. Milgram deve ter pedido aos financiadores que refletissem sobre a sua proposta tentando adivinhar: "Quantos elos existem em uma corrente de conexões sociais entre o meio-oeste dos Estados Unidos e o estado de Massachusetts? Quantas sequências de cartões-postais passando de amigo a amigo, de remetente a destinatário, seriam necessárias até finalmente alcançarem o corretor da bolsa?".

A proposta de Milgram observou um princípio-chave da ciência das redes. Se ele fizesse esse estudo uma vez, o comprimento da cadeia social do meio-oeste até Massachusetts poderia ser uma característica idiossincrática da personalidade do funcionário da mercearia ou dos hábitos sociais do corretor da bolsa. Mas, se ele conseguisse repetir esse processo o suficiente, com pessoas definidas aleatoriamente, ele seria capaz de calcular com segurança uma distância média entre todas as diferentes cadeias. Esse procedimento simples revelaria aproximadamente a distância que separa a maioria dos estadunidenses uns dos outros.

Foi uma proposta engenhosa. Milgram conseguiu o financiamento solicitado — no valor de 680 dólares — e estava pronto para começar.

A resposta que ele encontrou é agora tão famosa que se tornou uma lenda: seis graus de separação. Algumas correntes postais, estendendo-se do Nebraska à Nova Inglaterra, precisaram de apenas três elos. Outras levaram dezessete. Mas a distância média era de seis.

Enquanto as descobertas notáveis de Milgram estampavam manchetes, Granovetter estava começando a sua graduação em Harvard. Levou apenas quatro anos para o seu afiado intelecto resumir o trabalho de Milgram a um *insight* fundamental sobre a natureza das redes sociais.

Granovetter percebeu que os laços fracos são as ligações cruciais que possibilitaram que as mensagens saltassem de uma comunidade para a outra. Eles são as pontes que unem comunidades diversas, transformando uma nação com regiões separadas racialmente e economicamente em uma só rede conectada.

O escopo da ideia de Granovetter era impressionante. Laços fracos não são apenas as fontes interpessoais com as quais se obtêm informações sobre novos empregos. Eles são a espinha dorsal da conectividade nacional e internacional. Eles são as ligações não redundantes que alcançam comunidades de pessoas de fora e que conectam nações umas às outras. Por essa razão, eles também são a forma mais rápida de divulgar a notícia sobre um novo produto, uma iniciativa de mudança ou um candidato político.

Em 1967, havia 200 milhões de estadunidenses. Milgram mostrou que havia apenas seis graus de separação entre eles. Granovetter logo explicou o porquê.

Hoje, graças à internet, os laços fracos são muito mais extensos. Eles nos conectam a pessoas que conhecemos em aplicativos de namoro, em comunidades de saúde, em salas de bate-papo sobre política, em jogos on-line, por meio de redes de investimento e em qualquer outro lugar em que nos conectamos nas mídias sociais. Em um planeta com sete bilhões de pessoas, os laços fracos aproximam muito mais todo mundo de uma maneira que jamais alguém pensou que fosse possível.

O impacto da ideia de Granovetter só cresceu com a expansão das mídias sociais. Da Primavera Árabe ao gesto do Aerosmith, o conhecimento atual é o de que tudo que se propaga efetivamente deve seu sucesso à habilidade de longo alcance dos laços fracos de fugir da redundância local.

A fraqueza dos laços fracos

A ideia de Granovetter sobre o poder dos laços fracos vem da ciência de doenças infecciosas. Quando se trata de patógenos biológicos, como o vírus da covid-19 ou do sarampo, apenas o contato com uma pessoa infectada — um aperto de mãos ou apenas uma conversa — pode disseminar o vírus. Quanto mais laços fracos uma pessoa infectada tiver na sua rede, mais fácil será para a doença se propagar rapidamente para todos os lados.

Isso também é verdadeiro para a informação. No estudo de Milgram, por exemplo, foi preciso apenas um contato entre um pintor em Council Bluffs, em Iowa, e um editor em Belmont, em Massachusetts, para difundir a mensagem entre as regiões dos Estados Unidos, do meio-oeste à Nova Inglaterra. Por décadas, nós presumimos que tudo — não apenas germes e informação, mas produtos, normas sociais, movimentos políticos, tecnologias sociais e até mesmo crenças religiosas — se propaga da mesma maneira que as doenças infecciosas. Especialmente agora, no nosso mundo globalmente conectado, parece mais evidente do que nunca que os laços fracos são o segredo para a difusão bem-sucedida de tecnologias inovadoras e iniciativas de transformação social.

Certo?

Errado.

Quando comecei a conduzir meus próprios estudos sobre como a mudança acontece, fiquei chocado ao descobrir que nenhum dos dados acerca da propagação de tecnologias de mídia social, movimentos sociais ou normas sociais confirmavam a importância dos laços fracos. Na verdade, muito pelo contrário. Tecnologias como o Twitter não correram o mundo através de laços fracos. Elas se difundiram através da sobreposição de redes de laços *fortes*, muitas vezes geograficamente — de vizinhança em vizinhança, ou de cidade em cidade. Os caminhos de rede distintos que o Twitter usou para alcançar trezentos milhões de adeptos em apenas alguns anos não se parecem em nada com os caminhos do contágio viral. O Twitter se difundiu, *sim,* com uma velocidade incrível, mas ele não se propagou como um vírus.

Nem o Facebook ou o Skype. Na verdade, nenhuma das tecnologias de comunicação bem-sucedidas que dominam o nosso mundo conectado se propagou desse modo. E essas tecnologias de comunicação modernas não são excepcionais. É a mesma coisa para movimentos sociais modernos, como a Primavera Árabe e o *Black Lives Matter**; para normas sociais modernas, como a crescente aceitação de casamentos homoafetivos e a legalização da maconha; e para o rápido crescimento de apoio a candidatos políticos alternativos. Nenhuma das principais transformações sociais ou comportamentais que aconteceram na última metade do século se disseminou como os vírus. Elas não se propagaram pelo *alcance,* mas por meio do fenômeno

---

* Vidas Negras Importam. (N.T.)

que, por anos, cientistas de redes acreditaram ser a grande inimiga do contágio efetivo: *a redundância*. Essas descobertas derrubam o conhecimento convencional de meio século — e revelam os *limites* dos laços fracos.

A redundância não vai ajudar a disseminar o sarampo. Você não pode ser infectado duas vezes — só é preciso um contato para fazer isso. Mas, quando se trata de uma nova ideia, ser apresentado a ela por duas, três ou quatro pessoas dentro da sua rede de laços fortes — é *isso* que transforma a ideia em uma norma. Isso muda como você se sente e pensa em relação a ela. E esse é o poder menosprezado da redundância.

O terremoto do Twitter

Quase no final de 2005, estava nítido que a startup da internet Odeo estava prestes a falir. Evan Williams, o ex-funcionário do Google que havia ajudado a fundar a Odeo, percebeu que a nova plataforma de podcast no iTunes da Apple havia, do dia para a noite, tornado a tecnologia de podcasting da Odeo obsoleta. Evan e seus colegas — Biz Stone, Noah Glass e Jack Dorsey — precisavam de outra ideia. Após semanas de *hackathons** e sessões de *brainstorming* desenfreadas, Noah deu de cara com uma ideia promissora: uma plataforma de *microblogging* chamada Twttr.

Vários passos-chave de tecnologia e marketing foram essenciais para transformar essa startup de São Francisco na gigante da internet que conhecemos hoje como Twitter. Mas o que deu início a essa tecnologia foi um evento natural: um terremoto. Em agosto de 2006, apenas alguns meses depois do lançamento oficial do Twitter, um terremoto atingiu São Francisco. Foi pequeno para os padrões da região da Baía de São Francisco — de magnitude 3,6 —, mas o que

---

* Maratonas de programação de hackers. (N.T.)

é assustador em terremotos é que, uma vez que eles começam, você nunca sabe a proporção que vão tomar. Minutos após os primeiros tremores, um serviço que havia sido usado previamente para compartilhar atualizações mundanas como os almoços das pessoas subitamente virou uma tábua de salvação para amigos e familiares. A atividade do servidor do Twitter explodiu enquanto as mensagens chegavam voando pela rede, reportando atualizações em tempo real de bairros atingidos, transmitindo informações sobre o terremoto e tremores secundários. Instantaneamente, o Twitter ganhou um valor social real para as pessoas da região da Baía de São Francisco. Elas ficaram coladas às suas contas na maior parte do dia.

Foi um momento de "ahá" para a empresa e seus investidores. Em algumas semanas, o Twitter passou de algumas centenas de usuários para alguns milhares. Foi um primeiro vislumbre do fator-chave no sucesso da plataforma — o que viria a acontecer em uma escala nacional dois anos depois, durante a eleição presidencial dos Estados Unidos de 2008. O valor do Twitter era tanto social quanto tópico: era uma fonte atraente de notícias e atualizações, mas não era como a mídia tradicional, que classifica e organiza as notícias de cada dia. Em vez disso, era um registro em tempo real de como os eventos que se desenrolavam estavam sendo vivenciados por um grande número de pessoas normais. Cada pessoa tinha uma perspectiva única para oferecer sobre os acontecimentos que interessavam a todos.

Quer fosse o evento um desfile, um concerto, um terremoto, um protesto ou uma eleição, o imediatismo do feedback social sobre o desenrolar dos acontecimentos atraiu as pessoas para que elas prestassem atenção aos feeds do Twitter.

Diferentemente de um canal de televisão, o valor particular do Twitter era que as pessoas podiam saber das notícias por outras pessoas com as quais elas tinham interesse em conversar. Os adeptos do Twitter eram seletivos com suas conexões. Como pôde esse tipo de tecnologia social seletiva se propagar de alguns bairros em São Francisco para trezentos milhões de usuários?

Surpreendentemente, o Twitter não se disseminou como a covid-19; ele se espalhou como a peste bubônica. A adesão ao Twitter cresceu localmente. Ele se propagou pela nação por laços fortes.

Em 2007, o Twitter se expandiu por toda a cidade de São Francisco. Em fevereiro de 2008, já havia atingido a massa crítica na área da Baía de São Francisco e se tornado uma das principais tecnologias sociais da região. Mas ainda não havia explodido em toda a internet — ou em qualquer outro lugar, na verdade.

Ele estava se propagando, mas não como um vírus.

Faz sentido que o Twitter tenha se consolidado primeiro na área da Baía de São Francisco, já que foi lá que a tecnologia começou. Mas, na web, a localização geográfica não é um limite. De São Francisco, ele poderia ir para qualquer lugar. Por que o Twitter não faria o que os vírus modernos fazem, saltando de São Francisco para outras áreas com alta densidade demográfica, como Nova York ou Los Angeles?

Se você observar o mapa dos Estados Unidos e traçar um gráfico de crescimento do Twitter de fevereiro de 2008 a fevereiro de 2009, poderá ver a trilha de sucesso escrita em toda a paisagem estadunidense.

A partir de São Francisco, o Twitter se expandiu regionalmente. Em março e abril de 2008, alcançou a massa crítica nas cidades próximas, como San Mateo, Santa Clara, Mountain View, Santa Cruz, San Jose e Berkeley.

O Twitter estava fluindo pelo interior da Califórnia. Em abril de 2008, parecia que ele alcançaria a pequena cidade serrana de Portola — a apenas algumas horas a leste de São Francisco — em alguns dias.

Então aconteceu algo estranho. A tecnologia parou de se expandir geograficamente. Ainda levaria meio ano antes de finalmente atingir a massa crítica de Los Angeles e San Diego e um ano inteiro antes de chegar a Portola.

O Twitter ainda estava crescendo, mas não na Califórnia. Em vez disso, ele seguiu um caminho completamente inesperado, que revelou algo novo sobre como as inovações se propagam na Era Moderna.

A próxima parada importante do Twitter não foi Nova York. Nem Chicago. O Twitter saltou até Cambridge, em Massachusetts.

Esse salto até o outro lado do país parece um exemplo perfeito da teoria dos laços fracos de Granovetter. A parte geográfica da história do Twitter parecia ter terminado. Agora que estava em ambas as costas, ele parecia destinado a se disseminar como a covid-19, chegando a todas as grandes cidades em questão de semanas.

Assim parecia. E era o que seus fundadores esperavam.

Mas, mais uma vez, o crescimento do Twitter desafiou o senso comum: a próxima etapa de expansão voltou a ser geográfica. Dessa vez, a adesão à plataforma aumentou em toda a área de Boston, chegando a cidades próximas e subúrbios, como havia acontecido em São Francisco. Ele estava mais uma vez se espalhando pelo interior como a peste bubônica.

Esse era um padrão enigmático de crescimento.

Se o Twitter estava se propagando geograficamente, como poderia chegar a Boston, em Massachusetts, antes de Portola, na Califórnia?

Não poderia. O Twitter devia estar se difundindo através de laços fracos, como um vírus.

Mas, se ele estava se espalhando como um vírus, por que se disseminou pela Baía de São Francisco antes de chegar a outras cidades? E, uma vez que chegou a Cambridge, em Massachusetts, por que se propagou até os subúrbios de Boston e cidades na periferia de Massachusetts antes de chegar a Nova York ou Los Angeles?

Na verdade, o Twitter estava fazendo algo diferente: ele estava seguindo um padrão novo e invisível de laços fortes, um padrão que existe dentro de vizinhanças locais, mas que também se estende pelo país. O Twitter estava explorando uma característica única da Era Moderna — redes de pessoas que são socialmente próximas, mas geograficamente distantes.

A viagem sem paradas do Twitter de São Francisco a Boston era diferente de tudo o que cientistas de redes já tinham visto. Não era como um voo no avião carregando um vírus mortal, nem como um cartão-postal levando uma nova informação. Era uma campanha de recrutamento social que aumentou seu número de seguidores através da difusão quase que exclusivamente por meio redes de amizades fortes, que eram tanto locais quanto remotas.

Para entender esse padrão moderno único da expansão da rede, precisamos considerar esta questão: o que as pessoas em São Francisco têm em comum com as pessoas em Cambridge que elas *não têm* em comum com pessoas da cidade serrana e rural de Portola? Bom, em primeiro lugar, o MIT, Stanford, Harvard, Universidade Northeastern, Berkeley, Universidade de Boston e Tufts, entre outras. Essas são as principais universidades americanas que, no final dos anos 1990 e começo dos anos 2000, produziram dezenas de milhares de jovens graduados com uma mentalidade comercial e tecnológica. Grande parte deles ou ficou em Boston para trabalhar no corredor tecnológico da rota 128 ou se mudou para o oeste, para a promessa do Vale do Silício. Separados por um continente, esses graduados mantiveram uma rede de laços fortes, forjada tanto por seus anos de formação juntos na faculdade quanto por suas ambições profissionais compartilhadas. Muitas dessas pessoas se conheciam e tinham amigos em comum. As redes sociais entre o Vale do Silício e Boston em meados dos anos 2000 eram densamente entrelaçadas, formadas por pessoas entusiasmadas com o crescente mundo das mídias sociais, que poderiam reforçar os interesses uns dos outros em usar uma nova tecnologia social.

Na maioria das vezes, laços fortes são locais. É natural que a proximidade física seja tipicamente relacionada com a força do laço, e essa correlação é uma razão importante que explica por que contágios sociais como o Twitter tendem a se propagar geograficamente.

Mas laços fortes também podem ser remotos. Uma grande diferença entre as redes sociais da geração de Milgram e as atuais é que, hoje em dia, é mais comum que os laços fortes conectem regiões que são espacialmente distantes. Laços fortes agora são menos ligados pelo espaço físico do que em qualquer outro momento da história.

Esse novo padrão de laços fortes oferece um *insight* essencial sobre a expansão nacional não só do Twitter, como também do Facebook, do Skype e de outras tecnologias sociais em meados dos anos 2000. Todas essas inovações ganharam tração por meio de redes expansivas de laços fortes.

Os círculos azuis do Facebook

Em 2016, três a cada quatro estadunidenses estavam no Facebook. As pessoas variavam na frequência com que usavam a rede e o quanto elas ficavam ativas uma vez logadas. Mas, com 239 milhões de cidadãos dos Estados Unidos inscritos, o Facebook oferecia a maior e mais abrangente visão sobre as redes sociais na história do país.

Naquele ano, um grupo de jovens economistas de Harvard, Princeton, Universidade de Nova York e o Facebook decidiram usar os dados sem precedentes da mídia social para revisitar a pergunta clássica de Milgram: quão conectado são os Estados Unidos? Mas, dessa vez, eles não estavam usando uma pequena amostra de pessoas. Eles puderam observar praticamente toda a população.

Mesmo antes de Milgram — desde os anos 1940 —, cientistas sociais como Paul Lazarsfeld e Elihu Katz já tentavam descobrir quantas conexões as pessoas tinham e como eram essas conexões. É uma questão importante, pois a conectividade social está correlacionada a todos os mais importantes resultados sociais com os quais os estadunidenses se importam — como o sucesso do movimento pelos direitos civis, o índice nacional de suicídios ou o bem-estar financeiro da classe média.

Pesquisadores têm conseguido demonstrar que não é apenas o número de conexões sociais que temos, mas o *padrão* dessas conexões que fazem a diferença na nossa vida. Pessoas que vivem entre redes sociais mais estáveis e de apoio tendem a ter vidas mais longas e bem-sucedidas. Também há notáveis vantagens econômicas ao se formar uma rede expansiva de laços fracos que chegam longe. Mas ter *muitos* laços fracos é um sinal de capital social empobrecido. As pessoas precisam de um equilíbrio, e um dos fatores-chave tanto do sucesso financeiro quanto do bem-estar pessoal é ter uma rede com muitos laços.

Para descobrir o quanto os estadunidenses são conectados, o grupo de economistas de 2016 criou um imenso mapa da rede do Facebook nos Estados Unidos. Eles esperavam ver um emaranhado de linhas desregradas cruzando o país — o caos da vida estadunidense na era das mídias sociais. Em vez disso, encontraram algo muito diferente: a imensa maioria dos contatos das pessoas no Facebook estava geograficamente próxima a elas.

O mapa digital da rede do Facebook que esses economistas criaram é impressionante de se ver. (Você pode encontrar um link para o mapa na seção de "Notas e leituras adicionais" ao final do livro.) Coloque o cursor em qualquer ponto do mapa no país, e o mapa acende em azul brilhante em todas as áreas com conexões sociais para o ponto escolhido.

Uma localização específica no mapa tem, de longe, muito mais conexões com outras áreas do país do que qualquer outro lugar. Ao colocar o cursor nesse ponto, todos os Estados Unidos acendem. Consegue adivinhar qual é ele? Aqui vai uma dica: não é Nova York, Los Angeles ou Chicago. A maioria das pessoas nessas cidades são extremamente conectadas dentro de suas comunidades locais.

A resposta é Onslow, na Carolina do Norte.

Muitos de nós nunca nem ouviram falar de Onslow. Mas talvez você conheça a Base do Corpo de Fuzileiros Navais Camp Lejeune, da Marinha dos Estados Unidos. É um dos principais centros de treinamento e preparação para o combate de fuzileiros navais, e essa é a razão pela qual tantas pessoas vão a Onslow. Ou, mais precisamente, é o motivo de muitas pessoas *passarem* por Onslow. As redes do Facebook nessa área têm alcance nacional incomparável porque as pessoas não ficam — elas estão apenas de passagem. Os seus amigos próximos e familiares — os seus laços fortes — estão em outros lugares. Por outro lado, mesmo cidades universitárias como Austin, no Texas, Berkeley, na Califórnia, e Bloomington, em Indiana, mostram uma densidade surpreendente de conexões dentro da comunidade imediata dos moradores. Por mais conectado que o mundo seja hoje, as pessoas ainda constroem suas redes onde vivem. Mesmo no Facebook, as vidas das pessoas estão enraizadas nas vilas e cidades onde elas socializam, namoram, estudam e onde muitas delas acabam se estabelecendo. Onslow é um ponto fora da curva.

Tip O'Neill, ex-presidente da Câmara dos Representantes*, disse a famosa frase: "Toda política é local". Isso ainda é verdade hoje — e essa verdade engloba mais do que política. As pessoas se preocupam com sua cidade e seus vizinhos. E o alicerce dessas conexões não é apenas a geografia. São os laços fortes.

Certas cidades nos Estados Unidos são politicamente e culturalmente fora de sincronia com a região mais ampla ao seu redor. Austin, por exemplo, é uma ilha de cultura liberal de vanguarda cercada por um mar de valores conservadores. A identidade extravagante da conferência SXSW de Austin, onde o Twitter fez sua grande estreia, contrasta fortemente com as fazendas de gado e torres de petróleo que o cercam. Previsivelmente, colocar o cursor em São Francisco no mapa do Facebook não acende muitos pontos no estado do Texas, mas cria um brilho em torno de Austin. O Twitter atingiu massa crítica em Austin meses antes de chegar a qualquer outra parte do estado.

O padrão de crescimento do Twitter (assim como uma série de outras tecnologias do século XXI) revela um processo de disseminação que é exclusivo para os laços fortes. O padrão de difusão dessas tecnologias *parece* inteiramente novo. Mas a explicação existe há séculos. Apenas era impossível enxergar claramente até agora.

O modelo de vírus

Há uma boa razão pela qual a teoria viral prevaleceu por tanto tempo. Por toda a história registrada, o vírus tem sido o modelo para a nossa

---

* Equivalente à Câmara dos Deputados no Brasil. (N.T.)

compreensão da disseminação social. Todos os grandes contágios sociais — da escrita, do Cristianismo e da peste bubônica — seguiram os mesmos contornos geográficos, "infectando" uma comunidade e depois progredindo lentamente para outra comunidade vizinha. Faz sentido supor intuitivamente que todo o resto se espalharia da mesma maneira. E faz sentido que, uma vez que as modernas tecnologias de transporte e comunicação possibilitaram que as doenças viajassem mais rápido e mais longe, por meio de laços fracos, todo o resto também se espalhasse dessa maneira. Mas a revelação mais surpreendente da nova ciência das redes sociais é que muitos comportamentos e crenças se espalham de maneira diferente. E, mais do que isso, eles sempre se espalharam assim.

Apenas não era possível ver o estilo distinto de propagação mostrado por contágios sociais como o Twitter até que os dados fossem mais acessíveis. Em nosso mundo globalmente conectado, doenças e informações tiveram a oportunidade de se espalhar de novas maneiras por meio de redes medidas com precisão e altamente trafegadas. Da mesma forma, comportamentos e crenças também tiveram essa chance. Nossa infraestrutura moderna de comunicação revelou, pela primeira vez, os caminhos precisos que os comportamentos seguem à medida que se movem pelas populações e como esses caminhos muitas vezes são distintos quando comparados aos caminhos tomados por doenças e por simples contágios informacionais.

CAPÍTULO 3

O mito da aderência e por que grandes inovações falham

Ralph Waldo Emerson ofereceu uma visão inspiradora sobre inovação de produto e a oportunidade que ela representava: "Se um homem tem para vender um bom milho e uma boa madeira, ou tábuas, ou porcos; ou se pode fazer melhor do que ninguém cadeiras ou facas, cadinhos ou órgãos de igreja, você encontrará uma estrada ampla de terra batida até a sua casa, embora ela seja na floresta". Mais coloquialmente: "Se você construir uma ratoeira melhor, o mundo baterá à sua porta".

É uma frase inspiradora. Infelizmente, ela está errada. O mercado muitas vezes recompensou uma inovação menor com um sucesso maior. Pegue os teclados QWERTY e Dvorak como exemplo. O teclado QWERTY é o que você usa todo dia, provavelmente. O teclado Dvorak, bem menos popular, foi desenvolvido por um psicólogo em 1936 para aumentar a velocidade e reduzir o esforço da digitação. Na perspectiva do design, o Dvorak é muito superior: 70% das teclas estão na linha inicial, o que significa que você pode digitar milhares de palavras usando essa linha com o mínimo esforço. Você pode escrever apenas algumas centenas de palavras na linha inicial de um teclado QWERTY.

Um entusiasta do teclado Dvorak classificou o teclado QWERTY como "um par de tênis de corrida feito de concreto". E esse entusiasta não era apenas um solitário e rabugento defensor da marca, recusando-se a mudar. Dos anos 1930 aos anos 1970, pelo menos meia dúzia de testes científicos usando seres humanos descobriram que o design do teclado Dvorak era superior. Ainda assim, apenas cerca de dez mil pessoas — exceções obstinadas — usam-no hoje em dia. Apesar de suas vantagens óbvias, o teclado Dvorak teve uma derrota decisiva para o QWERTY.

O caso dos videocassetes VHS e Betamax é parecido. Especialistas concordavam que o Betamax tinha design e custo-benefício melhores do que o VHS. A Betamax sabia que tinha um produto superior e insistiu muito para divulgá-lo por meio de marketing e campanhas publicitárias caras. Mas não funcionou. O VHS venceu. Histórias comparáveis de produtos inferiores que batem os superiores são quase um clichê na economia. As lixeiras da história estão repletas de "imperfeições do mercado" — exemplos do fracasso do mercado em selecionar a opção amplamente reconhecida como a melhor escolha.

Então por que o produto mais "apropriado" — com o melhor design, a performance mais alta e o melhor custo-benefício — frequentemente *não* sobrevive? A principal razão é que o sucesso no mercado geralmente tem menos a ver com os *melhores produtos* de uma empresa e mais a ver com *as melhores formas de usar a rede*. Se um produto inferior ganha tração maior logo no início entre os indivíduos nas localizações cruciais da rede, um competidor superior normalmente vai falhar em desalojá-lo. O poder da incumbência é enorme.

Nossa inclinação natural quando nos deparamos com esse problema tem sido retornar para a estaca zero, ajustando, redesenhando e reembalando a inovação para torná-la mais "aderente" — mais fácil de usar, mais impactante, mais digna de discussão ou mais empolgante, e menos cara.

Mas inovadores, do Vale do Silício à Coréia do Sul, têm aprendido que publicidade fácil de lembrar, marketing agressivo e ciência impressionante geralmente não são suficientes para mudar as crenças e os comportamentos das pessoas. Normas culturais e sociais enraizadas nas nossas redes podem criar uma oposição duradoura à mudança. A história da mudança não é apenas uma história de inovações sociais pioneiras que revolucionam os mercados e desafiam os poderosos. Notavelmente, também é uma história de como as pessoas que mais precisam de novas soluções muitas vezes resistem a elas. Inovações sociais e tecnológicas promissoras — como técnicas sustentáveis de agricultura, fontes de energia renováveis, novos sistemas educacionais e até mesmo medicações que salvam vidas — são muitas vezes rejeitadas pelas próprias pessoas que mais necessitam delas. Independentemente de como são embalados, novos produtos e novas ideias não são adotados com facilidade quando ameaçam as crenças e normas sociais estabelecidas.

Mais à frente neste livro, vamos explorar novas descobertas científicas, demonstrando como os pontos de virada podem ser usados para romper as normas sociais. Você verá como uma campanha de inovação à beira de se tornar um fiasco nacional se tornou uma das iniciativas mais bem-sucedidas na história dos Estados Unidos. Vou mostrar como as redes sociais transformaram esse trabalho de marketing fracassado em uma campanha de produto incrivelmente efetiva — alcançando 100% de saturação do mercado e salvando milhares de famílias no processo.

Primeiro, porém, quero mostrar por que as noções de "aderência" ao produto — a ideia de que o sucesso de uma inovação depende de ela ter características específicas, como praticidade, ineditismo, tangibilidade e gatilhos emocionais — podem ser equivocadas, levando linhas inteiras de produtos não apenas ao fracasso, mas a *um tiro pela culatra*. Você verá como essas lições aprendidas por famosas campanhas de inovação — que vão desde a tentativa do Google de lançar uma tecnologia vestível até a tentativa do Instituto Nacional de Saúde dos Estados Unidos de difundir uma medicação que salva vidas — nos forçam a pensar diferente sobre por que esses novos comportamentos são adotados ou não.

O problema da toranja do Google

Em 2013, o Google parecia invencível. Por mais de uma década, ele havia controlado o mercado global das ferramentas de busca, e o seu cliente de e-mail baseado na web, o Gmail, havia recentemente superado os e-mails do Yahoo! e da AOL, tornando-se o principal webmail do mundo. O Google estava pronto para expandir outra vez. Já estava na hora, os líderes da empresa decidiram, de fazer um movimento em direção ao hardware.

A sua inovação recebeu o nome de Google Glass.

O Google Glass é uma tecnologia ciborgue. São óculos digitais ativados pela voz, que dão ao usuário acesso direto ao *streaming* de conteúdos da internet, junto a recursos avançados de interação com o ambiente em tempo real, por exemplo, filmar e fotografar elementos no campo visual da pessoa que o utiliza. Parece tanto assustador quanto legal. Certamente futurístico. Isso é o que os líderes do Google também pensaram. E eles o colocaram no mercado desse modo.

Eles convidaram um grupo especial de usuários culturalmente de vanguarda e tecnologicamente sofisticados para fazer parte do grupo inicial de membros que fariam o teste beta do produto. Essas pessoas foram escolhidas para serem influenciadoras. Elas seriam o fator-chave para introduzir o produto para a população em geral. É exatamente o tipo de estratégia de marketing que a maioria de nós imaginaria:

- **Passo 1** – Encontre as pessoas mais prováveis de aceitar essa nova tecnologia futurística.
- **Passo 2** – Faça com que elas sejam "adotantes iniciais", os *early adopters*.
- **Passo 3** – Sente-se e observe essas elites sociais (que poderiam pagar 1.500 dólares por um par de óculos) difundirem a tecnologia para todos os outros.

É o marketing de influência básico. Mas o Google não parou aí. Eles queriam ter certeza de que o produto seria "aderente".

O Google queria que ele fosse marcante, memorável, digno de discussão e inesperado. Todas as coisas que deveriam impulsionar uma inovação para o sucesso.

O Google também queria que o produto tivesse um alto *status*. Parte do que tornou o Google Glass notável, memorável e digno de discussão foi o fato de ele incorporar um novo tipo de sofisticação sociotecnológica.

É semelhante a uma estratégia usada há décadas por empresas como BMW, Ferrari e Rolex para garantir e expandir suas posições de mercado. Qualquer consumidor que possa comprar seus produtos quer que outras pessoas saibam disso, pois isso sinaliza algo sobre riqueza, discernimento e estilo de vida. O produto transmite o *status* que essas pessoas possuem. No caso da tecnologia do Google Glass, o produto também sinalizaria que os adotantes estavam na vanguarda da cultura digital.

Curiosamente, essa estratégia multissetorial de trilhões de dólares é familiar para crianças de todo o mundo. Qualquer criança que cresceu lendo Dr. Seuss* talvez conheça sua clássica história de Star-Belly Sneetches (que têm "estrelas na barriga"). Nessa história, a diferenciação de *status* separa os Sneetches de elite (Barriga de Estrela) dos Sneetches regulares (Barriga Plana). Esse fato aparentemente inato da sociedade dos Sneetch é habilmente explorado por um sujeito empreendedor com uma agenda social. Sua grande ideia é enganar todos os Sneetches de Barriga Plana, fazendo-os pagar quantias enormes para ter réplicas de estrelas impressas na barriga. Claro, há uma reviravolta. Ele faz uma série de trocas lucrativas, nas quais constrói uma máquina para remover estrelas dos Sneetches com Barriga de Estrela, aqueles que tinham o maior *status*, tornando uma barriga sem estrelas a nova "onda". Quando os outros Sneetches se dão conta e também começam a remover suas estrelas, ele cobra ainda mais para as elites terem as estrelas de volta. Após algumas rodadas de adição e remoção de estrelas, todos ficam tão confusos sobre qual grupo deveria ser a elite que

---

* Theodor Seuss Geisel, mais conhecido pelo pseudônimo Dr. Seuss, é um dos autores de histórias infantis mais populares dos Estados Unidos. Entre suas principais obras, está *Como o Grinch roubou o Natal*. (N.E.)

as estrelas perdem o sentido e o sistema de *status* entra em colapso. O trabalho do empreendedor está feito.

A grande ideia do Google não era se livrar das estrelas, mas, em vez disso, vender uma nova estrela própria. Com base no manual da "aderência", o Google comercializou o Google Glass como uma tecnologia vestível ousada, de elite, na esperança de que todo mundo iria reparar nele, falar sobre ele e desejar ter um.

Mas até os produtos mais bem projetados e divulgados podem fracassar, ou até mesmo ser um tiro pela culatra, quando eles colidem com as normas sociais.

O grupo específico de adotantes iniciais que o Google selecionou era visivelmente diferente da maioria das pessoas. Na sua maioria, era composto por jovens, abastados, conhecedores de tecnologia e homens. Em outras palavras, o estereótipo de *"techies"*.

Para evitar que o mercado do Google Glass fosse limitado aos *techies*, o Google promoveu o produto amplamente. Comunicados para a imprensa, eventos de mídia e *buzz* social fizeram com que todo mundo soubesse que o Google Glass estava chegando... e que todos desejariam um.

Tudo isso faz perfeito sentido.

E tudo isso saiu pela culatra para o Google.

Por quê?

Porque o Google Glass se deparou com um problema inesperado das normas sociais, o qual eu chamo de *problema da toranja*.

A campanha do Google Glass tinha dois ingredientes que, individualmente, são úteis para o sucesso. Mas, quando colocados juntos, tornam-se letais.

Esses dois ingredientes são *conscientização* e *diferenciação*.

Quando o Google Glass foi lançado, todo mundo ouviu falar dele — bastante. As pessoas sabiam que era a grande nova tentativa do Google de uma tecnologia vestível. A conscientização foi alcançada.

Mas as únicas pessoas *usando* de fato o Google Glass eram os *techies*. Eles eram cultural, econômica e socialmente distintos de todas as outras pessoas que não estavam usando o Google Glass, mas que sabiam sobre ele (e que supostamente deveriam querer um). O lançamento do produto do Google criou um senso de exclusividade. Mas não despertou sentimentos de desejo — como querer uma Ferrari. Ao contrário, ele suscitou — talvez até tenha produzido — sentimentos de ressentimento.

A campanha do Google cristalizou uma forma latente de diferenciação social.

E eis por que isso é chamado de problema da toranja: sozinho, o suco de toranja é uma bebida saudável. E, sozinhas, medicações para o colesterol como a atorvastatina podem salvar vidas. Mas coloque os dois juntos e a interação entre eles pode ser tóxica, com efeitos potencialmente letais.

Com a conscientização e a diferenciação, é a mesma ideia. Por si só, criar uma enorme conscientização do público sobre um novo produto pode obviamente ser uma maneira valiosa de promovê-lo. E do mesmo modo, por si só, a diferenciação dentro de um mercado — por exemplo, entre pré-adolescentes e adolescentes — pode ser uma forma útil de atrair os consumidores que você quer, ajudando-os a distinguir o seu produto de outros similares que eles possam ter visto.

Mas, se você criar uma conscientização enorme mirando uma grande faixa da sociedade, enquanto simultaneamente desenha uma linha de diferenciação social que separa os adotantes iniciais dos não adotantes, isso pode ser fatal.

A estratégia do Google inadvertidamente (e para seu azar) criou um *backlash* normativo, ou seja, uma forte reação negativa. Como um repórter da revista *Wired* escreveu: "As pessoas ficam bravas com o Google Glass. Elas ficam bravas com você por usar o Google Glass. Elas falam sobre isso abertamente: ele inspira a mais agressiva das agressões passivas".

O Google Glass colidiu frontalmente com as normas sociais sobre o decoro das interações cara a cara e os usos apropriados de tecnologia de vigilância em público. A inovação do Google se tornou emblemática de um divisor de águas cultural que separava as pessoas entre quem usava os óculos (chamados de "*Glassholes*"* na época) das que não usavam.

Foi um desastre. Não apenas toda a linha de produção foi cancelada, como a reputação geral da empresa foi atingida. A imagem do Google foi transformada. Foi de uma empresa bacana de ferramenta de busca, que usava o seu site para celebrar as contribuições de mulheres e minorias nas artes e nas ciências, para uma *big tech* que oferecia tecnologia de vigilância para os ricos.

O produto não só falhou. Foi um tiro pela culatra.

O Google Glass foi de fato aderente. Todo mundo que testemunhou o lançamento do produto — e a reação negativa subsequente — falava sobre ele e se lembrava dele. O Google trabalhou muito para ajudar as pessoas a esquecer essa memória.

O salto quântico da Coreia

Nos anos 1960, o mundo estava mudando. Índia, Taiwan e Coreia estavam se tornando industrializados. Esses países estavam passando por um momento histórico chamado *transição demográfica* — um rito de passagem para muitas nações modernas.

Gerações antes, Estados Unidos, Grã-Bretanha, Alemanha, França e outras nações ocidentais haviam passado pela mesma transformação. Mas foi diferente naquele tempo. No final do século XIX e começo do século XX, as ciências médicas e a tecnologia industrial ainda eram relativamente novas; a transição desses países para a modernização foi lenta e incremental.

Não foi assim nos anos 1960. A primeira metade do século XX viu o casamento memorável entre a ciência e a indústria, possibilitando a distribuição global de vacinas contra tétano, coqueluche, poliomielite,

---

* Trocadilho com as palavras *"glass"* (óculos) e *"asshole"* (idiota). (N.T.)

difteria e varíola. Simultaneamente, inovações no saneamento, segurança hídrica e a produção de alimentos trabalharam em sintonia para prolongar a expectativa de vida de maneira drástica.

Esses milagres modernos representaram um novo problema para as nações em desenvolvimento: o crescimento populacional. Em países menos desenvolvidos, os índices de mortalidade infantil são normalmente bem elevados, exigindo que as famílias tenham muitos filhos apenas para manter o *status quo*. Esse equilíbrio entre alta fertilidade e alta mortalidade mantinha os níveis da população estáveis.

Nos anos 1960, muitas nações que entravam na transição demográfica subitamente tinham melhor assistência médica e crescimento econômico mais rápido do que qualquer sociedade em transição na história. Paradoxalmente, esse rápido fluxo de melhor saneamento, vacinações mais amplas e maior suprimentos de alimentos ameaçava precipitar uma perda catastrófica de vidas. Se todas essas inovações chegassem juntas antes que as normas sociais sobre planejamento familiar pudessem mudar, o resultado seria uma superpopulação incapacitante.

Um século antes, as famílias tiveram gerações para desenvolver suas expectativas acerca do planejamento familiar. Durante o lento processo de industrialização no Ocidente, ideias modernas como um período distinto de "infância" foram criadas. Cada avanço incremental na medicina e na disponibilidade de alimentos introduziu gradualmente adaptações culturais que mudaram as normas sociais nas famílias.

Na virada do século XX, nos Estados Unidos, o processo de modernização abriu espaço para evangelistas progressistas pelos direitos das mulheres e de contracepção. Ativistas como Margaret Sanger, a fundadora da Planned Parenthood*, trabalharam por meio século para ajudar a desacelerar as taxas de natalidade nos Estados Unidos. Só em 1965 a Suprema Corte finalmente legalizou o uso de pílulas anticoncepcionais (mas apenas para pessoas casadas, não para mulheres

---

* Em tradução livre, "parentalidade planejada", uma rede de clínicas especializada em saúde da mulher e saúde reprodutiva. (N.T.)

solteiras). Porém, quase um século antes da legalização da pílula, os contraceptivos eram comuns entre as mulheres do país — resultando em uma queda de 50% nas taxas de fertilidade nacionais entre 1850 e 1900. Nos anos 1960, o controle de natalidade era aceito na maior parte dos Estados Unidos.

A Coreia não tinha esse tempo.

Em poucos anos, a mortalidade infantil da Coreia despencou, enquanto a disponibilidade de comida disparou. Normas sociais de longa data ainda incentivavam os cidadãos a ter famílias grandes de cinco ou seis filhos. Mas agora todas essas crianças sobreviveriam para ter mais cinco ou seis filhos — e assim por diante. A matemática era simples: as previsões mostravam que em duas gerações haveria uma superpopulação imensa com pessoas passando fome nas ruas.

Os coreanos precisavam que o controle de natalidade fosse amplamente adotado, e precisavam que isso acontecesse depressa. Para ter êxito, eles precisariam superar um desafio social sem precedentes. Crenças tradicionais acerca de papéis de gênero, direitos das mulheres e um dever familiar de ter muitos filhos eram profundamente arraigados na cultura nacional da Coreia. Expectativas de alta fertilidade permeavam a noção de *status* social e realização pessoal dos coreanos.

A contracepção não era fácil de vender.

Ainda pior, o Ocidente não poderia servir de exemplo. Apesar de inovações médicas e tecnológicas terem vindo do Ocidente, ele não havia passado por esse tipo de transição cultural rápida. Não havia precedentes para resolver o problema da Coreia.

Na época, Índia, Taiwan, Indonésia, Paquistão e várias outras nações estavam enfrentando desafios semelhantes. Todos estavam trabalhando duro para desenvolver campanhas agressivas de contracepção. Naquele tempo, como hoje, a estratégia dominante para mensagens de saúde pública era a mídia de difusão como rádio e TV.

Países como o Paquistão, que dependiam principalmente das estratégias de mídia de radiodifusão, tiveram dificuldades para alcançar seus objetivos relacionados à fertilidade. Mas a Coreia atingiu todos os objetivos das suas políticas *antes* do esperado. Em vinte anos, a contracepção havia se espalhado por todo o país. O sucesso das campanhas na Coreia continua incomparável no mundo inteiro.

Como ponto de referência, considere que a "Guerra às Drogas" do governo dos Estados Unidos começou em 1970. Em 2021, quase meio século de batalhas e bilhões de dólares gastos depois, o Congresso dos Estados Unidos admitiu que não somente eles não conseguiram vencer a guerra, como o problema relacionado ao consumo de drogas, na verdade, piorou.

O que aconteceu na Coreia para transformar toda a sua cultura em vinte anos?

O programa de controle de natalidade coreano começou de maneira bastante simples. Vilas por todo o país receberam uma lista de opções de anticoncepcionais: a pílula, camisinhas, diafragmas, dispositivos intrauterinos (DIUs) e até mesmo vasectomias.

Em algumas vilas, a contracepção se espalhou com sucesso para um grande número de adotantes, enquanto em outras vilas ela fracassou em se tornar popular. As pessoas nas vilas malsucedidas tinham acesso a todos os mesmos métodos de controle de natalidade e recebiam as mesmas mensagens publicitárias e incentivos que as pessoas das vilas bem-sucedidas, mas nada mudou.

Um padrão igualmente intrigante surgiu algumas décadas depois no Quênia. Em 1977, os métodos contraceptivos eram usados em apenas 1,7% dos lares quenianos. Em meados dos anos 1980, o país seguiu uma política nacional agressiva para promover a contracepção em todo o país. Em algumas vilas, elas foram extremamente bem-sucedidas, alcançando rapidamente 40% das famílias, enquanto em outras vilas houve pouca ou nenhuma adesão.

Por que algumas vilas tiveram tanto sucesso e outras fracassaram?

Na Coreia, no Quênia e em muitas outras nações que passavam pela transição demográfica, os mesmos padrões podiam ser observados. A explicação para esses resultados variados de uma vila para outra não era o método de contracepção disponível nem a abordagem do marketing, mas os *laços sociais* dentro de cada vila. Essas redes sociais determinavam o sucesso ou o fracasso da iniciativa.

Existia uma diferença nítida entre as vilas bem-sucedidas e malsucedidas. Todas as vilas bem-sucedidas tinham um padrão de rede social parecido: havia agrupamentos de laços fortes entre amigos e vizinhos. Também havia laços fortes *entre* todos os aglomerados. Essas conexões sociais redundantes eram as vias de reforço que propagavam a contracepção de um agrupamento para o outro, por todos os grupos sociais da vila. Vilas malsucedidas não tinham essas redes de reforço.

Nas vilas coreanas onde a difusão se sucedeu, as mulheres tendiam a adotar os mesmos métodos contraceptivos que suas amigas e vizinhas. Na verdade, de modo geral havia uma concordância generalizada sobre qual método de controle de natalidade seria usado dentro de cada vila bem-sucedida.

Ao observar a história da Coreia através da lente da "aderência" — com a crença de que certas tendências ou tecnologias são mais intrinsecamente atraentes e cativantes —, o que aconteceu pode parecer bastante simples. Você provavelmente concluiria que alguns métodos contraceptivos eram apenas mais atraentes do que outros. Talvez eles fossem mais fáceis de usar, ou mais memoráveis, ou mais culturalmente apropriados do que outros. Independentemente disso, eles se propagavam com mais facilidade. Qualquer que fosse o método, se ele decolou em uma vila, era natural que se esperasse que ele também tivesse sucesso em todas as vilas.

Mas não foi isso o que aconteceu na Coreia. Enquanto existia um consenso sobre qual método contraceptivo todo mundo usava *dentro* de cada vila, não havia consistência *entre* as vilas. Algumas vilas eram as "vilas do DIU", enquanto outras eram as "vilas da pílula", e outras ainda eram "vilas da vasectomia". O método de contracepção em particular não foi o que definiu o sucesso da adesão.

Por que o mesmo método de controle de natalidade não foi usado em todas as vilas que haviam sido bem-sucedidas? Por causa do poder das normas sociais.

As famílias coreanas aprenderam sobre métodos de contracepção com seus amigos e vizinhos. A decisão de começar a usá-los era baseada no contato com seus pares que poderiam dar informações sobre contracepção a elas, discutir as vantagens e desvantagens e apoiar o seu uso do contraceptivo. No fim das contas, a receptividade à contracepção não era baseada nas qualidades de um método anticoncepcional específico, mas na aprovação social que ele recebia de outros adotantes. Qualquer que fosse o método que os contatos de uma pessoa adotassem, ele seria o que ela provavelmente também adotaria. O contágio que se espalhou pelas vilas coreanas não foi de um método de controle de natalidade em particular, mas sim a aceitação social da contracepção em geral.

Os adotantes iniciais eram "grupos de mulheres" muito unidas — círculos de amizade e aconselhamento em cada vila — nos quais as mulheres locais podiam conversar sobre contracepção e compartilhar as suas experiências com as outras. Uma vez que os membros de um grupo de mulheres adotavam um método contraceptivo específico, ele se propagava do grupo de adotantes iniciais para outros aglomerados sociais na rede da vila.

O incrível sucesso da iniciativa de controle de natalidade da Coreia contrasta fortemente com a campanha do Google Glass. Ambas as iniciativas desafiavam as normas sociais. O sucesso da Coreia e o fracasso do Google mostram como as redes sociais podem tanto acelerar uma transformação em uma norma social quanto bloquear essa mudança completamente.

O outro problema da toranja do Google

Em 2011, dois anos antes do lançamento do Google Glass, o Google fez uma grande ofensiva nas redes sociais. Não por opção, mas por necessidade. O Facebook estava se preparando para abrir o capital, e ele teria a maior avaliação de oferta pública inicial (IPO, na sigla em inglês) da história: 104 bilhões de dólares. Em 2007, a Microsoft levou a melhor e superou o Google, conseguindo uma participação de 1,6% na empresa, e agora o Google estava sentindo a pressão de ser completamente excluído do mercado das mídias sociais.

Foi a quarta tentativa do Google de entrar nesse setor. O Orkut (2004), o Google Friend Connect (2008) e o Google Buzz (2010) haviam fracassado. Durante esse período, o Facebook estava se expandindo a um ritmo recorde, e a startup de compartilhamento de fotos Instagram também tinha entrado na arena. Dois meses após a chegada do Instagram, ele alcançou um milhão de usuários e, depois de dezoito meses, o Facebook o comprou por um bilhão de dólares.

O Google é reconhecido por ser uma das empresas de tecnologia mais avançadas do mercado. Para um jovem engenheiro no mercado de trabalho nos anos 2000, conseguir um cargo de programador no Google não era apenas um bom emprego, mas uma marca de distinção. Então, com todo o talento e os recursos do Google, por que ele não pôde descobrir como ser competitivo no mercado das mídias sociais — e muito menos dominá-lo?

Na sua última tentativa, o Google lançou uma nova plataforma de rede social, o Google+. O Google tinha um plano simples para gerar conscientização sobre ele no público: ele registrava as pessoas automaticamente. O Google+ estava posicionado como uma "camada social" que atravessaria todos os outros produtos e serviços do Google. Se você tivesse uma conta no Gmail, também teria o Google+. Se você se registrasse no Google Contacts, ou quisesse fazer comentários no site de compartilhamento de vídeos do Google, o Youtube, também teria o Google+. Na verdade, pouquíssimas pessoas *não tinham* o Google+. Parecia uma estratégia brilhante para tomar conta do mercado.

O Google reportou níveis impressionantes de crescimento inicial da sua plataforma de mídia social. O Google+ era onipresente. Você via lembretes do Google+ toda vez que usava qualquer coisa relacionada ao Google. O produto atingiu uma conscientização sem precedentes porque a maioria das pessoas o tinha — quisessem elas se registrar ou não.

Aqui está o problema com essa estratégia: se você criar uma conscientização enorme para o seu produto e as pessoas não o usarem, toda essa conscientização pode sair pela culatra.

É o problema da toranja de novo.

Desta vez, os dois ingredientes críticos não eram a conscientização e a diferenciação; eram a conscientização e a *falta de uso*.

Por si só, a conscientização é claramente uma coisa boa para qualquer campanha de produto. E, por si só, a falta de uso não é necessariamente um problema, especialmente se o seu produto está apenas começando. Mas, se você combina uma conscientização enorme com uma não adesão generalizada, mais uma vez, isso pode ser letal.

Por quê?

Porque, se todas as pessoas no mundo conhecem o seu produto memorável, marcante e digno de discussão, com certeza elas também perceberão que ninguém ao redor delas está usando esse produto. Quanto mais a consciência das pessoas sobre um produto ultrapassar a verdadeira adesão a ele, mais forte será o sinal implícito de todos os não adotantes de que há algo errado com ele.

É o problema das influências compensatórias.

No Capítulo 1, mostrei como as pessoas amplamente conectadas geralmente estão conscientes do grande número de não adotantes em suas redes sociais. Esses sinais sociais podem fazer com que pessoas altamente conectadas hesitem antes de adotar uma inovação particularmente inusitada, notável e digna de discussão, pois escolher adotá-la é uma decisão que será amplamente vista e comentada.

Essas influências compensatórias não impedem que as estrelas as adotem depois, uma vez que a inovação já se tornou mais aceita. Mas elas podem atrasar a decisão da estrela até que exista prova social suficiente. No Capítulo 1, você viu como isso aconteceu com o gesto do Aerosmith no Second Life.

Mas o problema para o Google+ foi pior. Para o gesto do Aerosmith, uma estrela que aprendia o cumprimento inovador antes de todo mundo poderia se dar ao luxo de esperar e ver se as pessoas o aceitariam, para então adotá-lo uma vez que se tornasse legítimo. Mas a campanha de conscientização extremamente bem-sucedida do Google expôs tantos usuários ao Google+ que todo mundo sabia que *todas as outras pessoas sabiam* sobre o Google+ — *e que elas não o estavam usando*. Sem querer, o Google havia criado provas sociais em todo o mundo *contra* a sua própria tecnologia.

Isso seria um problema para qualquer inovação. Mas é um problema particularmente letal para uma tecnologia social. Uma diferença crucial entre, digamos, um cliente de e-mail ou uma ferramenta de busca e uma plataforma de rede social é que as duas primeiras podem ser adotadas sem coordenar com nenhuma outra pessoa. Mas uma tecnologia social *exige* coordenação social. As pessoas precisam fazer o movimento juntas.

A incursão do Google+ no mercado das redes sociais desafiou um titular muito poderoso — o Facebook. A tarefa de destronar uma tecnologia incumbente é similar ao processo de mobilizar uma revolução. Para fazer um movimento social crescer com sucesso, os ativistas precisam possibilitar que pessoas comuns se coordenem umas com as outras. Os participantes precisam sentir que estão todos aderindo juntos. E, como você viu no Capítulo 1, o melhor lugar para mobilizar uma insurgência é nos laços fortes na periferia da rede.

A estratégia do Google era mobilizar a população inteira em um só golpe. A adoção do Google+ ficou tão defasada pela conscientização que isso o levou não só ao atraso como também ao colapso.

Em abril de 2019, o Google+ fechou as portas.

O experimento do Zimbábue

Todo mundo ainda se lembra do Google+. E que ele deu errado. Da mesma forma que todo mundo se lembra do Google Glass — e como *ele* fracassou. Uma importante advertência para as estratégias de marketing que dependem da aderência não é apenas o potencial de fracasso, mas a possibilidade de deixar uma memória duradoura que pode prejudicar campanhas futuras.

Hoje, os Institutos Nacionais da Saúde (NIH) dos Estados Unidos estão enfrentando um desafio parecido — não com uma tecnologia vestível ou uma plataforma de rede social, mas com medicamentos para salvar vidas.

A história começa em 2001, quando o Zimbábue estava sendo devastado pela pandemia de aids. A certa altura, um em cada quatro zimbabuanos era HIV positivo.

Os cientistas estavam trabalhando duro para encontrar uma solução. Havia muitas estratégias disponíveis. Uso de camisinhas e a circuncisão masculina estavam entre as formas mais conhecidas de prevenção do HIV. Mas a aceitação de camisinhas estava lenta — ninguém queria usá-las —, e as campanhas de circuncisão não tiveram o resultado esperado. Esses programas eram vistos como profanações culturais que violavam crenças religiosas. Em alguns lugares, trabalhadores humanitários encontraram uma retaliação tão violenta que as autoridades precisaram evacuar as equipes e elaborar um novo plano.

Os cientistas precisavam encontrar uma forma de tornar a prevenção do HIV mais aderente. E foi exatamente o que eles fizeram. Em 2005, os pesquisadores apresentaram uma grande conquista na prevenção do HIV: ela foi chamada de profilaxia pré-exposição, ou PrEP, e foi projetada para salvar o mundo.

A PrEP é uma droga milagrosa. Uma única pílula diária — o equivalente a tomar uma aspirina pela manhã — elimina essencialmente a transmissão do HIV. A partir de 2009, os médicos e o governo do Zimbábue conduziram um enorme esforço de divulgação para difundir a PrEP nas vilas afetadas. A empolgação entre os oficiais do programa e os pesquisadores era notável. As implicações para a prevenção do HIV no mundo eram imensas.

A campanha seguiu o manual de marketing viral à risca. A inovação era gratuita. Era de fácil acesso. As pessoas eram encorajadas a falar sobre a PrEP com seus amigos e vizinhos. Exames regulares e check-ups lembravam os moradores das vilas para manter suas medicações em dia. A campanha transmitia a mensagem: a PrEP é gratuita, fácil de usar e vai salvar sua vida.

Mas ela foi surpreendentemente ineficaz.

A maioria dos habitantes das vilas que era entrevistada com regularidade como parte do programa — e que reportava aos médicos que estava tomando a PrEP diariamente — não tinha nenhum traço da medicação na corrente sanguínea. Eles estavam ativamente resistindo à inovação.

Por quê?

As razões dizem muito sobre por que campanhas de transformação social falham.

As pessoas temiam que amigos e vizinhos descobrissem que elas estavam tomando a medicação e, portanto, suspeitassem que elas já haviam contraído o HIV. Se os seus vizinhos as vissem tomando a medicação, ou avistassem a embalagem do remédio em casa, isso seria suficiente para começar um rumor. Elas sabiam bem do estigma que cercava o HIV e conheciam as normas sociais sobre como as pessoas infectadas eram tratadas. Os moradores das vilas não queriam correr o risco de nenhum mal-entendido ou rumor sobre o seu *status* de HIV — o que seria difícil, talvez impossível de erradicar, se eles não aderissem.

Outras pessoas tinham medo de que talvez a medicação pudesse *passar* HIV a elas. Isso pode parecer estranho a princípio, mas uma fração significativa dos estadunidenses temem que a vacina contra *influenza* lhes cause a gripe. No Zimbábue, essa ansiedade médica era composta pelo fato de que, mesmo que a PrEP não levasse à infecção pelo HIV, os habitantes dos vilarejos sabiam que amigos e vizinhos compartilhavam os seus temores de que isso pudesse acontecer. Se eles tomassem a PrEP, os vizinhos poderiam achar que eles tinham um *risco maior* de contrair o HIV. Aliadas às normas sociais que estigmatizavam os indivíduos infectados pelo HIV, existiam nítidas razões sociais para alguém não tomar a medicação, independentemente do quanto os médicos fossem categóricos ou do quanto o marketing fosse atraente.

Os médicos que encabeçavam a campanha estavam exasperados. O que mais eles podiam fazer?

O mito da aderência nos diz que as características-chave do produto oferecem uma solução. Se uma iniciativa fracassa, a solução é redesenhar a sua inovação com essas características em mente — torná-la mais fácil de usar, mais impactante ou memorável, mais barata — ou turbinar sua campanha, deixando a mensagem mais divertida e mais envolvente emocionalmente.

Mas as normas culturais e sociais não são superadas com facilidade.

Tentativas de difundir de tudo — de campanhas de vacinação a tecnologias ambientais ou novas práticas de administração — têm enfrentado esse mesmo desafio. Quanto menos familiar e mais disruptiva for uma inovação, maior será a resistência a ela. Essa é a principal razão pela qual a transformação social é tão difícil.

Então, o que fazemos?

A resposta não é usar influenciadores, nem marketing viral, nem aderência. É a *infraestrutura do contágio*. As redes sociais não são meros dutos que disseminam informação ou doenças, mas sim prismas que colorem a forma como as pessoas recebem novas ideias e inovações. Nos próximos capítulos, vamos explorar como a infraestrutura do contágio pode desencadear uma corrente essencial de propagação em rede, transformando uma iniciativa que enfrenta dificuldades — por exemplo, para difundir uma nova geração de tecnologia social, aumentar o apoio para um novo candidato político ou ampliar a aceitação de novas medidas de prevenção a uma doença — em uma explosão de mudança social.

PARTE II

O manual do agente de transformação: como construir uma infraestrutura de contágio

CAPÍTULO 4

Como a transformação acontece: a descoberta dos contágios complexos

Toda história sobre descobertas científicas é a combinação de duas coisas: trabalho meticuloso e pura sorte. Na biologia, quando Charles Darwin era um jovem naturalista, sua viagem no HMS Beagle calhou de passar pelas Ilhas Galápagos. Foi pura sorte que ele tenha se deparado com um dos lugares mais raros do planeta, no qual as trajetórias evolutivas haviam seguido um caminho único e bem característico. É claro, pura sorte não basta. Muitas outras pessoas já haviam estado em Galápagos. Darwin, no entanto, percebeu o que havia encontrado.

A descoberta dos contágios complexos começou da mesma forma, com um momento de pura sorte.

Quando comecei a pós-graduação, o conhecimento predominante era o de que qualquer campanha de recrutamento boca a boca para uma campanha política ou um movimento social se propagaria da mesma forma que um vírus. Ativar laços fracos — conexões em rede com longo alcance através de uma população — aceleraria o ritmo do recrutamento. Hoje, essa ideia *ainda* parece óbvia para a maioria das pessoas. Ela continua a moldar a forma como a maioria de nós entende os processos de mudança e inovação.

Na pós-graduação, decidi usar a elegante teoria de Mark Granovetter sobre laços fracos para o rápido crescimento nacional do movimento pelos direitos civis nos Estados Unidos, nos anos 1960. Mas, para a minha surpresa, o que descobri enquanto me debruçava sobre a grande quantidade de dados coletados alguns anos antes pelo sociólogo Doug McAdam foi que o crescimento do movimento pelos direitos civis não se parecia em nada com propagação viral. Longe disso. Esforços de recrutamento não envolviam laços fracos, envolvam laços fortes. Eles se propagaram mais rapidamente pelas redes sociais com muita redundância social, mais do que naquelas com longo alcance.

Eu puxei o fio dessa ideia para ver até onde ela iria. Como os dados sobre o movimento pelos direitos civis poderiam ser comparados à propagação do movimento pelo sufrágio feminino? E quanto à disseminação da sindicalização em toda a Europa? E o crescimento das comunidades on-line? Em cada um desses casos, vi os mesmos padrões. Impressionado com essa consistência, ampliei a busca. E quanto à difusão das revoluções da Primavera Árabe? E o movimento Black Lives Matter? E o #MeToo? A explosão das novas tecnologias como Skype, Facebook e Twitter? Ou a rápida ascensão de novos candidatos políticos? Quanto mais eu puxava esse fio, mais a visão convencional de como a transformação social se espalha se desfazia diante dos meus olhos.

Finalmente, uma nova imagem entrou em foco. A razão pela qual a teoria das redes de Granovetter não coincidia com os dados é que ela presumia que *tudo* se propaga como um vírus. Mas eu pude ver de modo cada vez mais nítido que essa suposição estava errada — e que custou caro. Os dados mostravam outro tipo de contágio. Ideias simples às vezes *realmente* se espalhavam como um vírus, através de laços fracos, mas ideias que envolviam um investimento pessoal significativo — tudo, desde os movimentos históricos, sociais e políticos mundiais, nos quais eu estava focando, até muitas das campanhas políticas de base e esforços de marketing de produto que acontecem todos os dias — seguiam um caminho muito diferente do viral. Foi então que eu identifiquei dois tipos muito diferentes de processos de propagação: *simples* e *complexos*.

As quatro barreiras para a adesão

Nós já vimos o *contágio simples* em ação no Capítulo 2. Um vírus é tipicamente um contágio simples. É o tipo de contágio que se espalha de uma pessoa para outra. Tudo que é preciso é o contato com uma pessoa "infectada". Um vídeo viral é um contágio simples. Assim como a fofoca. E as notícias. Ou informações sobre oportunidades de emprego (o famoso exemplo de Granovetter). Na verdade, quase todo tipo de processo de propagação feito no boca a boca é um contágio simples.

Os contágios simples se beneficiam do alcance na rede social. É por isso que estrelas são tão úteis para propagar os contágios simples — elas têm um grande número de contatos com longo alcance. "Infectar" um indivíduo altamente conectado é suficiente para espalhar a notícia rapidamente — ou, como se diz, para fazer com que ela se "torne viral".

Os contágios simples definiram como pensamos a respeito da disseminação social por mais de um século. Eles se tornaram o modelo padrão para nossas campanhas de inovação e transformação. O problema é que a dinâmica dos contágios simples se aplica somente à propagação de ideias simples. A mudança de crenças e comportamentos se espalha de maneira diferente, e por meio de diferentes canais. Qualquer mudança que envolva um risco real — financeiro, psicológico ou de reputação — requer mais do que apenas entrar em contato com um único adotante ou "portador" aleatório.

Essa percepção me levou à descoberta dos contágios complexos. Os contágios complexos são um tipo de contágio ao qual as pessoas *resistem*. Em certos casos, a resistência a uma inovação é fácil de entender, como a relutância dos habitantes das vilas da Coreia em adotar a contracepção, pois isso desafiava suas normas culturais sobre planejamento familiar. Em outros, a resistência é mais difícil de prever, como a relutância dos usuários do Second Life em aderir ao gesto do Aerosmith, pois ele ainda não era amplamente aceito. Em ambos os casos, o contato com um único adotante não é suficiente. As pessoas precisam receber reforço positivo (ou "provas sociais") de muitos adotantes para serem convencidas — e para que um novo comportamento se propague. Quanto mais resistência houver a uma nova ideia ou comportamento, mais reforço social é necessário para persuadir as pessoas a adotá-los.

A maioria dos comportamentos com os quais nos importamos — investir em um mercado, escolher um candidato político, uma carreira ou um bairro para morar, usar ou não métodos contraceptivos, adotar uma tecnologia cara ou aderir a um movimento social — são contágios complexos. Eles são complexos porque envolvem risco. Quanto maiores forem os riscos de tomar uma decisão e maior for a incerteza, de mais "provas" as pessoas precisam — na forma de confirmação de diversos pares — antes de entrar de cabeça nela.

Então, como você pode determinar se uma ideia ou um produto inovador será simples ou complexo? Como você pode saber isso com antecedência para projetar sua estratégia de transformação adequadamente? A resposta encontra-se na ideia de *resistência*: quanto mais resistência uma nova ideia precisa superar, maior a probabilidade de ser um contágio complexo.

Na minha pesquisa, identifiquei quatro fontes principais de resistência que criam a complexidade. Cada uma é uma barreira para a adesão. Saber se uma inovação vai encontrar qualquer uma dessas barreiras (ou todas elas) permite que você determine se ela é simples ou complexa — e quanta resistência é provável que ela enfrente. Igualmente importante, identificar uma barreira em particular (ou barreiras) para a adesão revela a estratégia mais eficiente para ajudar uma inovação a ter sucesso.

Estas são as quatro barreiras para a adoção:

- **Coordenação.** Algumas inovações só são atraentes se as pessoas as usarem *juntas*. Se o valor de uma inovação ou de um comportamento depende do número de outras pessoas que os adotam, então é necessário um reforço social para que eles se propaguem. Muitas tecnologias de comunicação populares, desde Skype e mensagens instantâneas (e aparelhos de fax antes delas) até plataformas de compartilhamento de mídia fáceis de adotar, como o

Twitter e o Facebook, são essencialmente inúteis até que muitas pessoas que você conhece as estejam usando. O seu valor depende do número de outros usuários que você conhece. Quanto mais pessoas as adotarem, mais valiosa a inovação se torna e mais fácil será a sua propagação.

- **Credibilidade.** Algumas inovações se deparam com ceticismo em relação à efetividade ou à segurança. Quanto mais pessoas adotarem um comportamento, mais prova social existe de que ele não é tão arriscado quanto poderíamos temer. Nós nos tornamos mais inclinados a acreditar que o comportamento vale o custo ou o esforço necessário para adotá-lo. A confirmação social importa quando indivíduos ou organizações decidem investir em novas tecnologias caras ou em práticas que demandam muito tempo. Pense nas empresas de software decidindo adotar uma nova infraestrutura de computação em nuvem, ou em pacientes acima do peso resolvendo se vão experimentar uma nova dieta. Antes de aderir, eles querem ter certeza de que a inovação é confiável. A confirmação repetida de outras pessoas nas quais eles confiam supera a barreira da credibilidade.
- **Legitimidade.** Algumas inovações requerem aprovação social antes de serem adotadas. A barreira aqui é o risco de constrangimento ou de uma reputação manchada. Quanto mais pessoas adotarem um comportamento, maior a expectativa de que outras aprovarão a decisão de adotá-lo e mais baixo o risco de constrangimento ou sanção. Pense na moda. Pense na sua disposição de testar um novo cumprimento, como o soquinho ou o gesto do Aerosmith. Pense em colocar uma bandeira de arco-íris no seu perfil da rede social para demonstrar apoio ao casamento homoafetivo. À medida que mais pessoas que você conhece adotam uma inovação, você percebe menos risco social de fazer o mesmo. O reforço social de pares respeitados supera a barreira da legitimidade.
- **Empolgação.** Algumas inovações e comportamentos são atraentes apenas quando as pessoas estão emocionalmente energizadas

umas pelas outras. Quanto mais pessoas adotarem um comportamento, mais animadas as outras pessoas ficarão em adotá-lo. É assim que a efervescência social cresce. É o que impulsiona a disseminação da participação em um evento esportivo, em uma marcha de protesto ou até mesmo nas revoluções da Primavera Árabe. O entusiasmo daqueles à nossa volta atiça o nosso. E, se não sentirmos essa empolgação, não participaremos. O reforço social entre pares energizados é essencial para que esses contágios emocionais se espalhem.

Cada uma dessas barreiras à adoção pode ser superada pelo reforço social. Isso é algo que todos nós tendemos a buscar em decisões de adoção em que as apostas são altas e queremos mitigar riscos, como investir em um novo mercado ou mudar para uma nova plataforma de negócios. Se conhecermos várias pessoas que podem atestar a nova abordagem de mercado ou de negócios, nós nos sentiremos muito mais seguros ao mergulhar nela. É a diferença entre estar ciente de uma inovação e ser convencido a *adotá-la*.

Mas as mesmas barreiras à adoção que dificultam a disseminação desses contágios sociais complexos — como a necessidade de legitimidade ou a exigência de coordenação social — também podem tornar os comportamentos mais propensos a "pegar" uma vez que sejam adotados. Por exemplo, a legitimidade de um novo jogo de realidade aumentada, como Pokémon Go, depende de outras pessoas o adotarem. Você não quer vagar pelas ruas jogando jogos de realidade aumentada a menos que os outros os percebam como aceitáveis. Mas, uma vez que você tenha recebido incentivo social suficiente para convencê-lo de que um jogo não é apenas aceitável, mas também emocionante de se jogar com outras pessoas, esse apoio social o manterá interessado em jogar enquanto os outros também o fizerem.

É a mesma coisa para as novas tecnologias de comunicação, da videoconferência ao e-mail: você precisa que vários contatos adotem uma tecnologia antes que o valor social fique nítido para você. Mas, uma vez que uma tecnologia de comunicação é amplamente utilizada, ela vira uma necessidade social, dificultando o seu abandono.

A lição que se tira disso parece um paradoxo: as inovações que enfrentam maior resistência — porque as pessoas são sensíveis a questões de legitimidade, coordenação ou prova social — na maioria das vezes são aquelas com as quais as pessoas são mais comprometidas quando finalmente as adotam. Isso é o que os sociólogos chamam de *entrincheiramento*. Esse mecanismo muitas vezes parece ser um obstáculo à transformação social, mas, na verdade, ele é fundamental para alcançá-la.

A verdadeira mudança social passa por criar entrincheiramento. Seja o produto uma medicação gratuita para o HIV que pode salvar vidas, seja um novo aparelho caro, a resistência das pessoas à mudança frequentemente é apenas um sinal de que elas estão procurando confirmação social. Uma vez que você entende a resistência dessa maneira — não como um obstáculo à mudança, mas como uma oportunidade de criar um compromisso duradouro —, isso o ajuda a calibrar suas estratégias de transformação.

O poder dos camaradas

Em agosto de 1914, o exército britânico estava em desvantagem. Era o início da Primeira Guerra Mundial, e a Alemanha desfrutava de uma superioridade impressionante no tamanho de suas Forças Armadas — para cada soldado britânico, havia dez alemães. Não apenas isso: o Exército da Alemanha era formado por soldados profissionais, enquanto as tropas da Grã-Bretanha eram, em grande parte, voluntárias.

Para a Grã-Bretanha, preparar uma infantaria competitiva parecia uma perspectiva assustadora. A única esperança era promover um amplo recrutamento de todas as classes sociais — mas essa ideia ia contra as normas bem estabelecidas da sociedade britânica. Tradicionalmente, apenas um pequeno número de oficiais (vindos da baixa nobreza) e recrutas (vindos das classes mais baixas) optavam por ingressar nas

Forças Armadas. Homens das classes profissionais, como banqueiros e comerciantes, não eram tipicamente recrutados para lutar.

O Gabinete de Guerra da Grã-Bretanha sabia que tudo isso teria de mudar se eles quisessem ter alguma chance de vencer a disputa. Mas foi um esforço desafiador desde o início.

O primeiro ponto de resistência era óbvio: a guerra é aterrorizante. Qualquer um que se juntasse à luta encarava uma ameaça existencial muito real. Em segundo lugar, mesmo para os corajosos, o alistamento no Exército não era tradicionalmente visto como socialmente aceitável. Para os homens com famílias — e em particular para os profissionais liberais —, havia um desconforto genuíno com a ideia de violar sua classe e posição social para ingressar na infantaria.

O ex-prefeito de Liverpool, Lorde Derby, percebeu que a solução não era segmentar as pessoas como indivíduos, mas sim suas redes sociais. Ele sugeriu que o secretário de Estado da Guerra, o marechal de campo Lorde Kitchener, aumentasse seu Exército por meio dos laços fortes entre as pessoas.

A inovação de Derby, a campanha dos "Batalhões de Camaradas", foi incrivelmente eficaz.

A campanha de Kitchener prometia que as pessoas que se alistassem juntas também lutariam juntas. Essa estratégia visava os bairros residenciais e as comunidades profissionais que anteriormente impunham as fortes normas sociais *contra* o alistamento de profissionais. Kitchener transformou esses laços fortes no oposto: as fontes de prova social que encorajariam os homens a se alistar no Exército. A empolgação emocional e os sentimentos de solidariedade propagaram-se com facilidade por essas redes. O alistamento se tornou não apenas legítimo, como esperado. A campanha transformou as razões das pessoas para *resistir* ao chamado das armas em seus principais motivos para *atenderem* a ele.

Surpreendentemente, essa mesma abordagem foi usada por insurgentes durante séculos. Na África, na América Central e na Índia (onde Kitchener havia servido), campanhas de recrutamento baseadas nos bairros foram usadas para estruturar levantes revolucionários contra os governos coloniais. Tirando uma página do manual dos revolucionários, Kitchener esperava, em vez disso, usar a mobilização nos bairros para galvanizar a adesão às forças militares nacionais, cidade por cidade.

E isso funcionou. Em vilas e cidades de todo o país, o esforço de guerra nacional foi energizado. Os laços sociais estreitos dos cidadãos tornaram-se a espinha dorsal do Exército britânico. O provincianismo de bairro se tornou a fonte do poder internacional da Grã-Bretanha.

O primeiro grande sucesso foi o "Batalhão dos Corretores da Bolsa": um grupo de 1.600 corretores da bolsa e funcionários da cidade de Londres que se alistaram na primeira semana da ofensiva de Kitchener. Dois dias depois, 1.500 cidadãos de Liverpool se alistaram. Em três dias, mais três batalhões de moradores de Liverpool também aderiram. A cidade de Manchester logo seguiu o exemplo, reunindo quatro batalhões de comerciantes e empresários locais.

Em um mês, mais de cinquenta cidades por todo o Reino Unido haviam formado batalhões para se juntar ao esforço de guerra. No final do primeiro ano, meio milhão de homens havia se alistado. As cidades começaram a competir para ver quem conseguia reunir o maior número de tropas. Assim como Kitchener esperava, a mobilização para a guerra se tornou uma questão de orgulho local.

O esforço de recrutamento foi tão bem-sucedido que os soldados que inundaram os postos de recrutamento logo sobrecarregaram o Tesouro Nacional. O orçamento federal da Grã-Bretanha não conseguia acompanhar as despesas de alimentação e alojamento de suas próprias tropas.

Então, os laços fortes vieram em socorro mais uma vez. Governos municipais e empresas locais se juntaram voluntariamente para ajudar a financiar o esforço de guerra. Cidadãos de cada cidade doaram comida e dinheiro destinados aos recrutas de suas cidades natais. A campanha de recrutamento em bairros havia produzido uma onda de entusiasmo nacional que era palpável e contagiante.

Até escolas secundárias e organizações esportivas mobilizaram batalhões. Três batalhões de jogadores profissionais de futebol atenderam ao chamado. Um clube profissional da Escócia, o Heart of Midlothian F.C., reuniu não apenas os jogadores titulares e a equipe reserva, mas também a diretoria e membros do estafe, junto com um número substancial de torcedores locais.

Durante os dois primeiros anos da guerra, o entusiasmo pelos Batalhões de Camaradas se espalhou para cada canto do país. Ao todo, mais de dois milhões de homens se alistaram. Foi o maior exército de voluntários que a Grã-Bretanha já havia formado.

A geometria das redes

Para entender o sucesso dos Batalhões de Camaradas — ou para entender a propagação de qualquer tipo de contágio complexo — é fundamental compreender o padrão de conexões de rede que constituem os laços fortes e os laços fracos.

Você se lembra do experimento de envio de mensagens de Stanley Milgram? Ele começou colocando mensagens nas redes sociais de pessoas no meio-oeste dos Estados Unidos, depois observou quantos degraus seriam necessários para que a mensagem se difundisse dessa pessoa "semente" para uma pessoa "alvo", escolhida aleatoriamente em Sharon, no estado americano de Massachusetts.

Quando eu estava na pós-graduação, comecei a pensar nos Batalhões de Camaradas da mesma maneira — como um processo de disseminação que fluía das "sementes" para as redes sociais. Uma diferença crucial era que os cartões-postais de Milgram constituíam um contágio simples: eles se espalhavam através de laços fracos. Mas os Batalhões de Camaradas envolviam um compromisso muito mais profundo do que apenas enviar um cartão-postal. Eram contágios complexos que se difundiam através de laços fortes. Nesse aspecto, os Batalhões de Camaradas tinham algo em comum com o Twitter, a Primavera Árabe, o gesto do Aerosmith e a contracepção na Coreia: todos eram contágios complexos.

Isso me levou a um quebra-cabeça que consumiu meu trabalho nos anos seguintes. O que as redes do Second Life que propagaram o gesto do Aerosmith têm em comum com as redes de vizinhança britânicas, que difundiram os Batalhões de Camaradas quase um século antes? Ambos pareciam tão diferentes. O que as redes de amizade que ligam São Francisco a Cambridge, por meio das quais o Twitter se expandiu, têm em comum com as conexões sociais on-line que mobilizaram a Primavera Árabe? O que havia nessas redes que permitiu que contágios complexos se disseminassem de forma tão efetiva?

Você já sabe que existem dois tipos de redes sociais — laços fortes e laços fracos. Cada um tem a sua própria geometria.

Queima de fogos de artifício (laços fracos)

Rede de pesca (laços fortes)

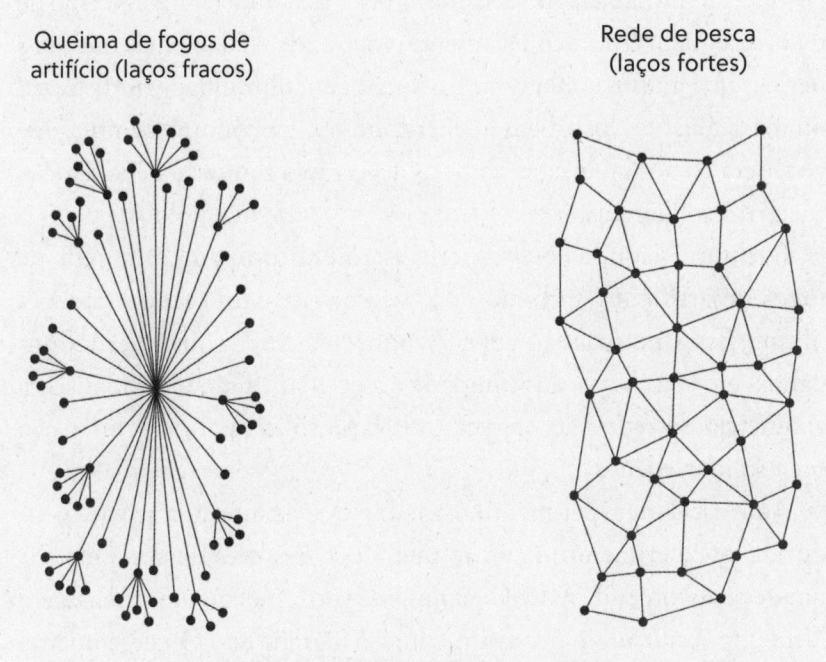

Imagens adaptadas de Baran (1962)

A geometria das redes de laços fracos se parece muito com uma queima de fogos de artifício. Cada pessoa está no epicentro da sua própria "explosão", e os laços fracos se estendem aleatoriamente por todas as direções. Cada laço salta para um lugar diferente, às vezes muito distante. Há pouquíssima redundância social em laços fracos. Essas pessoas tendem a não estar conectadas aos amigos umas das outras.

A geometria das redes de laços fortes se parece mais com uma rede de pesca. Essas redes têm a aparência de uma sequência entrelaçada de triângulos e retângulos. Esse padrão, muitas vezes chamado de *rede de cluster*, é distinto por sua abundante redundância social. As pessoas estão conectadas aos amigos umas das outras.

Nossas redes do mundo real são uma combinação desses dois padrões. Na verdade, experimentamos esses dois padrões diferentes quase todos os dias, mas o efeito de cada um é bem diferente.

O padrão da rede de pesca promove confiança e intimidade. Isso porque a redundância social torna as pessoas confiáveis. Nesse tipo de rede, se alguém o trata injustamente, você pode relatar a má conduta a pessoas que ambos conhecem. Em qualquer comunidade profissional ou residencial, todos sabem que ter contatos em comum significa que você será responsabilizado por suas ações. Isso fomenta a cooperação social e a solidariedade.

Por outro lado, as pessoas que estão em um padrão de rede de fogos de artifício têm pouquíssimos contatos em comum, ou nenhum. Essas pessoas são apenas conhecidas. Sem qualquer redundância em seus laços, a intimidade e a confiança são limitadas. Essa geometria de rede não oferece uma base sólida para a cooperação ou a solidariedade.

Aqui está um experimento mental: o que aconteceria se você conduzisse o experimento do envio de mensagens de Milgram em cada um desses padrões de rede? Digamos que você colocou uma mensagem "semente" em cada rede, assim como Milgram fez. Qual geometria espalharia a mensagem com mais velocidade? Granovetter ofereceu uma previsão nítida: considerando-se apenas a geometria, a rede de fogos de artifício espalharia o contágio social muito mais rapidamente do que a rede de pesca.

Parece óbvio. A rede de fogos de artifício parece a velocidade em pessoa. Podemos imaginar como uma mensagem se propagaria de qualquer local até alcançar o centro, e então se espalharia de lá para chegar a todos os outros. Em contraste, na rede de pesca a mensagem teria de se arrastar de vizinho para vizinho, sofrendo muita redundância ao longo do caminho.

Mas isso é verdade para um contágio complexo? E se você estivesse tentando propagar um contágio que provocasse alguma resistência ou exigisse coordenação social — por exemplo, se você estivesse reunindo seguidores para uma nova tecnologia social como o Twitter, ou recrutando cidadãos para um levante perigoso como o da Primavera Árabe? E os empreendedores que estão difundindo novas práticas de gestão e estratégias de investimento? Ou ativistas recrutando pessoas para celebrações cívicas e movimentos políticos que se alimentam de excitação emocional? Esses contágios sociais se espalham mais rápido no padrão dos fogos de artifício?

Eu queria descobrir. Eu queria projetar o mesmo tipo de experimento que Milgram havia criado quarenta anos antes. Ao contrário de Milgram, porém, eu não queria enviar uma mensagem para uma pessoa, mas sim espalhar uma inovação social para *todos*. Meu objetivo era testar a ideia de Granovetter — ver se a rede de fogos de artifício realmente propagaria a inovação social mais efetivamente. Ou se, ao contrário da teoria dos laços fracos, a rede de pesca faria um trabalho melhor.

Eu baseei meu projeto no paradigma de um ensaio clínico. Mas, em vez de comparar o resultado de pessoas que receberam um medicamento com o resultado de pessoas que não receberam, eu compararia o resultado de uma população inteira conectada em um padrão de rede de pesca com o resultado de uma população inteira conectada em um padrão de fogos de artifício. Como Milgram, eu "semearia" cada rede com um contágio social e então observaria como ele se difundiu. Mas, em vez de espalhar uma mensagem simples, eu espalharia uma nova tecnologia social. Eu observaria não apenas o número de adotantes em cada rede, mas também a rapidez com que a inovação se espalhou em cada caso.

Era empolgante pensar nisso. Mas não muito fácil de fazer.

Eu me consolava com o fato de que a ideia de Stanley Milgram tinha sido ainda mais ambiciosa. De alguma forma, ele havia persuadido pessoas aleatórias do meio-oeste dos Estados Unidos a enviar cartões-postais para os seus amigos, com o objetivo final de alcançar um corretor de ações desconhecido em Massachusetts. Na época de seu estudo, a maioria das pessoas nem sabia o que era uma rede social, muito menos o que significava medir uma. No entanto, ele conseguiu convencer as pessoas a participar — e Harvard a financiá-lo.

E eu tinha uma vantagem moderna: a internet. Em 2007, quando comecei esse experimento, as pessoas usavam a internet para fazer todo tipo de conexão — às vezes com pessoas que já conheciam, mas muitas vezes com pessoas que não conheciam. Tudo o que eu precisava fazer era encontrar uma maneira de atrair milhares de pessoas a querer se conectar umas às outras. Fundamentalmente, eu precisaria ser capaz de configurar as conexões entre elas da maneira que eu quisesse. E elas precisariam se preocupar genuinamente com os seus contatos na rede para que influenciassem o comportamento um do outro.

Era pedir muito.

Mas eu tinha uma ideia.

O experimento do amigo da saúde

Em 2007, recebi financiamento da Universidade de Harvard para projetar meu próprio experimento de Milgram nas redes sociais. Considerei dezenas de abordagens para estudar a disseminação de inovações usando comunidades baseadas na internet. Pesquisei de tudo, desde comunidades de investimento até sites de namoro. Mas a ideia de *comunidades de saúde* continuava me atraindo.

O que mais me impressionava em relação às comunidades de saúde era como os seus membros eram engajados. Na Patients Like Me* —

---

* Em tradução livre, "pacientes como eu". (N.T.)

uma comunidade médica para pacientes com esclerose lateral amiotrófica (ELA), também conhecida como doença de Lou Gehrig —, as pessoas conversam com desconhecidos sobre a sua condição. Um dos principais problemas a respeito de uma doença rara e debilitante como a ELA é que as pessoas que sofrem dela nunca conseguem falar com mais ninguém que a tenha. Mesmo que milhares de pessoas com a doença estejam por aí em algum lugar, não há uma maneira fácil de encontrá-las. Patients Like Me oferecia uma solução.

Mas acontece que não eram apenas as pessoas com doenças raras que procuravam se conectar; na Patients Like Me e em centenas de outras novas comunidades de saúde on-line, milhões de pessoas interagiam com seus pares anônimos a cada ano. Elas compartilhavam livremente suas informações privadas de saúde e experiências pessoais e davam conselhos médicos umas às outras. Fiquei impressionado com o quanto as pessoas estavam profundamente engajadas umas com as outras, apesar de serem desconhecidas. Elas estavam influenciando as decisões médicas umas das outras, apesar de nunca terem se encontrado em pessoa.

Enquanto explorava esses sites, não tinha resposta para uma questão: essas conexões eram laços fortes ou laços fracos?

Eu me perguntava se eram os interesses semelhantes das pessoas sobre saúde que faziam essas comunidades funcionarem. Ou havia algo na geometria subjacente de suas redes sociais que levava essas comunidades a serem tão efetivas na difusão da influência social?

Decidi usar essas comunidades como modelo para meu estudo. Construí uma nova comunidade de saúde on-line e a divulguei nos principais sites de saúde, como o do Centro para a Prevenção do Câncer de Harvard, e em revistas como *Prevention, Men's Health, Women's Health* e *Self*, entre outras. Para a minha surpresa, as pessoas ficaram interessadas: mais de 1.500 contatos se inscreveram para o estudo.

Para ingressar, os participantes preenchiam um questionário simples no qual escolhiam um nome de usuário e identificavam todos os interesses e preocupações com a saúde. Uma vez inscrito, o participante era combinado com um grupo de "amigos da saúde", cujos interesses eram similares. Não era possível mudar os amigos de saúde; aqueles atribuídos eram os únicos que cada pessoa tinha. Se alguém tivessem alguma recomendação de saúde para compartilhar, os amigos de saúde receberiam notificações disso por e-mail.

Depois que meus 1.528 voluntários se inscreveram, eu os dividi aleatoriamente pela metade. Isso me deu 764 pessoas em cada um dos grupos.

Mas dois grupos não eram suficientes. Boa ciência precisa de replicação.

Então eu dividi cada grupo em seis comunidades, cada uma variando em tamanho de 98 a 144 pessoas.

No primeiro grupo, as seis comunidades foram organizadas em redes de fogos de artifício. O segundo grupo foi organizado em seis redes de pesca.

Como em um ensaio clínico, isso me permitiria realizar seis repetições da comparação entre as redes do tipo redes de pesca e as redes do modelo queima de fogos de artifício. Dessa forma, eu poderia garantir a confiabilidade de todos os resultados que encontrasse.

Uma vez que as pessoas estavam organizadas em suas redes, da minha perspectiva, o estudo parecia com seis redes de pesca lado a lado com seis queimas de fogos de artifício, cada uma cheia de pessoas que estavam todas conectadas exatamente ao mesmo número de amigos de saúde — seis ou oito, dependendo da rede.

Para os participantes, o experimento parecia diferente. Se você estivesse em uma rede de fogos de artifício, ao fazer login, veria que tinha seis amigos de saúde, todos com interesses semelhantes aos seus. Você veria a mesma coisa se participasse de uma rede padrão redes de pesca — seis amigos da saúde, todos com interesses parecidos com os seus. Na verdade, apenas ao olhar para a sua rede de amigos de saúde, você não poderia dizer nada sobre a geometria da sua comunidade, nem mesmo sobre o tamanho dela. Até onde os participantes sabiam, as comunidades eram idênticas.

Mesmo que as geometrias da rede fossem invisíveis para os participantes, poderiam elas controlar o comportamento das pessoas? Essa era a questão que eu queria responder. Entretanto, para que o experimento funcionasse, as pessoas teriam de ser influenciadas por seus pares.

Como você acha que se sentiria em relação aos seus colegas de saúde se tivesse se juntado a essa comunidade? Eles teriam os mesmos interesses de saúde que os seus, então você provavelmente prestaria atenção às recomendações deles. Mas você não sentiria um forte vínculo emocional com eles. Eles seriam estranhos.

Normalmente, esses contatos seriam laços fracos. As conexões entre eles se assemelhariam a uma queima de fogos de artifício. Será que conectá-los em um padrão de rede de pesca — uma geometria não natural para laços fracos — poderia mudar o comportamento de toda a comunidade, *aumentando* significativamente a propagação de uma inovação? Minha hipótese era que sim. Mas a teoria dos laços fracos dizia o contrário. De acordo com essa teoria, o *alcance* é bom e a *redundância* é ruim.

Era hora de descobrir.

Para os propósitos do experimento, construí uma tecnologia social divertida e fácil de usar que permitiria aos participantes pesquisar em um grande banco de dados de novos recursos de saúde. Eles podiam compartilhar esses recursos uns com os outros e avaliar cada um deles. Mas, para acessar essa tecnologia, primeiro eles precisariam visitar um site e preencher um formulário de registro.

A inovação que construí foi projetada para ser útil — mas também para enfrentar resistência. Como todas as tecnologias sociais, tratava-se de um contágio complexo. Havia duas barreiras à adoção: a credibilidade e a coordenação. Primeiro, se você estivesse pensando em adotá-la, gostaria de saber se essa tecnologia social seria útil o bastante para valer o tempo tomado para se registrar. Em segundo lugar, o valor da tecnologia dependia do número de outros adotantes. Quanto mais seus amigos de saúde participassem, mais recomendações você receberia. Provavelmente, você só adotaria essa nova tecnologia se achasse que outras pessoas a estavam adotando também.

Para iniciar o estudo, segui o mesmo processo de Milgram. Eu "semeei" o experimento, dando a inovação a uma só pessoa em cada rede. Essa pessoa era o meu adotante inicial, ou o "agente de transformação". Cada novo adotante dispararia uma mensagem para os seus contatos, informando a eles que um de seus colegas de saúde havia adotado a inovação, convidando-os a adotá-la também.

Então eu vi algo incrível acontecer.

Nas redes de fogos de artifício, as informações se propagaram na velocidade da luz. Cada pessoa que adotou a inovação desencadeou uma explosão de notificações em toda a rede. Se algum de seus vizinhos a adotasse, uma nova explosão de mensagens disparava em todas as direções.

A disseminação de informações parecia exatamente uma sequência de fogos de artifício em cascata. Foi uma difusão viral na sua melhor forma. Mas, embora cada nova explosão de sinais alcançasse muitas pessoas em diferentes partes da rede, ela não desencadeava muitos novos adotantes. Apesar de todas as pessoas que tomaram conhecimento da inovação, a aceitação real estava atrasada.

Em contraste, as comunidades de redes de pesca foram dolorosamente lentas no início. Cada novo adotante enviava notificações de volta para o mesmo grupo de pessoas que também tinham acabado de ouvir sobre a inovação através de um adotante anterior. Se alguma dessas pessoas a adotasse, a maioria de suas notificações também voltaria para aquele mesmo grupo de contatos. As pessoas ouviriam sobre a tecnologia de dois, três ou até quatro amigos de saúde antes que a notícia sobre a inovação finalmente se propagasse para um novo grupo social.

Com certeza, Granovetter estava certo sobre uma coisa: a informação se propagava muito mais rápido nas redes de fogos de artifício. Mas a *adoção* real à inovação — pessoas preenchendo o formulário de registro e fazendo login para usar a tecnologia social — mostrou o oposto. Embora a redundância nas redes de pesca estivesse retardando a disseminação da informação, ela estava *acelerando* a disseminação da adoção.

As pessoas que receberam mensagens de reforço de vários colegas eram muito mais propensas a adotar a inovação. E, assim que o faziam, os seus sinais se somavam ao coro de mensagens de reforço para os seus vizinhos, gerando ainda mais adoção.

Encontrei os mesmos resultados em todos os seis pares de redes. Embora as informações se espalhassem mais rapidamente nas redes de fogos de artifício, um número significativamente maior de pessoas adotou a inovação nas redes de pesca. A redundância social *não era* um desperdício; ela estava fazendo o trabalho crucial de fortalecer a coordenação social sobre o novo comportamento.

Nas redes de fogos de artifício, os "adotantes iniciais" (aqueles que adotaram a inovação depois de ver uma única mensagem) normalmente usaram a tecnologia uma vez, mas nunca mais fizeram login. Nas redes de pesca, as pessoas que precisaram de confirmação social de vários amigos de saúde para se inscrever (os chamados "retardatários") eram significativamente mais propensas a continuar acessando e usando a tecnologia para encontrar e compartilhar novas recomendações de saúde. Na verdade, os retardatários eram mais de *trezentas vezes* mais propensos a continuar usando a tecnologia de saúde do que os primeiros a adotá-la. Mesmo meses após o término do experimento, essas pessoas continuaram acessando e usando a plataforma.

Por quê?

A redundância da rede estava fazendo uma função dupla. A princípio, as mensagens de reforço de vários amigos de saúde mostraram o valor da coordenação e a credibilidade da inovação. Isso levou à adesão.

Mas, assim como o telefone ou o Twitter, os motivos para adotar uma tecnologia social também foram os motivos para continuar usando-a. Mais vizinhos que a adotavam significavam mais recomendações, o que significava mais valor. Mesmo entre estranhos, a geometria das redes de reforço fez com que as pessoas continuassem voltando.

CAPÍTULO 5

O contágio complexo em ação: memes, bots e mudança política

Em meados de 2012, a corrida presidencial nos Estados Unidos entre o candidato republicano, Mitt Romney, e o democrata incumbente, Barack Obama, estava esquentando. Durante um debate muito assistido, Romney acusou os democratas de gastar de maneira irresponsável. Em um improviso espontâneo, ele pediu o fim do apoio do governo à Public Broadcasting System (PBS), uma rede de TV financiada pelo governo federal, talvez mais famosa pela programação educacional inovadora para crianças. Bastou a menção improvisada de Romney sobre cancelar o amado programa infantil *Vila Sésamo* para que a twittersfera explodisse. Em poucos minutos, a hashtag #SupportBigBird* foi tweetada milhares de vezes e um novo meme foi lançado e espalhado. Esse foi um caso de contágio simples ou complexo?

A velocidade de uma hashtag

Um ano antes do comentário de Mitt Romney sobre o Garibaldo agitar o Twitter, uma equipe de cientistas da computação da Universidade Cornell, liderada pelo renomado cientista Jon Kleinberg,

---

* Big Bird (pássaro grande) é um dos principais personagens da *Vila Sésamo*. Na adaptação brasileira, ficou conhecido como Garibaldo. (N.T.)

decidiu resolver o mistério de por que algumas hashtags se propagam pelo Twitter muito mais rapidamente do que outras.

Kleinberg — um polímata magro e forte, com uma disposição amigável e uma mente penetrante —, argumentou que a distinção entre contágios simples e complexos poderia ser útil para entender esse mistério. Ele acreditava que o verdadeiro quebra-cabeça era descobrir por que algo tão simples quanto uma hashtag teria qualquer complexidade. Literalmente, tudo o que é necessário para propagar um meme é copiar e colar uma tag viral (como #SupportBigBird) no seu próximo tweet. Ou simplesmente clicar no botão de retweet.

Aos 25 anos, Kleinberg já era um erudito. Depois de terminar a graduação em Cornell, ele completou o doutorado no MIT, quando foi insistentemente recrutado para retornar à Cornell como professor-assistente. Seguindo os passos do físico Richard Feynman, Kleinberg começou a lecionar em Cornell quando ainda era mais jovem do que muitos de seus próprios alunos da pós-graduação. Para dissipar quaisquer preocupações que as pessoas pudessem ter sobre sua ascensão precoce, Kleinberg logo ganhou uma prestigiada bolsa da Fundação MacArthur — o chamado "prêmio de gênio" — por seu trabalho sobre redes sociais. A reputação impressionante de Kleinberg como um pensador inovador e rigoroso estava agora consolidada. Daquele dia em diante, ele poderia trabalhar com qualquer assunto que lhe intrigasse. E o que chamou a sua atenção foi a questão de entender como as hashtags percorrem o Twitter.

Kleinberg e seus coautores, Daniel Romero e Brendan Meeder, examinaram as diferenças entre vários tipos diferentes de hashtags populares no Twitter naquele ano. Observando os padrões de adoção dessas hashtags, a equipe de Kleinberg encontrou algo impressionante: uma divisão clara entre o que eles chamavam de "hashtags idiomáticas" (como #dontyouhate ou #musicmonday*) e hashtags políticas (como #tcot e #hcr — "Top Conservatives on Twitter" e "Health

---

* #vocênãoodeia e #músicasegunda-feira. (N.T.)

Care Reform"*). Para as hashtags idiomáticas, a história da difusão viral funcionou. Os usuários começavam a usá-las depois de vê-las apenas uma vez. Essas hashtags se espalham efetivamente de pessoa para pessoa com apenas um único contato. Eram contágios simples.

Com as hashtags políticas, a história foi diferente. Como a equipe de Kleinberg descreveu, hashtags políticas eram "mais arriscadas de usar do que expressões idiomáticas coloquiais [...] já que elas envolvem alinhar-se publicamente a uma posição que pode aliená-lo de outras pessoas de seu círculo social". Os usuários do Twitter normalmente esperavam até receber a mesma hashtag de várias pessoas do seu círculo social antes de adotá-la. As hashtags políticas eram, portanto, contágios complexos.

A velocidade de um sinal de igual

Em 25 de março de 2013, a organização dos direitos civis Human Rights Campaign (HRC) iniciou um dos maiores movimentos sociais on-line da história. Naquela semana, a Suprema Corte dos Estados Unidos estava julgando dois casos que decidiriam o destino do casamento entre pessoas do mesmo sexo no país. Para acompanhar esse evento emblemático, a HRC pediu às pessoas que mudassem suas fotos de perfil e avatares do Facebook para a imagem de um sinal de igual, para mostrar apoio à igualdade no casamento. Até aquele momento, o logotipo da HRC era um sinal de igual amarelo brilhante em um fundo azul. A cor do logo foi então trocada para um sinal de igual vermelho sobre rosa. O vermelho e o rosa simbolizavam o amor.

Em uma semana, quase três milhões de pessoas mudaram suas páginas de perfil para incluir o novo logotipo. Foi uma demonstração nacional sem precedentes de apoio à igualdade no casamento.

---

* Maiores Conservadores do Twitter e Reforma da Assistência à Saúde (N.T.)

O CONTÁGIO COMPLEXO EM AÇÃO: MEMES, BOTS E MUDANÇA POLÍTICA

Se olharmos para o incrível crescimento da iniciativa da HRC, pode parecer razoável concluir que é um exemplo clássico de ativismo social que se tornou viral — um contágio simples, ajudado talvez por um novo logo "aderente". No entanto, dois pesquisadores do Facebook, incluindo a física Lada Adamic — que conduziu o estudo do Second Life discutido no Capítulo 1 —, decidiram analisar os dados com mais atenção.

Uma das muitas atrações de trabalhar no Facebook, além do sorvete grátis ilimitado e da arquitetura industrial ousada, é o acesso sem precedentes a dados. Embora muitas pessoas tenham especulado sobre o que deu origem à disseminação em massa do símbolo da igualdade no Facebook, Adamic e seu colega Bogdan State estavam na posição invejável de poder estudá-la cientificamente.

Rastreando milhões de compartilhamentos, comentários e curtidas, os cientistas analisaram a disseminação não apenas do símbolo de igualdade, mas de dezenas de outros memes sociais não relacionados que haviam se tornado populares no Facebook no ano anterior. Isso variava de fotos amplamente compartilhadas e curtidas a comportamentos populares, como postar mensagens temáticas sobre o significado da Páscoa e outros feriados. O que Adamic e State encontraram estava em sintonia com as descobertas de Kleinberg sobre o Twitter: o compartilhamento de fotos era um contágio simples. As fotos se espalham rapidamente — em média, saltando de pessoa para pessoa após apenas um único contato. Mas o sinal de igual exigia reforço de mais contatos para que as pessoas o adotassem. Por quê? Qual era a diferença entre compartilhar uma foto popular e adotar uma mudança popular de perfil?

Adamic e State concluíram que os usuários do Facebook precisavam de prova social — aprovação de seus pares — antes de acreditarem que o movimento do sinal de igual era legítimo e amplamente aceito o suficiente para apoiá-lo. Nas palavras dos pesquisadores, "é fácil entender por que a prova social obtida de múltiplas fontes seria necessária para muitos indivíduos mostrarem o seu apoio a uma causa em que acreditam. Engajar-se em um comportamento que desafia o *status quo* traz riscos inerentes". Esses riscos, eles explicaram, variavam de locais e pessoais ("uma discussão com amigos que pensam de outra forma") a "ameaças à vida, como as vivenciadas por ativistas em um movimento político que desafia um regime repressivo".

O movimento do sinal de igual ganhou força por meio do reforço dos laços — grupos de contatos densamente interconectados. Não foi viral. Foi um contágio complexo. E ele se espalhou apenas porque os adotantes receberam confirmação social suficiente para superar a sensação de risco. A grande lição tanto da pesquisa de Adamic quanto da de Kleinberg é que qualquer ideia potencialmente controversa requer redes que possam fornecer confirmação social redundante — mesmo no Twitter e no Facebook.

Sobre baldes de gelo e outros memes

O Desafio do Balde de Gelo é um daqueles contágios de mídia social bizarros que fica difícil de explicar anos depois de ter acontecido. Como qualquer modismo, teria sido impossível prevê-lo com antecedência. Ou assim pensamos.

O Desafio do Balde de Gelo aconteceu em 2014, no verão dos Estados Unidos, quando milhões de pessoas de toda parte do país — e depois de todo o mundo — gravaram a si mesmas despejando um balde de água gelada sobre a cabeça voluntariamente. Esses vídeos foram subidos para as redes e então assistidos, encaminhados e em seguida imitados. Por gente importante. Governadores, estrelas do esporte profissional, estrelas de cinema e personalidades da televisão entraram na onda.

Um jogador de beisebol universitário chamado Pete Frates lançou o Desafio do Balde de Gelo em 2014 para aumentar a conscientização sobre a ELA. Mas a história cresceu e se tornou algo muito maior, não apenas aumentando a conscientização sobre a doença em uma escala sem precedentes, mas gerando uma avalanche de doações para instituições de caridade relacionadas à doença.

De 1º de junho a 13 de agosto daquele ano, mais de 1,2 milhão de vídeos foram compartilhados, gerando mais de 2,2 milhões de menções no Twitter. No período de 29 de julho a 17 de agosto, a campanha de mídia social arrecadou mais de 41,8 milhões de dólares em doações para instituições beneficentes ligadas à ELA — significativamente mais do que havia sido arrecadado em todo o ano anterior. O Desafio do Balde de Gelo se tornou a personificação do vídeo viral. Cientistas e profissionais de marketing passaram anos tentando descobrir quais características principais tornavam esse vídeo tão especial. Por que ele decolou e tantos outros não? Qual era o segredo do seu sucesso viral?

Em 2014, os matemáticos britânicos Daniel Sprague e Thomas House decidiram entender os princípios matemáticos por trás do sucesso do Desafio do Balde de Gelo — e de todos os vídeos virais por aí. Eles examinaram os 26 principais memes de 2014, que iam desde "fazer a prancha" (manter uma determinada posição de ioga, com membros rígidos, em um local público) até fingir comer cédulas de dinheiro de valor alto. Nenhum tema, característica ou gatilho comum ligava todos esses sucessos. Alguns tinham gatilhos emocionais, mas outros não; alguns tinham moeda social, enquanto outros não a possuíam; alguns tinham valor prático, outros nenhum. Estatisticamente, não havia diferenças sistemáticas entre as características dos sucessos e dos fracassos. De fato, a única distinção matemática era que em quase todos os casos os sucessos haviam se beneficiado de redes de reforço social. Eram contágios complexos.

Sprague e House realizaram então algo notável. Eles fizeram uma previsão. O modelo de contágio complexo poderia permitir que esses matemáticos vissem qual meme iria decolar a seguir? Sprague e House corajosamente colocaram suas descobertas à prova. No início do verão americano, no final de junho de 2014, o Desafio do Balde de Gelo estava apenas começando. Embora estivesse claramente pegando, ninguém sabia até onde ele iria. Será que continuaria a crescer? Ou — como a maioria dos modismos — fracassaria? Sprague e House analisaram os dados disponíveis. Usando o modelo de contágio complexo, eles calcularam a probabilidade de que *clusters* de reforço social se formassem na rede do Twitter, dando origem à disseminação popular desse novo meme social. Eles previram que isso não aconteceria de maneira imediata. Levaria algumas semanas para o reforço social se acumular nas redes on-line. Mas, uma vez que isso acontecesse, o contágio atingiria uma massa crítica e se tornaria extremamente popular.

Sprague e House previram que a popularidade do Desafio do Balde de Gelo aumentaria 1.000% em questão de semanas, explodindo na internet em meados de agosto. Mas eles também previram o seu declínio: depois que o meme saturasse essas redes, ele desapareceria rapidamente, disseram eles. No fim de agosto, especularam que o Desafio do Balde de Gelo ultrapassaria o seu pico de popularidade e retornaria aos níveis do início do verão.

No Capítulo 1, você viu que os influenciadores não fizeram o Twitter decolar. Isso também foi verdade para o Desafio do Balde de Gelo. Assim como Oprah quando adotou o Twitter, o apresentador do programa *Today* da NBC, Matt Lauer, realizou o Desafio do Balde de Gelo no ar para a diversão e a aprovação de todos. Essa performance certamente contribuiu para o crescimento do meme, mas a essa altura ele já havia entrado em seu estágio de crescimento rápido. Assim como a Oprah e o Twitter, a verdadeira questão por trás do sucesso de um contágio social não é *como eles conseguiram que uma celebridade endossasse essa ideia?*, mas *como essa ideia cresceu de forma tão efetiva que até as celebridades queriam se associar a ela?*

A previsão de Sprague e House sobre o futuro do Desafio do Balde de Gelo não foi baseada em endossos de celebridades, mas na matemática do contágio complexo. E os dois estavam certos: eles anteciparam com sucesso o momento da rápida ascensão, o pico de atividade e o declínio acentuado. No processo, criaram um modelo capaz de prever com precisão o crescimento, o pico e o declínio de outros memes (talvez menos notáveis).

As descobertas impressionantes de Sprague e House mudaram a forma como pensamos sobre propagação nas mídias sociais. Enquanto os memes virais alcançam sua rápida expansão ao se espalhar através de laços fracos, os contágios complexos também podem crescer rapidamente. Mas eles exigem redundância social para fazê-lo. Esse *insight* é útil não apenas para entender os sucessos passados, mas também para prever os futuros.

Bots pelo bem social

Em 2014, o cientista da computação dinamarquês Sune Lehmann e três colegas — Bjarke Mønsted, Piotr Sapiezynski e Emilio Ferrara — levaram essa ideia um passo além. Em vez de simplesmente observar os contágios que se espalharam pelo Twitter, Lehmann e sua equipe queriam ver se eles poderiam usar os princípios científicos do contágio complexo para espalhar seus *próprios* memes no Twitter.

Sendo cientistas da computação, eles queriam automatizar o processo. A ideia deles era usar "bots" — programas automatizados de envio de mensagens — para propagar suas mensagens no Twitter. Além disso, o objetivo não era apenas espalhar mensagens aleatórias, mas divulgar mensagens que promovessem a cooperação social e sentimentos positivos. Eles queriam usar os bots para fazer algum bem social.

Em 2014, os bots foram muito noticiados — e não por bons motivos. Eles estavam sendo cada vez mais usados por candidatos políticos para reforçar artificialmente a aparência de apoio popular a suas campanhas (uma técnica conhecida como *astroturfing*, como uma grama falsa que parece real). Lehmann e sua equipe sabiam das sérias preocupações levantadas por essa proliferação nas mídias sociais, mas eles queriam virar o problema dos bots de cabeça para baixo. Em vez de estudar como evitar que os bots provocassem danos, eles queriam descobrir como os bots poderiam ser usados para promover civilidade e engajamento social.

A questão central que eles se propuseram a responder era se os memes positivos eram contágios simples ou contágios complexos. Quais seriam as melhores estratégias de bot para disseminá-los?

Um mês após o Desafio do Balde de Gelo ter concluído o seu percurso como esperado, Lehmann e sua equipe implantaram no Twitter um pequeno grupo de 39 bots engenhosamente projetados. Por um período de seis semanas — de setembro a novembro de 2014 —, os bots postaram no Twitter, criando uma rede conectada com mais de 25 mil seguidores humanos (você podia estar entre eles).

Em seguida, os bots de Lehmann se conectaram uns aos outros. A ideia de conectar bots a outros bots parece ridícula. Do ponto de vista do marketing viral, parece um desperdício de recursos vergonhoso, como fazer operadores de telemarketing ligarem uns para os outros: qual é o sentido?

Mas essa ideia foi uma das características mais engenhosas do estudo. Essa rede de bots (ou *botnet*) criou dois tipos de reforço social. O tipo óbvio veio dos seguidores dos bots que receberam a mesma mensagem de vários bots. Mas o tipo menos óbvio veio de pessoas observando as interações dos bots uns com os outros. Isso criou um efeito de terceiros no qual os compartilhamentos e as curtidas de mensagens de outros bots criaram mais legitimidade para essas mensagens. As interações dos bots entre si ofereciam um indicador visível de aprovação social que ajudava a fortalecer a ilusão de que eles eram reais — e que tinham coisas interessantes a dizer.

Depois que os bots estabeleceram suas redes de seguidores humanos e bots, o próximo passo era espalhar o bem social. Durante os meses de novembro e dezembro de 2014, os bots de Lehmann enviaram novos memes ao mundo.

Assim como o experimento do envio de mensagens de Milgram, Lehmann e sua equipe usaram os bots como sementes iniciais para espalhar novos memes. Mas o objetivo não era atingir um único alvo em Massachusetts. O objetivo deles era espalhar memes sociais para todos. Foram oito ao todo, e você pode ter visto alguns deles, como #getyourflushot, #highfiveastranger, #HowManyPushups, #somethinggood ou #SFThanks*.

Por exemplo, #getyourflushot faz exatamente o que parece: incentiva as pessoas a tomar uma vacina anual contra a gripe e depois postar um tweet comemorativo sobre isso. Da mesma forma, #highfiveastranger encorajava as pessoas a fazer um *"high five"* com uma pessoa aleatória que passava pela rua e, em seguida, postar sobre a experiência. Esses não eram memes incrivelmente profundos, mas cada um oferecia uma mensagem social positiva.

Eles foram surpreendentemente bem-sucedidos. Os memes de Lehmann se espalharam por toda parte. E cada um deles era um contágio complexo, viajando através de laços sociais redundantes. O reforço social foi o segredo para o seu sucesso.

Assim como o meu experimento de propagação de uma inovação que exploramos no Capítulo 4, Lehmann descobriu que enviar mensagens repetidas de uma única fonte não funcionava. O fator crucial para a disseminação desses memes não era se as pessoas recebiam a mesma mensagem várias *vezes*, e sim se recebiam a mensagem de várias *fontes* diferentes. As pessoas que receberam sinais de reforço do mesmo bot foram menos propensas a adotar o meme do que as pessoas que receberam apenas um sinal. No entanto, sinais redundantes de vários bots aceleraram a taxa de adoção. Na verdade, quanto mais sinais de reforço, melhor: as taxas de adesão disparavam à medida que mais bots ofereciam confirmação social para o mesmo meme.

Quase uma década antes do estudo de Lehmann, o próprio Twitter usou redes de reforço entre vizinhos e amigos para se disseminar pelo país. No final das contas, os memes viajaram da mesma maneira, seguindo caminhos pelo Twitter que forneciam uma geometria de reforço social. O novo *insight* da equipe de Lehmann foi que esse processo

---

* Algo como #TomeSuaVacinaDaGripe, #TocaAquiEmUmEstranho, #QuantasFlexões e #AlgoBom; #SFThanks referia-se ao Dia de Ação de Graças (*Thanksgiving*) em São Francisco. (N.T.)

social não era apenas previsível, mas também automatizável. E foi preciso apenas um pequeno número de bots para fazê-lo funcionar.

Por muitos anos, nos disseram que os gatilhos emocionais e as mensagens "aderentes" eram os ingredientes essenciais para a disseminação do contágio. Os 39 bots de Lehmann mostraram outra coisa. Mesmo mensagens incentivando a vacinação podem ser contagiosas. O segredo para o seu sucesso foi fazer com que suas mensagens se enraizassem na rede social da maneira certa — dentro de grupos com laços redundantes. Mais importante do que a aderência da mensagem é o reforço social que ela recebe.

CAPÍTULO 6

A infraestrutura de contágio: a importância das pontes largas

Desde o trabalho pioneiro de Mark Granovetter sobre redes sociais nos anos 1970, as conexões entre pessoas localizadas em diferentes aglomerados sociais são chamadas de *pontes*. Essas pontes eram sinônimo de laços fracos; eram conexões sociais tênues que ligavam pessoas cujos grupos sociais eram distantes. Os primeiros cientistas de rede geralmente avaliavam o valor das pontes pelo seu comprimento, ou seja, a distância social que elas atravessavam — o que eu chamo de *alcance*. Ainda hoje, a suposição predominante — não apenas entre os cientistas sociais, mas também entre a maioria das pessoas na indústria e grupos que defendem alguma causa — é que o *alcance* é o que garantirá o sucesso.

Mas há outra maneira de pensar a respeito de pontes, e não em termos de comprimento, mas de *largura* — quero dizer, o *número* de laços que elas contêm. Um laço fraco é uma *ponte estreita*. Dentro de uma organização, uma ponte estreita pode consistir em um único laço entre uma pessoa em um departamento, como o grupo de engenharia, e alguém em outra parte da organização, como a área de vendas. Em uma empresa em que os membros do grupo de engenharia quase nunca se encontram com os membros do grupo de vendas, um laço fraco entre, digamos, Isabella, a engenheira, e Celine, a gerente de vendas, estabelece uma ponte estreita entre a rede organizacional. Ela oferece uma rara oportunidade para que informações úteis se espalhem entre os dois grupos.

Pontes estreitas   Pontes largas

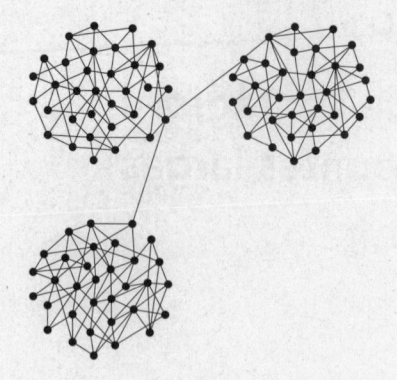

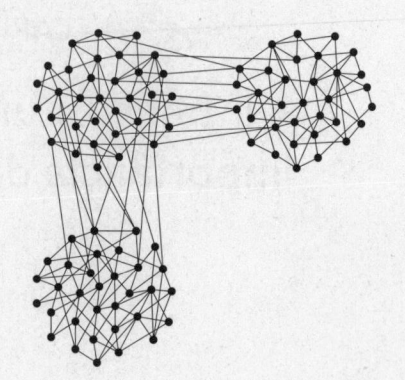

Uma *ponte larga*, por outro lado, reflete uma verdadeira colaboração: ela envolve um grupo de pessoas de um departamento que se engaja com equipes de outro setor por meio de múltiplas conexões sobrepostas. As pontes largas não têm a ver com alcance, mas sim com *redundância*. Elas permitem que as pessoas em ambos os lados da ponte ouçam as opiniões e as recomendações de vários colegas e amigos, além de possibilitar que discutam e debatam ideias com eles. Pontes largas significam laços mais fortes.

A frequência de pontes largas em bairros residenciais é a razão pela qual os contágios complexos se propagam geograficamente com tanta frequência. Mas a geografia não é o que determina a largura da ponte. A redundância é. Um exemplo perfeito disso é a história do Twitter. Depois de se expandir localmente ao redor de São Francisco, o Twitter deu um salto até Cambridge, no estado americano de Massachusetts. Cruzou os Estados Unidos usando uma rede reforçada de laços fortes — uma ponte larga — que conectava as duas cidades geograficamente distantes. Essa ponte larga possibilitou a articulação social entre as comunidades, estabelecendo a credibilidade e o valor da nova tecnologia. Qualquer que seja a distância física que uma ponte larga possa atravessar — seja geograficamente próxima ou distante —, a sua influência vem do reforço social.

As pontes estreitas aceleram a informação através de laços fracos. As pontes largas levam a transformação social através de laços fortes.

Progredir prestando atenção nos vãos

O que é melhor para uma organização, pontes estreitas ou largas?

A resposta depende de quem você é em uma organização e do que deseja alcançar.

Se o seu objetivo é o simples compartilhamento de informações, as pontes estreitas são a solução perfeita.

Considere uma organização composta por uma série de silos desconectados. Pessoas da área de engenharia nunca falam com pessoas do setor de vendas. E os vendedores nunca falam com os funcionários do departamento de design. Os laços dentro de cada grupo são conectados em um padrão de rede de pesca. Mas há lacunas na rede organizacional, e muitas oportunidades valiosas são perdidas.

Suponha que Isabella, a engenheira, tenha lido alguns livros de negócios sobre redes sociais. Ela aprendeu que as lacunas na rede organizacional podem ser vistas como oportunidades estratégicas. Se ela puder ser a ponte entre esses vãos, pode se tornar uma *mediadora* para a disseminação de informações entre diferentes grupos. Ela quer seguir em frente e usará a sua rede social para isso.

Ela sabe que um dos grupos mais distantes dos engenheiros é o grupo de vendas. Não há ocasiões em que as pessoas dos grupos de engenharia e de vendas têm a oportunidade de se encontrar — nem gostariam particularmente de fazê-lo.

Isabella se encarrega de estabelecer uma conexão — uma ponte estreita — entre o grupo de engenharia e o grupo de vendas. Ela encontra Celine, a gerente de vendas, no elevador e inicia uma conversa. Elas têm bom entrosamento. Ela conta a Celine sobre alguns trabalhos que os engenheiros estão fazendo, que podem ser interessantes para o grupo de vendas, e fica sabendo dos planos do grupo para o próximo ano.

Algum tempo depois, Isabella vê Aria, do departamento industrial, em uma conferência regional e se apresenta a ela. Aria conta os problemas com os quais a produção está lidando, e Isabella compartilha algumas das novidades do grupo de vendas que ouviu de Celine. Na festa de fim de ano da empresa, Isabella conhece Jackie dos recursos humanos. Elas se dão bem e discutem algumas das novas iniciativas de diversidade e inclusão nas quais a organização é pioneira.

A cada um ou dois meses, Isabella acompanha casualmente os seus laços fracos. Ela verifica se há novos desenvolvimentos e compartilha suas notícias com toda a empresa.

Quanto maior o número de pessoas com as quais Isabella estiver conectada, mais conhecida ela se torna por ser a pessoa certa para descobrir o que está acontecendo na empresa. Quanto mais pessoas a virem dessa forma, mais fácil será para ela fazer novas conexões. E quanto mais bem-sucedida ela for, mais a sua rede pessoal de pontes estreitas se assemelhará a uma explosão de fogos de artifício. Os seus laços fracos alcançam todas as partes da organização.

É *bom* ser um mediador de informações. Os benefícios estratégicos são enormes: Isabella tem acesso exclusivo a informações novas e às vezes àquelas muito bem guardadas. A diversidade de seus contatos aumenta a sua visibilidade na organização, e o seu acesso a diversas fontes de informação a torna valiosa para outras pessoas que procuram estabelecer novas conexões de ponte.

E a rede de pontes estreitas de Isabella não é vantajosa apenas para ela. Quanto mais expansiva a rede de Isabella se torna, mais valiosa ela é para a empresa. Como resultado dos esforços de *networking* de Isabella, há um fluxo de informações entre os grupos maior do que jamais existira antes.

A estratégia de *networking* de Isabella parece um caso clássico de usar as suas redes sociais para progredir. Mas você já leu o suficiente para suspeitar que as pontes estreitas também podem causar problemas.

Os problemas surgem da diferença crucial entre o *compartilhamento de informações* e a *transferência de conhecimento*. Pontes estreitas são ótimas para compartilhamento de informações simples. Os laços fracos de Isabella permitem que ela agregue muitas informações novas de partes remotas da organização.

Mas o que a sua rede de pontes estreitas *não* pode fazer é ajudá-la a espalhar a mudança organizacional.

Por quê?

Porque a mudança organizacional exige persuadir as *pessoas* a mudar. As pessoas precisam aprender novas competências, desenvolver novas rotinas, adaptar-se a novos procedimentos. A mudança organizacional requer uma profunda transferência de conhecimento entre grupos e departamentos. Convencer as pessoas a trabalhar em uma nova colaboração de pesquisa — ou aceitar uma nova estratégia de planejamento corporativo, ou adotar uma nova tecnologia de gerenciamento de projetos — não é fácil. As pessoas resistem à inovação porque a mudança geralmente é difícil e quase sempre arriscada.

A rede de pontes estreitas de Isabella permite que ela aprenda muito sobre o que está acontecendo na organização. Mas, se ela quiser *implementar* o que aprendeu, precisa de reforço social para fazê-lo.

Suponha que a equipe de engenharia tenha desenvolvido uma nova e empolgante tecnologia de planilha para gerenciamento de projetos. Ela é fácil de usar, e os engenheiros preveem que isso pode aumentar a produtividade em toda a organização. A administração está animada com isso, mas as políticas internas estão impedindo que os outros grupos aceitem a inovação: todo mundo de fora do setor de engenharia vê a nova tecnologia como uma ferramenta de geeks desenvolvida *pelos* engenheiros *para* os engenheiros — e que provavelmente não será muito útil para mais ninguém.

A intrépida Isabella quer iniciar uma campanha para usar sua rede de pontes estreitas a fim de espalhar a nova tecnologia por toda a empresa. Ela começa conversando com Celine, a gerente de vendas. Ela propõe um acordo de colaboração para a transferência da nova tecnologia do grupo de engenharia para o grupo de vendas. É uma ideia empreendedora. Como o grupo de vendas responderá?

Existem várias barreiras a serem superadas antes que eles considerem isso.

A primeira é a *confiança*. Não é uma questão de personalidade, mas de posição. Por causa de sua posição privilegiada como mediadora, Isabella tem incentivos para persuadir ambos os lados a participar e, em troca disso, polir a sua reputação. E os dois os lados sabem disso, o que torna difícil confiar nela. Isso pode não ter consequências significativas para a sua disposição de compartilhar informações, mas pode ser um grande obstáculo para convencer o grupo de vendas a entrar em um acordo de colaboração que os comprometa a adotar uma nova tecnologia de gerenciamento de projetos. É um problema de credibilidade.

Os colegas de Celine não conhecem Isabella e não sabem por que ela está tão ansiosa para persuadir todo mundo a usar o novo produto dos engenheiros. Sim, eles não têm motivos para *não* confiar em Isabella. Mas eles também não têm motivos para *confiar* nela. Convencer o grupo de vendas a investir o tempo e os recursos necessários para estruturar um acordo de colaboração e depois mudar suas rotinas para integrar a nova tecnologia de gerenciamento de projetos não requer apenas informações, mas também confiança.

O segundo problema é o *risco*. Suponha que Isabella tenha boas intenções. Ela realmente acredita na nova tecnologia de gerenciamento de projetos. Foi um grande sucesso dentro do grupo de engenharia. Ela viu uma melhoria acentuada na produtividade de sua equipe e tem certeza de que isso pode fazer o mesmo pelo resto da empresa.

Celine está convencida; seus colegas, nem tanto. O grupo de vendas acha que as suas ferramentas atuais de gerenciamento de projetos funcionam muito bem. Para eles, a inovação seria uma enorme ruptura em suas rotinas, provavelmente afetando a sua capacidade de atingir suas cotas de vendas trimestrais. Fazer a mudança envolveria um grande risco.

Não só isso, mas os membros do grupo de vendas não sabem nada sobre os engenheiros. Eles não sabem com que tipo de tarefas os engenheiros trabalham, nem quais tipos de desafios eles encontram. Mesmo que os colegas de trabalho de Celine confiem em Isabella e acreditem que a sua inovação funcionou bem para os engenheiros, eles ainda podem suspeitar que o grupo de engenharia seja muito diferente deles para oferecer algo útil. (Em particular, os vendedores também compartilham um medo secreto: e se essa nova tecnologia for realmente melhor, mas tão sofisticada que eles não conseguiriam usá-la com eficácia? Ninguém quer ser exposto a esse tipo de humilhação.)

Mas o maior obstáculo para difundir inovações organizacionais muitas vezes não é a credibilidade ou a legitimidade; é a *coordenação*. Para que a nova tecnologia de gerenciamento de projetos se propague, todos na equipe de vendas devem adotá-la — ou então ninguém pode fazê-lo.

Celine não pode fazer isso sozinha. Seus colegas de trabalho precisam aprender a usar a tecnologia e estar dispostos a trabalhar juntos para integrá-la em suas rotinas diárias. Para que a inovação seja viável, todos da equipe de vendas precisam se coordenar para adotar uma nova forma de gerenciar os seus projetos.

Mesmo que a inovação de Isabella seja genuinamente impressionante e efetiva, sua ponte estreita da engenharia para as vendas não é suficiente para convencer todos no grupo de vendas a se arriscar. O laço de Isabella com Celine não resolve o problema de coordenação.

Ela precisa de uma ponte mais larga.

Para implementar a mudança que ela quer ver, Isabella precisaria adotar uma nova abordagem para gerenciar as suas redes profissionais. Ela precisaria construir pontes largas em vez de estreitas.

Como ela faria isso?

Suponha que Isabella comece como antes. Ela conhece Celine no elevador e elas se dão bem. Mas, em vez de seguir em frente e formar pontes estreitas adicionais, suponha que ela recrute Celine para ajudá-la a construir uma ponte larga. Isabella organiza um almoço para Celine e os seus colegas para conhecerem alguns membros do grupo de engenharia. Celine, por sua vez, realiza um pequeno seminário sobre novas tecnologias a fim de melhorar o desempenho de vendas e convida Isabella e os seus amigos da engenharia para participar. Isabella então faz outro almoço no qual apresenta mais alguns engenheiros aos vendedores que participaram do seminário de Celine.

Logo, a rede entre os setores de engenharia e vendas não é apenas um único vínculo entre Isabella e Celine, mas um conjunto de laços redundantes no estilo da rede de pesca — uma ponte larga — entre os dois grupos.

Do ponto de vista de Isabella, algumas de suas "vantagens estruturais" se perderam. Ela abriu mão da oportunidade de ser a única mediadora de informações entre os departamentos de engenharia e de vendas. Ela não está mais no centro de uma rede de pontes estreitas. No entanto, os benefícios são substanciais. Ela agora está em uma posição muito melhor para difundir a empolgante nova tecnologia do grupo de engenharia para o grupo de vendas. A ponte larga que ela e Celine criaram entre a engenharia e as vendas forma um canal para a transferência de conhecimento. Quanto mais pontes largas Isabella puder criar, mais ela poderá transformar a capacidade de coordenação da sua organização e, portanto, a sua capacidade de resposta à inovação.

Primeiro, porque uma ponte larga aumenta a confiança. Quando existem múltiplos laços entre os grupos, há mais oportunidades para as pessoas de ambos os lados observarem umas às outras. O comportamento descuidado ou explorador de um indivíduo que está fazendo a ponte tem mais probabilidade de ser detectado e, portanto, é menos provável que aconteça. A largura maior da ponte aumenta a confiabilidade das informações provenientes de outras partes de uma organização.

Em segundo lugar, ao mesmo tempo em que aumenta a confiança, uma ponte larga diminui o risco. As inovações disruptivas são inerentemente arriscadas. Os membros do grupo de vendas precisariam responder a muitas perguntas para se sentirem à vontade em adotar uma nova tecnologia de gerenciamento de projetos dos engenheiros: a nova tecnologia realmente melhorou os resultados do grupo de engenharia? Os engenheiros estão tentando resolver os mesmos tipos de problema que os vendedores costumam encontrar? A nova tecnologia de gerenciamento de projetos é adequada para o conjunto de habilidades dos membros do grupo de vendas?

Se houver apenas uma ponte estreita entre os grupos, não há como o grupo de vendas obter respostas satisfatórias. Isso cria muita incerteza. O que, por sua vez, cria resistência.

Uma ponte larga muda isso.

Se vários membros do grupo de vendas compartilham conexões com a engenharia, eles podem observar de forma independente como a nova tecnologia de gerenciamento de projetos funciona para os engenheiros. Eles podem avaliar juntos se ela também seria adequada para eles. Uma ponte larga entre os grupos permite que os membros da equipe de vendas comparem as suas observações e coordenem os seus esforços com os outros membros de seu grupo para trazer todos a bordo, se eles decidirem que é uma boa ideia.

Mas pontes largas não são apenas canais para difundir a inovação. Elas são uma base para a estabilidade organizacional. Elas sustentam a continuidade da transferência de conhecimento ao longo da vida de uma organização.

Uma ponte *estreita* é uma ponte *frágil*. O poder que um indivíduo ganha por ser um mediador se deve em parte aos custos que uma organização terá se ele sair. A saída de um mediador de uma empresa ameaça provocar um colapso de canais vitais de comunicação e a perda de informações valiosas. As pontes largas, por outro lado, reduzem a vantagem de um mediador individual e fortalecem a estabilidade da organização. Elas garantem que os canais de comunicação e a troca permaneçam intactos mesmo quando indivíduos vão e vêm.

A era da inovação aberta

O papel crucial das pontes largas na mudança organizacional não se limita às redes sociais dentro de uma organização. Essas pontes são igualmente importantes para as parcerias entre organizações.

Quanto mais ampla for a ponte entre as organizações, mais confiáveis e duradouras serão essas relações. Pontes largas permitem que as organizações coordenem não apenas a adoção de novas tecnologias, mas, crucialmente, a adoção de novas culturas de escritório. A aprendizagem organizacional começa com uma infraestrutura que pode suportar o fluxo de inovação e coordenação através das fronteiras organizacionais.

De fato, foi assim que uma das maiores colaborações científicas da história — o mapeamento do genoma humano — conseguiu ter êxito.

Em 1990, o governo estadunidense lançou o Projeto Genoma Humano, uma das iniciativas científicas mais intensas já concebidas. O projeto requeria parcerias entre vinte grandes centros de pesquisa nos Estados Unidos, Reino Unido, Japão, França, Alemanha e China. Ele prometia novas possibilidades de tratamento para uma variedade incalculável de doenças, da artrite ao câncer. O projeto renderia aplicações nas áreas de biocombustíveis, virologia, agricultura, arqueologia e até ciências forenses. Ele revelaria os usos das células-tronco, oferecendo uma nova esperança a centenas de milhares de pessoas com doenças sem cura. Ofereceria até novos *insights* sobre a história evolutiva dos seres humanos e sobre o potencial de testes genéticos e detecção precoce de doenças. Seria um salto quântico para a ciência médica.

Mas, para ter sucesso, seria necessário resolver alguns dos problemas mais difíceis no campo das redes sociais. Como esses centros de pesquisa deveriam ser conectados? Quem deveria ter autoridade sobre quem? Quais protocolos e padrões seriam usados? Como a privacidade seria protegida e o conhecimento seria transferido? A iniciativa biológica mais importante da história humana dependia de uma questão de sociologia — e, mais especificamente, da ciência das redes.

O governo dos Estados Unidos tinha um bom histórico de gerenciamento de projetos de pesquisa que mudaram o mundo. Em 1942, o país coordenou junto a Reino Unido e Canadá a supervisão do Projeto Manhattan — a criação da bomba atômica. Escondido sob as artemísias empoeiradas de Los Alamos, no Novo México, Robert

A INFRAESTRUTURA DE CONTÁGIO: A IMPORTÂNCIA DAS PONTES LARGAS

Oppenheimer liderou uma equipe de físicos teóricos e aplicados cujas descobertas abalaram o mundo e inauguraram a Era Atômica.

Uma geração depois, em 1961, a administração espacial dos Estados Unidos, a Nasa, foi pioneira no Projeto Apollo, com a extraordinária visão de John F. Kennedy de pousar um homem na Lua. Foi o empreendimento mais ambicioso de qualquer governo na história, e Kennedy deu a seus cientistas um prazo estrito: "até o final desta década". Como o Projeto Manhattan antes dele, o Projeto Apollo foi organizado sob a autoridade central de um cientista líder, George Mueller, que supervisionou as atividades em todos os locais relacionados, incluindo o Centro de Naves Espaciais Tripuladas, o Centro de Voos Espaciais Marshall e o Centro de Operações de Lançamento. Em oito anos, a visão de Kennedy foi concretizada. O Projeto Apollo foi um sucesso estrondoso. Em 20 de julho de 1969, o primeiro humano pisou na Lua. Foi o coroamento das conquistas da Era Espacial.

O Projeto Genoma Humano foi o sucessor desses empreendimentos monumentais. Mas a estratégia organizacional usada para o Projeto Manhattan e o Projeto Apollo não funcionaria desta vez. O Projeto Genoma Humano não estava organizado sob a autoridade central de uma agência dos Estados Unidos. Tampouco uma só pessoa comandava tudo. Em vez disso, era uma colaboração entre nações e centros de pesquisa concorrentes. Cada nação tinha suas próprias leis que regulavam os procedimentos científicos, e cada centro de pesquisa tinha a sua própria cultura interna e a sua estrutura organizacional. A instrumentação e os métodos variaram entre os centros de pesquisa, assim como os procedimentos de relatório e protocolos para replicação. Antes que qualquer ciência pudesse ser testada, essas organizações precisavam projetar uma infraestrutura que pudesse apoiar a transferência de conhecimento através das fronteiras nacionais e organizacionais. Eles precisavam de uma infraestrutura para a inovação.

A solução que eles desenvolveram foi um arquétipo de pontes largas em ação.

Nas décadas que antecederam o Projeto Genoma Humano e depois — do final da década de 1970 até a virada do milênio —, os estudiosos notaram uma mudança notável no padrão das redes de colaboração organizacional, não apenas entre as organizações participantes do Projeto Genoma Humano, mas também em suas respectivas indústrias. Era o início da era da inovação aberta.

Nas gerações anteriores, as empresas trabalharam para manter limites rígidos de rede. Em uma indústria altamente competitiva como a da biotecnologia, cada empresa tinha apenas algumas pontes estreitas que a conectavam a parceiros, clientes e colaboradores da indústria. A maior parte de suas redes era focada internamente e, muitas vezes, estruturada hierarquicamente.

Um novo quadro surgiu durante a década de 1980, quando as empresas precisaram responder à crescente complexidade tecnológica e à interdependência de mercados cada vez mais competitivos. Uma empresa de sucesso não poderia mais apenas fabricar um produto e vendê-lo. Ela precisava de laços financeiros, científicos e até sociais com outras empresas com as quais pudesse coordenar, inovar e desenvolver novos mercados.

A indústria manufatureira e eletrônica do Japão foi pioneira nesses novos padrões organizacionais no final da década de 1970. Antes disso, grandes empresas, como Toshiba, Mitsubishi e Hitachi, viam os subcontratados como pouco mais do que ajuda de meio período para concluir tarefas especializadas. Mas a sofisticação que crescia rapidamente na indústria eletrônica transformou esses subcontratados especializados em membros cada vez mais valiosos da emergente comunidade de alta tecnologia. A Toshiba e a Mitsubishi criaram equipes especiais dentro de suas organizações e as encarregaram de criar redes de troca cooperativa com seus subcontratados. Elas trabalhavam para integrar pessoas de fora da empresa aos planos de pesquisa e desenvolvimento; colaboradores externos agora ajudavam a gerenciar as equipes de fabricação da empresa e a desenvolver seus cronogramas de produção.

A INFRAESTRUTURA DE CONTÁGIO: A IMPORTÂNCIA DAS PONTES LARGAS

No início da década de 1980, a indústria de alta tecnologia do Japão havia se transformado em uma infraestrutura de pontes largas. Foi um mecanismo de inovação. O ritmo de transferência de conhecimento e desenvolvimento de novos produtos entre as empresas japonesas que cooperavam entre si era grande demais para as empresas individuais dos Estados Unidos acompanharem — e até mesmo para as grandes. Parecia que o Japão em breve deixaria para trás centros estadunidenses de alta tecnologia, como o Vale do Silício, da Califórnia, e a Rota 128, de Boston.

Seguindo o exemplo do Japão, as redes da indústria no Vale do Silício foram transformadas. Pontes largas entre as empresas foram sustentadas por meio de reuniões conjuntas e grupos de trabalho entre empresas que permitiram que elas aproveitassem a experiência umas das outras e se destacassem em seus respectivos mercados. Uma série de inovações rápidas emergiram. Os servidores da Sun Microsystems, a infraestrutura à prova de falhas da Tandem para transações on-line seguras, as estações de trabalho de alto desempenho da Silicon Graphics e os computadores *mainframe* em miniatura da *Pyramid Technology* foram inovações colaborativas. Um nível impressionante de reciprocidade foi estabelecido através das fronteiras organizacionais, criando confiança e reduzindo riscos.

O modelo colaborativo de inovação aberta se tornou uma nova modalidade para a inovação tecnológica e biotecnológica — para IBM, Sun Microsystems, Cisco, Genentech, Millennium Pharmaceuticals, Intel e muitas outras.

Esse era o padrão de rede de que o Projeto Genoma Humano precisaria para ter sucesso. Ao contrário da maioria dos projetos científicos, o Projeto Genoma Humano não estava buscando uma hipótese teórica. Ele estava criando uma inovação científica transformadora — a capacidade técnica de ler a sequência completa do DNA humano.

Era semelhante ao tipo de projeto de pesquisa e desenvolvimento pioneiro no Vale do Silício. Mas seu objetivo era muito mais ambicioso.

Para ter sucesso, seria necessária uma coordenação sustentada e muitas vezes rigorosa entre os centros de pesquisa. Cada um precisaria analisar e reunir grandes quantidades de dados genéticos e depois trabalhar em conjunto para integrá-los em um padrão significativo. Foi o maior e mais complicado quebra-cabeça da história.

Mais de uma dúzia de laboratórios universitários e centros de pesquisa governamentais coordenaram-se por meio de um arranjo de consórcio, no qual os centros compartilhavam suas descobertas para replicação e avaliação por seus pares. Conferências regulares, visitas recíprocas a centros de pesquisa e reuniões *in loco*, bancos de dados de pesquisa compartilhados e redes eletrônicas de intercâmbio ponto a ponto (compatíveis com o surgimento da internet moderna) permitiram a coordenação entre laboratórios de pesquisa.

Centros que antes guardavam os seus procedimentos internos com zelo, agora se reuniam com regularidade para discutir o seu progresso e avaliar métodos. Eles concordaram em fazer protocolos compartilhados para transferência de conhecimento, técnicas de replicação e avaliação por pares. Os centros até trocavam os seus dados sequenciados para ver se podiam replicar os processos uns dos outros para remontar o código genético.

Era um modelo de ciência colaborativa. E ele avançou em um ritmo vertiginoso.

Em 2003, todo o genoma humano havia sido mapeado. Uma nova era de pesquisa genética havia começado.

O caso da hashtag sequestrada

Para o Projeto Genoma Humano, a infraestrutura de contágio recém-formada resultou de um esforço consciente para projetar um novo tipo de rede de colaboração para a transferência do conhecimento complexo. Mas as infraestruturas de contágio geralmente se desenvolvem de forma espontânea. No Vale do Silício, uma infraestrutura de contágio surgiu em resposta à crescente complexidade técnica e às pressões competitivas. Cada empresa respondeu individualmente, mas um ecossistema compartilhado de organizações interconectadas tomou forma no processo.

Isso também pode acontecer entre as diversas comunidades da sociedade em geral. Um novo padrão de pontes largas pode se formar entre comunidades geográfica e socialmente distantes por meio de uma série não planejada de desenvolvimentos históricos e tecnológicos. Mais recentemente, tecnologias de conexão, como o e-mail e a mídia social, foram capazes de criar pontes largas entre comunidades antes desconectadas. Essas rápidas mudanças na infraestrutura dos laços sociais podem inaugurar um incrível novo potencial de ação coordenada e o crescimento explosivo de movimentos sociais.

Em 22 de abril de 2014, o Departamento de Polícia de Nova York (NYPD) lançou uma nova campanha de relações públicas no Twitter. O perfil @NYPDNews convidou o público a compartilhar fotos amigáveis de policiais em seus bairros, postadas com a hashtag #myNYPD*. Em poucas horas, dezenas de postagens mostravam nova-iorquinos com os braços em volta dos policiais, fazendo "*high fives*" e andando pela calçada juntos.

Então aconteceu algo que o NYPD não esperava.

Um ativista do @OccupyWallStreet postou uma foto de um policial do NYPD em ação, com um bastão na mão, atacando manifestantes desarmados. Um grupo chamado @CopWatch postou em seguida uma foto de um garoto de dezessete anos, Deion Fludd, no hospital, depois de ter sido gravemente ferido ao fugir da polícia. Essas postagens de ativistas foram reforçadas por outras, e esse novo uso de #myNYPD começou a decolar entre os seus seguidores no Twitter.

O contágio primeiro se consolidou entre os ativistas, mas depois começou a se espalhar mais amplamente pela rede de usuários do Twitter na cidade de Nova York. Cidadãos comuns começaram a

---

* #meuNYPD. (N.T.)

receber mensagem atrás de mensagem nos seus feeds. O contágio estava ganhando reforço social em diferentes comunidades — ativistas, pais, alunos e outros.

Do Brooklyn a Staten Island, de Manhattan ao Bronx, pessoas comuns, usando suas contas pessoais no Twitter, começaram a postar suas próprias fotos da polícia.

Um jovem negro postou uma foto de seu amigo estendido no capô de uma viatura, contorcendo-se de dor, enquanto três policiais o atacavam com equipamento tático. A imagem mostrava um mar de outros oficiais ao fundo parados calmamente. A legenda dizia, com sarcasmo: "Claro! MT@NYPDnews*: Você tem uma foto com um membro do NYPD? Envie um tweet para nós e marque como #myNYPD".

Outro cidadão postou uma foto de seis policiais carregando um manifestante chorando para dentro de um camburão. A legenda dizia em tom de ironia: "Se você não pode andar, não se preocupe, a polícia de Nova York o carregará. Que útil #myNYPD".

Um número crescente de postagens e retweets se espalhou por Nova York até atingir uma *massa crítica*. Um movimento espontâneo começou a se tornar uma bola de neve e ultrapassou a hashtag #myNYPD. A bola de neve virou uma avalanche. Em 48 horas, mais de cem mil posts inundaram a hashtag do #myNYPD, quase todas reforçando o mesmo tema crítico.

O NYPD queria espalhar um contágio social. Mas não dessa forma. Em 24 de abril de 2014, dois dias após o lançamento, o NYPD encerrou a campanha no Twitter.

Foi uma pequena vitória para os ativistas. Mas não para a maior parte da grande mídia. Reportagens sobre o movimento #myNYPD no *New York Post* e no *New York Daily News* se referiam a ele como um "sequestro" por "odiadores de policiais" e "trolls" — algo que era "nojento, desleixado e simplesmente errado".

---

* MT significa *Modified Tweet* ("tweet modificado"); é usado para postar um tweet de outro usuário, mas de maneira ligeiramente modificada, como uma espécie de paráfrase. (N.T.)

Apenas alguns meses depois, outro movimento espontâneo semelhante a esse irrompeu. Desta vez, ele tomaria conta da nação. E depois do mundo.

A revolução de Ferguson

O primeiro tweet foi postado em 9 de agosto de 2014, às 12h48.

"A polícia de Ferguson acabou de executar um menino de 17 anos desarmado que estava caminhando para a loja. Atiraram nele 10 vezes *smh**." O adolescente era Michael Brown.

Essa mensagem foi postada por uma moradora de Ferguson, no Missouri, com a conta no Twitter @AyoMissDarkSkin, que por acaso havia passado pela cena do crime logo após ele ter ocorrido. Ela não era uma ativista, nem uma estrela. Ela não estava tentando começar uma revolução. Mas o seu tweet desencadearia outros e, juntos, eles se tornariam parte de um dos maiores e mais influentes movimentos sociais da história recente dos Estados Unidos, o Black Lives Matter. (O termo *black lives matter* significa várias coisas diferentes. Aqui estou usando-o para me referir ao movimento Black Lives Matter, uma campanha internacional contra a truculência policial que cresceu a partir dos eventos em Ferguson, também conhecida como BLM. *Black lives matter* também se refere a uma organização fundada por Alicia Garza, Patrisse Cullors e Opal Tometi em 2013. O movimento Black Lives Matter inclui a organização Black Lives Matter, mas também outras.)

A hashtag #BlackLivesMatter remonta a vários anos antes de Ferguson. Em 2012, o adolescente Trayvon Martin foi assassinado por George Zimmerman, membro da vigilância do bairro local, quando voltava de uma loja de conveniência para sua casa. A indignação pública foi palpável, mas, mesmo assim, contida — pelo menos durante

---

* "smh" é uma abreviação de *shaking my head*, algo como "balançando a cabeça" com descontentamento, frustração, indignação. (N.T.)

o julgamento de Zimmerman. Todos esperavam que ele fosse considerado culpado.

Mas então Zimmerman foi absolvido. Durante o clamor público que se seguiu, a hashtag #BlackLivesMatter foi criada por Garza, Cullors e Tometi. Mas não foi adotada pelo grande público. E dois anos depois, em junho de 2014, a hashtag #BlackLivesMatter havia sido usada apenas 48 vezes nas mídias sociais. Em julho de 2014, Eric Garner, de 43 anos, pai de seis filhos, foi assassinado por um policial de Nova York durante uma detenção de rotina em Staten Island. A indignação pela morte de Garner foi amplificada por vídeos e fotos postados nas mídias sociais. Nas semanas que se seguiram à morte de Garner, a hashtag #BlackLivesMatter atingiu cerca de seiscentos tweets. Mas nada além disso.

Cada momento de indignação pública foi isolado.

Então veio Ferguson.

Michael Brown foi assassinado em 9 de agosto de 2014.

Em 1º de setembro, a hashtag #BlackLivesMatter havia sido usada 52 mil vezes. Menos de um ano depois, tinha sido usada quatro milhões de vezes. Em maio de 2015, o número de tweets usando #BlackLivesMatter junto de palavras-chave relacionadas (como #Ferguson) atingiu mais de quarenta milhões de mensagens.

Um movimento social havia decolado.

Mas por que naquele momento?

Em retrospecto, podemos chamar Ferguson de "ponto de virada". Mas *por que* foi um ponto de virada? O que havia de diferente?

Não foi a mídia, que havia feito a cobertura de cada uma das outras histórias nos dois anos anteriores. Nem o envolvimento de celebridades, que tuitaram e comentaram sobre os assassinatos de Martin e Garner. Nem a hashtag #BlackLivesMatter, que existia desde 2012. Nenhum desses fatores óbvios explica por que o movimento decolou em Ferguson.

Deen Freelon é um ativista carismático e acadêmico de comunicação da Universidade da Carolina do Norte, em Chapel Hill. Ele é um dos pesquisadores pioneiros na área de redes e ativismo do Twitter.

Em uma descrição incrivelmente lúcida de como as redes do Twitter impulsionaram o crescimento do Black Lives Matter, Freelon mostrou a mudança no padrão de conexões entre cidadãos, ativistas e grandes meios de comunicação ao longo dos meses que antecederam o ocorrido, durante e depois de Ferguson. A transformação que ocorreu durante os protestos de Ferguson envolveu uma rápida aglutinação de comunidades relativamente desconectadas no Twitter em uma nova infraestrutura social ligada por pontes largas.

Em julho de 2014, um mês antes de Ferguson, a rede de conversas no Twitter sobre os direitos civis, ativismo negro e violência policial era composta por várias comunidades independentes, ou "grupos", com pontes estreitas entre elas. Havia comunidades de ativistas postando notícias e reportagens sobre a morte de Eric Garner. Os principais meios de comunicação postavam suas próprias reportagens. Um conjunto separado de comunidades, composto na sua maioria por jovens afro-americanos, estava tendo suas próprias conversas, quase inteiramente distintas das conversas entre grupos ativistas e aquelas entre os meios de comunicação.

O padrão de rede entre essas comunidades se assemelhava ao padrão de rede entre as empresas antes da era da inovação aberta. Cada comunidade do Twitter tinha em grande parte conversas independentes. Internamente, cada conversa era uma rede de conexões densamente entrelaçadas. Externamente, as postagens eram às vezes comentadas e retweetadas em bolhas de conversas. Mas elas eram pontes estreitas. A grande maioria das interações era interna dentro de cada grupo.

Um mês depois, essas redes pareciam muito diferentes.

Lembra do terremoto que abalou San Francisco em 2006 e despertou os fundadores do Twitter para o valor da sua tecnologia? Quando vieram os primeiros tremores, diversas comunidades do Twitter de repente se tornaram relevantes umas para as outras. Em toda a cidade, a ampliação das pontes de contato entre essas comunidades permitiu que as pessoas descobrissem em tempo real onde os tremores secundários estavam acontecendo e como os outros estavam respondendo a eles. De forma espontânea, surgiu uma infraestrutura social para a coordenação e a empatia.

Ferguson foi um terremoto muito maior.

Os eventos eclodiram rapidamente. Michael Brown foi assassinado no dia 9 de agosto. Em 10 de agosto, os cidadãos se organizaram para protestar contra a sua morte. A polícia respondeu com uma postura militarizada, chegando com coletes à prova de balas e cães de ataque. Os cidadãos responderam pessoalmente e on-line.

Não foram os ativistas da mídia que lideraram a reação. Moradores comuns de Ferguson fizeram posts usando suas contas pessoais, relatando a atividade em torno deles minuto a minuto. Da mesma forma que a hashtag #jan25 ajudou a galvanizar a revolução da Primavera Árabe no Egito, os cidadãos do Missouri se organizaram usando as hashtags #Ferguson e #BlackLivesMatter, não apenas como símbolos de solidariedade emocional, mas também como ferramentas para a coordenação estratégica.

Os membros mais retweetados da comunidade do Twitter nos primeiros dias foram os moradores de Ferguson. Um cidadão com a conta @natedrug postou tweets contínuos durante os protestos. Outra conta era a de uma estudante universitária, @Nettaaaaaaa. À medida que o volume de postagens sobre Ferguson aumentava, os membros da periferia da rede estavam entre os atores mais influentes da conversa.

Em 12 de agosto, uma infraestrutura de contágio tomava forma no Twitter. Havia um grande grupo de ativistas de Ferguson em uma conversa. Ativistas e comentaristas internacionais estavam em outro grupo. Celebridades e grandes meios de comunicação formavam outro grupo. Havia uma rede bem definida composta principalmente por liberais* brancos. Havia também grupos multirraciais e principal-

---

* Nos Estados Unidos, o termo "liberal" tem conotação diferente da mais usada no Brasil, que normalmente se refere a posições econômicas. Lá, liberal em geral significa progressista. (N.T.)

mente negros. E, pela primeira vez, esses grupos estavam conversando entre si. Pontes largas estavam se formando entre eles.

As pessoas na conversa multirracial também faziam parte da conversa de solidariedade internacional. As pessoas na conversa majoritariamente branca e liberal também participavam das conversas multirraciais e principalmente negras. As pessoas em cada um desses grupos estavam ligadas a grupos ativistas radicais como o Anonymous, bem como a grupos dominados pela grande mídia.

O movimento Black Lives Matter levaria muitos meses para atingir a sua escala total, mas já estava se tornando um veículo influente para a coordenação entre os grupos. A ampla rede de interações estabeleceu uma linguagem compartilhada entre a juventude negra, ativistas, cidadãos de Ferguson e a grande mídia. Os principais temas unificadores do Black Lives Matter começaram a tomar conta das comunidades: violência policial excessiva; ação policial racialmente direcionada; violações de direitos civis.

Em 13 de agosto, repórteres de veículos de comunicação de todos os Estados Unidos chegaram para cobrir os protestos e a resposta cada vez mais militarizada da polícia local. Apenas dois dias depois, a Guarda Nacional foi mobilizada. A presença da mídia nacional aumentou a atividade no Twitter. O diálogo entre os cidadãos, a polícia e a mídia estava se desenrolando tanto nas ruas quanto on-line. Surpreendentemente, as trocas on-line estavam sendo dominadas por postagens de cidadãos, que atraíam mais atenção do que veículos proeminentes como a @CNN. Um cidadão ativista até então desconhecido, DeRay McKesson, acumulou mais de um milhão de retweets e menções durante a semana. Os seus relatórios das ruas de Ferguson ajudaram a moldar as opiniões dos estadunidenses sobre o tiroteio, os protestos e a escalada policial.

Pessoas distantes de Ferguson começaram a sentir uma conexão com o que estava acontecendo na pequena cidade do Missouri. A solidariedade cresceu entre cidadãos de diferentes partes do país. O significado do florescente movimento Black Lives Matter estava entrando em foco. Enquanto isso, a tensão aumentava entre os relatos da grande mídia sobre Ferguson e os relatos dos próprios cidadãos sobre os eventos que aconteciam lá.

Durante o movimento improvisado #myNYPD, pontes largas nunca se formaram entre os ativistas e a mídia. Essas conversas nunca convergiram. A grande mídia desenvolveu um vocabulário para descrever o movimento; os ativistas desenvolveram outro. A grande mídia venceu essa batalha. Para a maioria dos observadores externos, os ativistas realmente pareciam sequestradores.

Desta vez, porém, algo diferente aconteceu. Alargar as pontes entre as redes de cidadãos, ativistas e a grande mídia permitiu que os cidadãos se envolvessem e influenciassem a linguagem usada pela mídia.

Em 9 de agosto, a primeira reportagem da mídia sobre o assassinato de Michael Brown — um tweet do *St. Louis Post Dispatch*, @stltoday — dizia: "Tiro fatal da polícia de Ferguson provoca reação da turba".

O vereador local Antonio French foi um dos primeiros a responder. "Turba? Vocês também poderiam usar a palavra 'comunidade'." Ecoando esse sentimento, a autora nascida em Ferguson Andrea Taylor postou retweets que mudaram "turba" para "multidão". Ela também corrigiu outras reportagens que se referiam a Michael Brown como um "homem" (ele havia se formado no ensino médio apenas alguns meses antes de sua morte).

À medida que a atividade do Twitter disparava e a grande mídia corria em peso para o Missouri, o crescente diálogo on-line entre as reportagens da mídia e os relatos pessoais dos cidadãos convidava pessoas de todo o país a se engajar na conversa. Um usuário do Twitter no meio-oeste tweetou: "PRESTE ATENÇÃO quando 'adolescente' se torna 'homem', 'comunidade' se torna 'turba' e 'assassinato' se torna 'suposto tiroteio'. #Ferguson #medialiteracy*". Membros do Anonymous, o coletivo ativista, também expandiram suas redes de conversação para incluir postagens dos principais meios de comunicação.

---

* Alfabetização midiática. (N.T.)

O fruto surpreendente desses caminhos cada vez mais largos foi que ativistas e cidadãos produziram uma narrativa coordenada ao lado das principais fontes de notícias, como o *Washington Post,* o *New York Times,* o *Huffington Post* e o *USA Today.* Os esforços dos cidadãos para reenquadrar os protestos de Ferguson foram bem-sucedidos. Os principais meios de comunicação começaram a se referir aos manifestantes em Ferguson com termos como *cidadãos* e *comunidade* em vez de *turba*.

No final do mês, o Black Lives Matter já havia começado a mostrar sua influência. Em setembro de 2014, o Departamento de Justiça dos Estados Unidos iniciou uma investigação de direitos civis sobre as práticas do Departamento de Polícia de Ferguson, que incluiu uma análise aprofundada do uso da força pelo departamento nos quatro anos anteriores.

Vários meses depois, o movimento se consolidaria nacionalmente. Em 24 de novembro de 2014, a absolvição do policial Darren Wilson reacendeu os protestos de Ferguson, desta vez em todo o país. Uma vasta infraestrutura de contágio tomou forma. Cidadãos e ativistas de toda parte dos Estados Unidos organizaram suas respostas à absolvição de Wilson, coordenando a mensagem central do movimento Black Lives Matter. Uma semana depois, em 2 de dezembro, a absolvição de Daniel Pantaleo, policial de Nova York no caso de Eric Garner, unificou aqueles que estavam indignados sob o lema "vidas negras importam". Comunidades geograficamente distantes e culturalmente distintas, como a cidade de Nova York e a pequena cidade do Missouri, agora faziam parte do mesmo movimento. Durante esse tempo, Tamir Rice, de doze anos, foi baleado e assassinado por um policial em Cleveland, Ohio, e Akai Gurley foi morto por um policial de Nova York. As respostas públicas a essas mortes agora também estavam indelevelmente conectadas ao movimento Black Lives Matter.

No Twitter, grupos do Black Lives Matter, a juventude negra, ativistas, jornalistas, grupos de cultura pop e artistas estavam todos conectados por meio de pontes largas que os coordenavam em suas respostas a esses eventos. Até grupos conservadores estavam ligados às conversas do Black Lives Matter. Notavelmente, o Black Lives Matter ganhou legitimidade suficiente naquele momento para que esses grupos não fossem mais opositores ferrenhos em seu engajamento com o movimento.

Meses depois, Walter Scott foi assassinado com um tiro nas costas em Charleston, na Carolina do Sul; Eric Harris foi assassinado em Tulsa, Oklahoma; Sandra Bland morreu sob custódia policial em Waller County, no Texas; e Freddie Gray foi morto enquanto estava sob custódia da polícia em Baltimore, Maryland. Ativistas e cidadãos locais não eram mais os únicos a interpretar esses eventos através das lentes do movimento Black Lives Matter. A mídia nacional e as autoridades do governo estavam todos coordenados com a mensagem do Black Lives Matter. Em menos de um ano, o movimento havia gerado uma conversa nacional e internacional que envolveu a Casa Branca, o Departamento de Justiça e a grande mídia dos Estados Unidos.

Ferguson, no Missouri, é um lugar improvável para um movimento internacional começar. Está longe de ser tão conectado ao mundo quanto a cidade de Nova York. A morte de Michael Brown não foi registrada com fotografias ou vídeos. Tampouco foi Michael Brown a pessoa mais jovem ou mais civicamente engajada a ser assassinada durante esses anos. No entanto, a resposta à sua morte mudou a conversa sobre a violência policial no país.

Um motivo importante para o clamor ser ouvido desta vez é que pessoas como @AyoMissDarkSkin, @natedrug, @Nettaaaaaaa e todos os cidadãos em Ferguson e em outros lugares da periferia da rede ajudaram a formar e a sustentar uma infraestrutura de contágio. Como o terremoto de São Francisco em 2006 e o movimento #myNYPD alguns meses antes de Ferguson, essas redes surgiram espontaneamente. O padrão de pontes largas que tomou forma ao longo dessas semanas e meses reuniu um número sem precedentes de comunidades em uma única conversa organizada, permitindo que elas se coordenassem em torno de uma ideia compartilhada: vidas negras importam.

Para o movimento Black Lives Matter, as vitórias vieram lentamente no início. Mas elas vieram e continuaram a chegar. A investigação do Departamento de Polícia de Ferguson iniciada em setembro de

2014 foi publicada em março de 2015. As descobertas foram conclusivas. O relatório detalhou uma longa e desconfortável lista de violações constitucionais, incluindo um código municipal racialmente direcionado que regulamentava a "maneira de caminhar pela rua". No intervalo de um mês, o chefe de polícia renunciou e cinco funcionários municipais e policiais foram demitidos.

Em 9 de maio de 2016, Delrish Moss foi empossado como o primeiro chefe de polícia permanente negro na história de Ferguson. Moss já se aposentou, mas Ferguson tem um chefe de polícia negro desde então. Além de Ferguson, o Black Lives Matter chamou a atenção para a questão dos abusos contra cidadãos afro-americanos em todos os Estados Unidos.

Nos anos seguintes, os limites que definiam as principais comunidades do Twitter que apoiavam o movimento Black Lives Matter mudaram. A intensidade da atividade cresceu em alguns grupos e diminuiu em outros. Surgiram novos grupos compostos por ativistas internacionais, figuras negras da mídia e artistas, e outros grupos, como jovens negros isolados, foram incorporados a conversas mais amplas. Embora essas comunidades on-line e as pontes entre elas sejam fluidas, a conversa em si continuou a crescer. De acordo com um estudo de 2019 do Pew Research Center, a hashtag #BlackLivesMatter foi usada aproximadamente trinta milhões de vezes desde 2014 — uma média de mais de dezessete mil vezes por dia.

E, em maio de 2020, quando um vídeo chocante surgiu mostrando um homem negro de 46 anos, chamado George Floyd, sendo lentamente estrangulado até a morte por um policial branco em Minneapolis, a extensa rede de pontes largas que começou a se formar em 2014 estava pronta para difundir a indignação pública e transformá-la, primeiro em um movimento nacional, e depois em um movimento global por mudança.

Poucos dias após a publicação do vídeo, os protestos do Black Lives Matter se espalharam para Nova York, Filadélfia, Atlanta, Washington, Detroit, São Francisco e centenas de outras cidades dos Estados

Unidos. Em uma semana, protestos de solidariedade se espalharam pela Europa, Ásia, África, Austrália e pelas Américas. Os protestos do Black Lives Matter haviam se tornado a campanha de solidariedade mais difundida da história.

Em 2014, vídeos chocantes do assassinato de Eric Garner na cidade de Nova York levaram a protestos em pequena escala e a um ligeiro aumento no uso da hashtag #BlackLivesMatter. O policial não foi acusado de nenhum crime. E mais da metade dos eleitores americanos acreditava que os protestos contra a violência policial que se seguiram não tinham justificativa.

Em junho de 2020, o policial responsável pela morte de George Floyd foi acusado de assassinato, e acusações criminais foram feitas contra os outros policiais presentes. Uma pesquisa realizada nas semanas seguintes mostrou que 78% dos americanos acreditavam que os protestos do Black Lives Matter eram justificados, impelindo o Congresso a elaborar pela primeira vez uma legislação federal focando o preconceito racial no policiamento local.

O que fez a diferença foram as pontes largas que possibilitaram a disseminação da solidariedade e a ação coordenada em diversas comunidades nos Estados Unidos e no exterior. A infraestrutura de contágio criada pelo Black Lives Matter transformou comunidades isoladas que sofrem com a violência policial local em um movimento internacional coordenado que reformulou a capacidade dos cidadãos de propagar a mudança.

Até que ponto esses *insights* do Black Lives Matter podem ser aplicados de forma abrangente? O que eles significam para outros tipos de iniciativas de mudança social, entre elas a campanha #MeToo, o movimento pela igualdade salarial ou os esforços para mudar a cultura das relações de gênero dentro das organizações?

O próximo capítulo vai expandir a ideia de pontes largas, apresentando o conceito de *relevância*, o outro elemento crucial de uma infraestrutura de contágio robusta. Você verá como o reforço de nossos pares — tanto aqueles que são como nós quanto aqueles que são diferentes de nós — pode ser crucial para o sucesso de uma campanha de transformação.

CAPÍTULO 7

O princípio da relevância: o poder das pessoas como nós e das diferentes de nós

Se você passar algum tempo zapeando os canais da sua TV, inevitavelmente vai se deparar com um infomercial. E logo você vai notar que há muitos programas de condicionamento físico e perda de peso. O formato é estereotipado: um treinador de celebridades bronzeado e musculoso como Jillian Michaels (*The Biggest Loser*), Autumn Calabrese (*21 Day Fix*) ou Billy Blanks (*Tae Bo*) inspira você a começar e terminar a sua jornada de saúde e força física através de uma solução comprovada por eles.

Intercalados com toda essa orientação "confiável", estão os depoimentos supostamente verdadeiros de pessoas que usaram o programa para obter sucesso na perda de peso. Elas compartilham suas batalhas emocionais. Mostram fotos persuasivas de antes e depois. Algumas perderam uma grande quantidade de peso, enquanto outras perceberam mudanças mais modestas. Algumas são brancas e outras não brancas. Há histórias de *millennials* que lutaram o bom combate a maior parte da vida, jovens mães com dificuldade para perder o peso adquirido na gestação, homens de meia-idade que ficaram barrigudos e um punhado de mulheres na casa dos cinquenta e sessenta anos que querem reverter a flacidez provocada pelo tempo.

Então, quem são as fontes mais influentes — e mais confiáveis — na sua decisão de adotar um novo programa de perda de peso ou hábitos mais saudáveis de alimentação e de exercícios? É a pessoa que você aspira ser? Ou uma pessoa que é exatamente como você agora?

Eu estudei essa questão em 2009 e, como vim a descobrir, a resposta se resume à *relevância*. Quem é mais relevante para você? É sempre a mesma pessoa (ou o mesmo tipo de pessoa)? Ou isso muda dependendo das circunstâncias? E, se sim, como e por quê? A *relevância* é a chave para entender como a infraestrutura de contágio certa ajuda a disseminar a mudança de comportamento.

Saudável (ou não) como eu

Em 2009, assumi a tarefa de construir outra comunidade de "amigos da saúde" com base em mídias sociais. Essa estava disponível de maneira gratuita para os membros do programa *fitness* do MIT. (Eu havia entrado para o corpo docente do MIT no ano anterior.) O programa incluía milhares de alunos, professores e membros afiliados que se ofereceram voluntariamente para participar. O meu objetivo era promover a disseminação de uma nova tecnologia de saúde entre os membros da comunidade.

Essa tecnologia foi chamada de "diário da dieta" — uma ferramenta de gerenciamento de dieta que fornecia aos usuários informações detalhadas sobre a qualidade e a quantidade de sua ingestão diária de alimentos. Ela foi projetada para promover uma alimentação saudável e, em conjunto com registros diários de exercícios, poderia ser usada para melhorar significativamente a capacidade dos usuários de alcançar e manter um peso saudável. Se uma pessoa — vamos chamá-la de Sally — adotasse a inovação, então os seus vizinhos na comunidade, Jesse e Sarah, poderiam ver isso em suas páginas do perfil. É claro que, uma vez que vissem a nova ferramenta de Sally, eles também poderiam se inscrever e começar a usá-la por conta própria. A partir daí, a tecnologia poderia se espalhar para outras pessoas.

Eu estava menos interessado na tecnologia em si do que em descobrir o que a faria se propagar. Quais participantes seriam mais influentes em convencer outros membros da comunidade a adotar a nova ferramenta de dieta? O que eu descobri foi que as pessoas eram muito mais propensas a adotar a inovação quando recebiam notificações de pessoas cujos perfis de condicionamento físico eram parecidos com os deles — na verdade, *estrondosos 200% mais propensas*.

Pessoas saudáveis eram mais propensas a adotar a inovação quando estavam conectadas a outras pessoas saudáveis. Isso faz sentido. Mas e o grupo do outro lado do espectro — aquele composto por pessoas menos saudáveis, com quilos a perder, fôlego a recuperar e questões de saúde para resolver? Você pode pensar que eles seriam mais influenciados por aqueles que alcançaram o sucesso — modelos aspiracionais que incorporavam os seus objetivos. Mas, surpreendentemente, o oposto era verdadeiro: pessoas menos saudáveis eram mais propensas a adotar a nova tecnologia de saúde quando ficavam sabendo sobre ela por meio de pessoas menos saudáveis. Embora todos os membros da comunidade estivessem igualmente motivados a tirar proveito da tecnologia de saúde, a probabilidade de se registrarem e usarem a inovação poderia dobrar se eles ouvissem falar dela através de pessoas que consideravam mais parecidas com eles mesmos.

As três regras da relevância

Quando pensamos em pessoas da nossa idade e do nosso gênero, com históricos educacionais, culturais, empregos e situações familiares semelhantes, ver a vida através dos olhos delas — prática também conhecida como *tomada de perspectiva* — parece fácil. Entendemos intuitivamente as suas decisões porque entendemos — e provavelmente compartilhamos — suas crenças e valores centrais. Quanto mais as pessoas são como nós, podemos ter mais facilidade em simpatizar com elas e ficamos mais inclinados estamos a levar suas escolhas a sério. Por outro lado, quanto mais alguém difere de nós — quanto menos semelhantes forem os seus compromissos, preocupações, circunstâncias etc. —, mais difícil pode ser entender por que essas pessoas fazem o que fazem.

Não é preciso ser um cientista de redes para perceber que o princípio da relevância vai muito além da dieta. Isso é verdade em todos os tipos de mudanças importantes na vida, como mudar para um novo bairro, trocar de carreira ou ingressar em uma campanha política. Nossa vida está repleta de considerações baseadas em tempo, proximidade física e responsabilidade financeira, todas as quais podem dificultar a mudança de nossos comportamentos habituais. Para superar essas forças inerciais, precisamos estar convencidos de que a mudança faz sentido para *pessoas como nós*.

Muito simples, você pode estar pensando. Especialistas se referem à nossa tendência de se encontrar e sair com outros semelhantes como *homofilia* — "pássaros da mesma pena" e tudo mais.

Na verdade, não é nada simples. À medida que mergulharmos mais fundo, você verá que colocar o princípio da relevância em ação é mais sutil do que imaginamos: claro, "pessoas como nós" — mas como nós *de que maneira*?

Acontece que apenas certas formas de semelhança criam relevância — e elas variam. Seu cônjuge é relevante para algumas decisões, mas não para outras. O mesmo vale para seus colegas de faculdade, de trabalho ou de academia, seus colegas entusiastas dos mesmos hobbies e as pessoas que moram no seu quarteirão.

O importante é o contexto. O fato de um contato ser considerado relevante ou não para você é amplamente determinado pela situação. Para um paciente que procura ajuda com sua asma, encontrar pessoas com a mesma doença é uma base muito mais forte de influência social do que apenas encontrar pessoas da mesma raça ou do mesmo sexo.

Não existe uma fórmula mágica para estabelecer a relevância, nem um traço definidor único — gênero, raça, condição física, *status*, idade, renda ou ideologia política — que seja sempre influente. No entanto, existem três princípios-chave para entender como a relevância é estabelecida de um contexto para outro:

Princípio 1 – Quando as pessoas precisam de uma *prova social* de que uma inovação em particular será *útil para elas*, a *similaridade* com os adotantes iniciais é um fator-chave para criar relevância. As pessoas só se convencem da utilidade de uma nova dieta, um programa de exercícios ou um tratamento cosmético quando veem pessoas parecidas com elas os adotando.

Princípio 2 – Quando a mudança de hábito requer um grau de *empolgação emocional*, ou *sentimentos de lealdade* e *solidariedade*, então — mais uma vez — a *similaridade* entre as fontes de reforço vai ajudar a inspirar a mudança de comportamento. Por exemplo, a campanha dos Batalhões de Camaradas na Primeira Guerra Mundial mobilizou os cidadãos para a ação enfatizando o senso de solidariedade das pessoas com os recrutas da mesma cidade natal.

Princípio 3 – Quando a mudança de hábito é baseada na *legitimidade* — ou seja, em acreditar que o comportamento é amplamente aceito —, o *oposto* é verdadeiro: a *diversidade* entre as fontes de reforço da adoção é fundamental para difundir a inovação. Por exemplo, a disposição das pessoas em aderir à campanha do sinal de igual no Facebook dependia de vê-la ser adotada por pares de diversos círculos sociais, que pudessem dar ampla legitimidade ao movimento.

A ideia importante para construir uma infraestrutura de contágio bem-sucedida não é a similaridade, mas a *relevância*. Existem algumas situações em que a diversidade de adotantes, em vez de sua semelhança, é realmente mais importante para determinar a sua relevância. Tudo depende do contexto. Felizmente, esses três princípios podem nos ajudar a determinar quem serão as fontes mais relevantes de influência social à medida que os contextos mudam.

Princípio 1: fontes críveis

Os médicos devem ser modelos para o estilo de vida saudável que defendem? Ninguém quer receber conselhos de dieta de um médico obeso, certo?

Na verdade, depende do paciente.

Em 2017, dois cientistas sociais da Universidade de Stanford, Lauren Howe e Benoit Monin, decidiram descobrir como tornar as mensagens de saúde dos médicos mais efetivas. Por décadas, as empresas de marketing confiaram na ideia popular de que os especialistas médicos são as pessoas mais influentes para disseminar mudanças nos hábitos de saúde e estilo de vida. Se um médico quiser que você experimente uma nova dieta, seria mais convincente se ele próprio servisse de modelo para esse comportamento.

Mas, para um paciente obeso, um médico saudável que anuncia os méritos do exercício discutindo a sua rotina pessoal provavelmente não será uma fonte efetiva de influência. Na verdade, essa estratégia de modelo pode sair pela culatra. Howe e Monin descobriram que pacientes menos saudáveis se sentem julgados — até desvalorizados — por médicos que propagandeiam seu próprio estilo de vida saudável. O efeito não intencional acaba tornando os pacientes menos receptivos ao aconselhamento médico sobre mudanças em suas dietas e hábitos de exercício.

Quando as pessoas precisam ser convencidas de que um novo comportamento ou tecnologia será útil para elas, os contatos mais influentes são tipicamente pessoas que se assemelham a elas. No estudo do diário de dieta, por exemplo, os participantes obesos eram muito mais propensos a adotar a inovação quando ficavam sabendo sobre ela por meio de colegas com sobrepeso. Para eles, as pessoas menos saudáveis eram fontes de influência mais relevantes do que as altamente saudáveis.

Certa vez, assisti a uma palestra de um especialista mundial sobre o tema da obesidade. Ele apresentou um gráfico de proporções de peso e altura e pediu ao público que se encontrasse nesse gráfico. Ele então passou a falar sobre o problema da obesidade nos Estados Unidos e as mudanças que a maioria dos estadunidenses precisava fazer em suas dietas.

Depois, meus colegas e eu ficamos em silêncio no saguão. Finalmente, alguém falou. "Nunca me senti tanto na defensiva em toda a minha vida", disse um colega. "Tudo o que eu conseguia pensar era como aquele professor era magro." E então nós explodimos em um coro de concordância.

Meus colegas e eu havíamos concluído o doutorado recentemente. Todos nós éramos jovens, atléticos e saudáveis. Na verdade, o colega que falou era um corredor que tinha sido um atleta competitivo durante toda a faculdade e a pós-graduação.

Não importava. Tampouco importava que todos estivéssemos trabalhando na pesquisa de políticas de saúde na época; de alguma forma, o palestrante fez com que todos nos sentíssemos conscientemente diferentes dele. Nenhum de nós conseguia se lembrar nem dos pontos principais da palestra. Tudo o que podíamos pensar era como ela havia sido ofensiva (e o quanto de repente sentimos um desejo de comer *junk food*).

Então, como os médicos podem influenciar seus pacientes com mais sucesso?

A capacidade de persuadir os pacientes a tentar algo novo pode vir não da autoridade médica, mas das similaridades percebidas pelos pacientes. Por exemplo, os pediatras costumam ser mais influentes em dar conselhos aos pais quando complementam informações médicas com anedotas sobre as suas experiências com os próprios filhos. A influência vem do fato tanto de serem pais quanto de serem médicos.

Um exemplo particularmente conhecido na comunidade médica é a vacinação. Para os novos pais que tentam determinar a credibilidade e a segurança das vacinas, as opiniões de outros pais são muitas vezes vistas como mais relevantes do que as opiniões de epidemiologistas especialistas. Não é de surpreender que os conselhos dos médicos sobre vacinação sejam muitas vezes mais influentes quando eles compartilham histórias sobre a experiência de vacinar os próprios filhos.

O mesmo princípio impulsiona o sucesso da comunidade on-line Patients Like Me. Pessoas com doenças raras são receptivas aos conselhos de outras pessoas com a mesma condição. Para pacientes que consideram o uso de um novo dispositivo médico ou ponderam se devem participar ou não de um estudo controlado randomizado, o conselho de pessoas que enfrentaram desafios semelhantes é frequentemente visto como mais confiável do que o conselho de profissionais médicos.

Isso não acontece só na medicina. Em qualquer situação em que os custos são altos e as pessoas desejam mitigar o risco pessoal, elas buscam a confirmação de pares semelhantes. Um bom exemplo são decisões de governança corporativa. Os conselhos corporativos tomam decisões sobre políticas que afetarão a estabilidade e a lucratividade de suas empresas. Sempre há riscos com uma estratégia nova, e as apostas são altas. A credibilidade de uma nova ideia geralmente vem da análise das decisões tomadas pelos membros do conselho de "instituições congêneres" — organizações que têm mesmo tamanho, estrutura de capital e composição geral que a sua. Resultados de pesquisas mostram que membros de conselhos corporativos são muito mais propensos a seguir o exemplo de corporações semelhantes do que de empresas altamente bem-sucedidas — mas não tão semelhantes.

Na década de 1980, as aquisições hostis estavam se tornando cada vez mais comuns. Os conselhos precisavam elaborar estratégias que, ao mesmo tempo, desencorajassem empresas predatórias de fazer uma oferta hostil de aquisição e incentivassem os altos executivos a aumentar o valor da empresa (o que inevitavelmente tornaria a organização mais atraente para uma aquisição hostil). A "pílula de veneno" foi uma inovação corporativa projetada para resolver esse problema. Ela prometia aos principais acionistas a capacidade de comprar as ações da empresa por apenas 50% de seu valor se um agente hostil conseguisse obter uma porcentagem significativa das ações da empresa. O efeito seria diluir drasticamente o valor das ações da empresa, aumentando o custo de buscar uma aquisição.

Depois que foi introduzida em 1982, a pílula de veneno demorou a deslanchar. Houve forte resistência inicial, porque os membros do conselho temiam que a adoção da pílula de veneno fosse vista como a criação de um botão de autodestruição no caso de uma aquisição hostil. Os conselhos estavam preocupados que a adoção da pílula de veneno levaria os analistas a desvalorizar preventivamente a empresa. Esses riscos percebidos impediram que a inovação ganhasse muita tração entre as quinhentas empresas da lista da *Fortune* no início dos anos 1980.

Mas tudo isso mudou em 1985.

À medida que o clima de aquisições hostis piorava, os conselhos de administração passaram a ter especial interesse nas medidas preventivas que foram adotadas pelas empresas do mesmo setor (por exemplo, as indústrias pesada, têxtil, de software e por aí vai). Bastou que algumas empresas adotassem a pílula de veneno para que outras instituições congêneres rapidamente vissem a inovação como uma opção confiável para elas também.

Uma vez que instituições semelhantes a uma empresa adotavam uma inovação, ela reduzia os próprios riscos associados à adoção. Se *todas as empresas* do mesmo setor adotassem a pílula de veneno, os analistas não seriam capazes de desvalorizar uma empresa sem desvalorizar todas as outras. Quanto mais empresas do mesmo setor a adotassem, menor seria o risco para todas as demais. Havia segurança em seguir o rebanho.

E havia perigo em *não* segui-lo: qualquer organização que não adotasse as mesmas medidas que seus pares para evitar aquisições hostis pareceria mais vulnerável do que o restante das empresas em seu setor — e, portanto, mais suscetível a aquisições. Uma vez que a pílula de veneno começava a se tornar popular dentro de um setor, as instituições congêneres não podiam esperar. A inovação decolou.

De 1985 a 1989, a pílula de veneno saltou de menos de 5% de adoção entre as quinhentas empresas da *Fortune* para ser adotada pela maioria delas. Um fator essencial para a disseminação bem-sucedida da nova estratégia de governança corporativa foi a sua transmissão entre instituições semelhantes dentro do mesmo setor industrial e com uma estrutura de capital similar. Em 1990, a pílula de veneno se propagou rapidamente pelas redes sociais interligadas entre os conselhos de administração e se tornou a estratégia mais amplamente adotada para evitar aquisições hostis.

Seja a inovação uma tecnologia de saúde ou uma nova estratégia de governança corporativa, a sua credibilidade é estabelecida com mais facilidade por meio de redes de pares semelhantes.

Princípio 2: criando solidariedade

O segundo princípio não trata de estabelecer a credibilidade de uma inovação, mas sim de desencadear o engajamento emocional.

Os contágios emocionais se espalham de forma mais efetiva através de redes sociais que ativam a identidade das pessoas como membros de determinada região, causa ou grupo religioso. Nos esportes, a empolgação coletiva geralmente cresce por meio do antagonismo regional em relação a um grupo externo, o que fortalece a lealdade das pessoas ao grupo interno. Os torcedores do Boston Red Sox, por exemplo, fortalecem os seus sentimentos de solidariedade por meio da animosidade compartilhada em relação ao New York Yankees.

Os comícios políticos são notavelmente similares. Os oradores espalham entusiasmo sobre uma causa enfatizando as semelhanças ideológicas, raciais ou econômicas entre os apoiadores e destacando as diferenças entre os apoiadores e os oponentes. De reuniões políticas a eventos esportivos, o poder emocional da semelhança e a sua eficácia para disseminar empolgação é uma característica universal sobre como os contágios emocionais se expandem.

Mas a própria semelhança é muitas vezes definida pelo contexto social. Sendo mais preciso, *quem* é visto como semelhante a nós pode mudar facilmente.

Na década de 1980, uma epidemia de uso de drogas injetáveis estava devastando a América urbana, assim como a aids. Uma das principais fontes de transmissão da doença eram os usuários de drogas infectados pelo HIV que compartilhavam seringas com outros usuários. No final da década, uma campanha nacional de saúde pública foi iniciada nos Estados Unidos para enfrentar a epidemia de aids. O objetivo não era parar o uso de drogas, era impedir que os usuários de drogas compartilhassem seringas infectadas. Milhões de dólares foram gastos em programas de injeções mais seguras, que foram projetados para persuadir os usuários de drogas a tomarem precauções, como limpar as agulhas com água sanitária e água antes de compartilhá-las.

O problema era que os usuários de drogas injetáveis não estavam ouvindo as mensagens de saúde pública. Eles sabiam que eram vistos como viciados e criminosos. Eles viviam vidas separadas da maioria dos estadunidenses, haviam sido alienados do cuidado médico padrão. Eles eram imunes aos conselhos de profissionais de saúde e trabalhadores humanitários.

A maioria dos programas de injeções mais seguras não se saiu bem no início. Mas houve alguns sucessos improváveis, incluindo uma série de esforços experimentais para ultrapassar os limites convencionais de atendimento em pequenas cidades de Connecticut, como New London e Middletown.

Como eles tiveram sucesso se outras cidades falharam?

O crédito vai para um grupo de sociólogos inovadores e estudiosos de saúde pública, incluindo os sociólogos Doug Heckathorn e Robert Broadhead. A ideia deles era usar o princípio da similaridade para ativar um contágio de práticas de injeção mais seguras dentro das redes sociais dos usuários de drogas. Era uma ideia incomum na época, pois ninguém estava pensando em comportamentos de saúde pública como contágios sociais.

Mas ficou nítido que era necessária uma nova abordagem. Na década de 1990, os sociólogos desistiram da ideia de usar campanhas informativas para promover a saúde pública. Eles perceberam que, embora os usuários de drogas injetáveis estivessem preocupados com os riscos do HIV, eles não estavam interessados nos conselhos dos profissionais de saúde convencionais.

A nova ideia de Heckathorn era transformar o programa de injeção mais segura em um contágio emocional. Em vez de tentar contornar a alienação dos usuários de drogas dos cuidados médicos convencionais, ele e seus colegas transformariam isso em um ponto de convergência para a solidariedade social.

O seu toque inteligente na abordagem tradicional de uma campanha de saúde pública foi mudar o estigma do *usuário de drogas*, transformando-o de um obstáculo em um recurso. Ele usaria o senso de semelhança entre os usuários de drogas como a principal forma de difundir o apoio para a intervenção entre essa população de difícil acesso.

Heckathorn e outros sociólogos trabalharam com essas cidades para desenvolver esforços para alcançar os usuários de drogas onde eles se encontravam, que mobilizaram fortes sentimentos de solidariedade entre eles em suas comunidades. Surpreendentemente, foi pedido aos próprios usuários de drogas que ajudassem a "recrutar" colegas para fazer o teste de HIV e defender as injeções mais seguras. Os novos recrutas que chegavam aos centros da campanha de atendimento para testes e tratamento eram então convidados a se tornar a próxima linha de "recrutadores" para trazer novos colegas e assim por diante. Foi extraordinariamente eficaz. Os usuários de drogas não dariam ouvidos a figuras de autoridade tradicionais, como funcionários de saúde pública, mas *ouviriam* outros usuários.

Os esforços iniciais para ampliar o alcance do atendimento expandiram-se para cadeias de usuários de drogas que antes não estavam documentados e que foram persuadidos a participar de testes de HIV e educação pelos pares sobre práticas mais seguras de injeção. Quanto mais pessoas eram recrutadas, maior o reforço social para os outros e maior a influência do programa de injeção mais segura. A surpreendente eficácia da campanha decorreu da estratégia de Heckathorn, que transformou o estigma em fonte de solidariedade social. Ao fazer isso, o programa de injeção mais segura ganhou tração improvável dentro de uma comunidade vasta e amplamente invisível de usuários de drogas.

De torcidas esportivas regionais a usuários de drogas injetáveis, a similaridade percebida pode surgir de várias maneiras. Independentemente de como as percepções de semelhança se concretizam, elas têm um poder notável de difundir sentimentos de solidariedade.

A primeira demonstração desse poder vem de um estudo pouco ortodoxo realizado em 1954. Em um remoto acampamento de verão para meninos em Oklahoma, os renomados psicólogos sociais Muzafer Sherif e Carolyn Sherif recrutaram um grupo de meninos estadunidenses de classe média, todos com cerca de doze anos de idade, com idênticas origens sociais, econômicas e religiosas.

Os meninos foram divididos arbitrariamente em duas equipes, chamadas de Rattlers e Eagles*. As identidades da equipe não tinham sentido. Nenhuma equipe recebeu privilégios extras ou tratamento especial. Eles foram então colocados uns contra os outros em uma série de competições.

Antes de revelar os resultados perturbadores do estudo do acampamento, é importante dizer que ele não foi conduzido sob o que agora consideramos protocolos experimentais ou éticos adequados. Ele não seria permitido hoje. Mas o estudo destaca uma descoberta que foi mostrada repetidas vezes desde então. Sentimentos de solidariedade podem ser efetivamente disseminados entre estranhos apenas atribuindo-lhes identidades de grupo fictícias.

As manipulações dos meninos pelos Sherif desencadearam fortes sentimentos de lealdade dentro de cada uma das equipes, levando a mudanças dramáticas no seu comportamento — resultando até em atos espontâneos e coletivos de violência de uma equipe contra a outra. Apesar do fato de os meninos serem de origens idênticas em ambas as equipes, a sua recém-descoberta semelhança como Rattlers ou Eagles despertou apoio emocional sustentado para ataques contra o grupo externo.

Uma replicação desse estudo no Oriente Médio designou aleatoriamente meninos muçulmanos e cristãos para duas equipes, os Blue Ghosts e os Red Genies**. Em poucos dias, sentimentos crescentes de lealdade à equipe levaram à violência coordenada infligida por uma

---

* Cascavéis e Águias. (N.T.)

** Fantasmas Azuis e Espíritos Vermelhos. (N.T.)

equipe à outra. Os limites da solidariedade e da violência não eram muçulmanos *versus* cristãos, mas Blue Ghosts *versus* Red Genies. As distinções artificiais da equipe superaram elementos de identidade que estavam enraizados em séculos de conflito histórico.

Essa capacidade para o tribalismo lembra recentes campanhas políticas nos Estados Unidos e em outros lugares. A empolgação emocional é muitas vezes efetiva para mobilizar os verdadeiros fiéis. Mas isso não nos prende em bolhas? Essa tendência de se envolver mais emocionalmente com pares semelhantes não impede as pessoas de alcançar a solidariedade além das linhas tradicionais de semelhança e diferença?

No capítulo anterior, vimos como pontes largas podem coordenar a linguagem das pessoas e transferir conhecimento além das fronteiras do grupo. Elas também podem espalhar contágios *emocionais*. E não apenas contágios que reforçam crenças e lealdades existentes. Surpreendentemente, pontes largas também podem ser usadas para influenciar as percepções das pessoas sobre quais pares são semelhantes e como elas experimentam sentimentos de solidariedade de grupo.

Em 2017, o cientista social Aharon Levy, da Universidade de Yale, e seus colegas publicaram uma série notável de estudos que aplicavam a ideia de pontes largas à tarefa hercúlea de espalhar solidariedade emocional a grupos opostos, por exemplo, entre israelenses e palestinos. A base de sua estratégia era criar *grupos-ponte*. Os membros dos grupos-ponte tinham semelhanças com ambos os lados. Por exemplo, cidadãos árabes de Israel — indivíduos etnicamente árabes que eram cidadãos israelenses — tinham simpatia por ambos os grupos e podiam atuar como uma ponte entre eles.

Um único indivíduo não pode fazer isso sozinho. É preciso haver pontes largas de cada um dos respectivos grupos para o grupo-ponte que fica entre eles. Para estudar experimentalmente esse processo, os pesquisadores voltaram à ideia de Vermelhos e Azuis. Eles recrutaram grupos de estudantes judeus israelenses para jogar um jogo no qual todos eram aleatoriamente designados para fazer parte de um time no qual eles eram um Vermelho, um Azul ou um Vermelho/Azul (o grupo-ponte intermediário). Os participantes receberam algum dinheiro (digamos, dez dólares) e foi dito que eles poderiam doá-lo para pessoas do grupo Vermelho ou do grupo Azul. A condição de controle para esse experimento tinha apenas dois grupos, Vermelhos e Azuis. Mas a condição experimental incluía o terceiro grupo: os Vermelhos/Azuis.

Os resultados da condição de controle foram exatamente os esperados. Como os Sherif e muitos outros pesquisadores já haviam descoberto, as pessoas eram leais apenas a seus próprios grupos. Os Vermelhos doaram aos Vermelhos, e os Azuis aos Azuis.

Mas, na condição experimental, as pessoas tornaram-se significativamente mais propensas a compartilhar o seu dinheiro recém-recebido com os outros grupos. Era como as descobertas dos Sherif, mas ao contrário. Os Vermelhos doaram aos Azuis, e vice-versa. Simplesmente pela presença do grupo-ponte, a percepção das pessoas de quem era semelhante a quem havia mudado. O resultado foi que tanto os Vermelhos quanto os Azuis foram mais generosos com os de fora.

Quão bem essa ideia funcionaria para israelenses e palestinos?

Em um estudo de acompanhamento, os pesquisadores realizaram um experimento simples no qual entrevistaram judeus israelenses e perguntaram se eles apoiavam políticas militares em relação à Palestina e se apoiariam ajuda financeira e médica aos palestinos. Na condição de controle, os participantes responderam que eram a favor das políticas militares e não da ajuda. Na condição experimental, os participantes primeiro leram um artigo sobre cidadãos árabes de Israel que se identificavam tanto com a Palestina quanto com Israel, depois responderam às questões políticas. Essa intervenção foi tão leve que parecia improvável que tivesse qualquer efeito. Mas, de fato, teve — muito maior do que os pesquisadores esperavam. Os participantes na condição experimental eram significativamente menos propensos a apoiar políticas militares agressivas contra a Palestina e significativamente mais propensos a favorecer a alocação de recursos israelenses para ajudar os palestinos. Com surpresa, os participantes do grupo experimental relataram maiores sentimentos de identificação pessoal com os palestinos e significativamente menos raiva em relação a eles. A mera *existência* de um grupo-ponte mudou os seus sentimentos em relação ao grupo externo.

O contágio emocional é amplificado pela semelhança percebida. O contexto social muitas vezes determinará quais pessoas são vistas como semelhantes e como a solidariedade de grupo será definida. Grupos que não têm nenhum contato, ou apenas contato superficial, são mais facilmente agitados uns pelos outros. Grupos-ponte podem redesenhar as linhas de semelhança e mudar a forma como os contágios emocionais se espalham.

Princípio 3: estabelecendo a legitimidade

Em contraste com os Princípios 1 e o 2, que identificam a importância da similaridade, o Princípio 3 identifica contextos em que a diversidade é essencial. Quando a *legitimidade* de um movimento ou inovação é o fator crucial para sua difusão, a diversidade — não a similaridade — será o princípio primário para desencadear sua adoção.

Para entender o papel vital que a diversidade pode desempenhar no sucesso de uma iniciativa de transformação, vale a pena olhar para o sucesso da iniciativa da Human Rights Campaign de difundir o logotipo vermelho e rosa do sinal de igual em uma demonstração de apoio ao casamento homoafetivo. Quando os pesquisadores Lada Adamic e Bogdan State estavam estudando como o logo se espalhou para quase três milhões de usuários do Facebook, eles fizeram novas descobertas sobre esse contágio complexo: não importava apenas *quantos* contatos adotaram a mudança, mas também *quais* contatos.

Dentro da comunidade ativista, o apoio ao movimento do sinal de igual foi mobilizado por sentimentos de empolgação emocional, orgulho e solidariedade. Como seria de esperar, ele se espalhou rapidamente por meio do reforço de laços baseados nas semelhanças das pessoas. No entanto, para alcançar três milhões de pessoas, o movimento precisava alcançar legitimidade entre uma comunidade muito mais ampla. É aí que entra em jogo a diversidade de contatos sociais.

Pense por um momento sobre a sua própria rede de mídia social. A sua comunidade de contatos pode ser composta por seus amigos do ensino médio, amigos da faculdade, amigos do trabalho e membros da família, entre outros amigos e conhecidos. Suponha que alguns de seus amigos de faculdade façam parte da comunidade LGBTQIA+ e mudem seus perfis para mostrar apoio ao casamento entre pessoas do mesmo sexo. A decisão deles não significa necessariamente que o movimento tenha apoio amplo entre os seus outros amigos e contatos. Se você é heterossexual, pode se perguntar se essa nova tendência é realmente relevante para você. De fato, quanto mais semelhantes os adotantes são uns com os outros, mais fica evidente que eles são diferentes de todos os outros — ou seja, de todos os não adotantes. Você já sabe qual é o problema (já o viu nos casos do Google Glass e do gesto do Aerosmith); é o problema das *influências compensatórias*.

A forte semelhança entre os adotantes na verdade fortalece as influências compensatórias provenientes do grupo diversificado de não adotantes em sua rede. Essas diversas influências compensatórias são suficientes para fazer qualquer um que não seja um defensor obstinado da causa parar para pensar.

Mas o que aconteceria se, em vez disso, você visse pessoas de diferentes partes de sua comunidade de mídia social — ou seja, seus familiares, vizinhos, amigos de faculdade e colegas de trabalho — mudando as fotos de perfil para apoiar o casamento entre pessoas do mesmo sexo? Em vez de parecer uma iniciativa de nicho, o movimento do sinal de igual agora pareceria ter uma legitimidade muito maior. E Adamic e State mostraram que não seriam necessários centenas de contatos para convencê-lo disso. Apenas dez contatos, oriundos de diversos segmentos de sua comunidade social, em geral bastariam para persuadir as pessoas de que o movimento era amplamente aceito. Uma vez que esse limite foi acionado, os usuários perceberam que haveria riscos sociais mínimos associados à demonstração de seu apoio à causa.

O poder da diversidade se estende a uma variedade surpreendente de situações nas quais a *legitimidade* é a principal consideração para os potenciais adotantes. Um estudo de 2016 sobre contribuições para campanhas políticas mostrou que as doações políticas eram do mesmo tipo de contágio complexo que o movimento do sinal de igual. As contribuições para campanhas se propagaram através das redes de doadores pelo poder do reforço social. Quando havia apoio inicial suficiente para um candidato, as doações para a campanha se transformavam em uma bola de neve de ricas contribuições futuras e endossos generalizados. Mas a *fonte* de apoio inicial era crucial.

A diversidade era essencial para o sucesso.

Isso parece estranhamente contraintuitivo. Um velho ditado na política é a importância de "mobilizar a base". E, de fato, esse é um passo necessário no caminho para o sucesso. Mas, logo no início de uma campanha política, as estratégias que se concentram muito estritamente na mobilização da base podem sem querer sair pela culatra. Novamente: influências compensatórias.

Se o único apoio a um candidato vem de uma comunidade homogênea, isso envia um sinal implícito, mas nítido, a todas as demais: *esse candidato representa um grupo específico*. É o mesmo tipo de sinal que as pessoas receberiam no Facebook se apenas os membros da comunidade LGBTQIA+ apoiassem o movimento do sinal de igual. Muita similaridade entre os adotantes indica que há apenas apoio de um nicho. Da mesma forma, muita semelhança entre os primeiros doadores pode sinalizar que o candidato não é amplamente aceito nem representativo de interesses mais amplos. Isso pode não apenas reduzir as futuras doações de campanha de um candidato, mas também pode aumentar diretamente o apoio de potenciais doadores ao candidato de *oposição*.

O segredo para mobilizar apoio para um novo candidato é cortejar a diversidade. A captação antecipada de recursos de diversas fontes oferece um forte sinal de que um candidato tem amplo apelo. Assim como o movimento do sinal de igual, os números não precisam ser esmagadores. A *qualidade* do apoio inicial pode ser mais importante do que a quantidade.

Essa lição é particularmente importante para os recém-chegados à política. A questão na mente de cada doador é se o candidato é viável ou não. Quanto mais ampla é a aceitação percebida do candidato, mais viável ele parece. A viabilidade se torna uma profecia autorrealizável: estabelecer o amplo apelo de um candidato desde o início pode efetivamente desencadear um contágio de doações adicionais para a campanha, aumentando a sua viabilidade. O caminho para o sucesso é começar da maneira certa. No início de uma campanha, doações de diversos setores sinalizam o apelo do candidato a um amplo público de doadores, o que, por sua vez, leva a ganhos substanciais na probabilidade de sucesso político.

A importância da diversidade não se aplica apenas aos movimentos sociais e às campanhas políticas, mas também à aceitação de produtos inovadores. Em particular, o apelo das tecnologias sociais é muitas vezes baseado no quanto elas são amplamente aceitas. Em um estudo perspicaz de 2012, o luminar da ciência da computação Jon Kleinberg, junto a uma equipe de colegas da Cornell University e do Facebook, identificou os princípios-chave das redes sociais por trás do notável sucesso do Facebook. A disseminação do Facebook não foi apenas um contágio complexo, mas o seu crescimento explosivo foi impulsionado também pela diversidade nas redes de recrutamento das pessoas.

Para identificar como o Facebook alcançou o seu crescimento de forma tão eficiente, os pesquisadores examinaram uma coleção de 54 milhões de e-mails enviados por usuários do Facebook convidando não usuários a ingressar no site. Surpreendentemente, mensagens de reforço de vários pares que eram do mesmo grupo social não foram um fator importante na disseminação do Facebook. No entanto, o reforço de convites de pessoas que pertenciam a grupos sociais diversos projetou diretamente as taxas de adoção de novos usuários.

Dando um passo além, os pesquisadores identificaram o princípio implícito no envolvimento contínuo das pessoas com o Facebook depois que elas se cadastravam. Os resultados foram os mesmos. Saber se os novos adotantes continuariam a usar o Facebook ou se o abandonariam poderia ser previsto pela diversidade de seus contatos ativos. Surpreendentemente, a diversidade da rede ativa de uma pessoa era mais importante do que o seu tamanho geral.

A conclusão?

A estratégia para o reforço social efetivo depende do contexto. Nos casos em que estabelecer a legitimidade ou o apelo de massa é fundamental para um maior crescimento, buscar a diversidade é a solução. Como vimos com o movimento do sinal de igual, os números não precisam ser esmagadores. *Quem* está adotando é tão importante quanto *quantos* estão adotando. A legitimidade percebida de um movimento social, uma tecnologia social ou um candidato político é significativamente fortalecida pelo reforço de diversos círculos sociais.

***

Os capítulos anteriores identificaram os dois elementos essenciais — as *pontes largas* e a *relevância* — para construir uma infraestrutura de contágio. Pontes largas são necessárias para levar sinais de reforço para toda uma população. O princípio da relevância ajuda a descobrir *quais* sinais de reforço são mais influentes.

Você viu que o contexto é quem manda quando se trata de colocar o princípio da relevância em ação. Para decidir se o fator-chave é a similaridade (e que tipo de similaridade) ou a diversidade (e que tipo de diversidade), você precisa ser específico. No Capítulo 4, mostrei que existem várias fontes possíveis de complexidade para um contágio social — incluindo necessidade de credibilidade, empolgação emocional e legitimidade. Identificar a fonte específica de complexidade em determinado contexto social ajuda a determinar os fatores relevantes para a influência social, de uma campanha de mudança para outra.

A próxima parte do livro sai dos elementos essenciais de uma infraestrutura de contágio e vai até a questão crucial sobre como acender o fósforo que dará início à sua iniciativa. Onde você deve concentrar os seus recursos para incendiar a mudança? Qual é o tamanho da massa crítica que você precisará para fazer sua campanha decolar?

A Parte III responde a essas perguntas, juntamente com a mais difícil de todas: como você pode derrubar uma norma social já estabelecida?

PARTE III

O ponto de virada dos 25%

CAPÍTULO 8

Em busca de um novo normal

Às 5h50 da manhã do dia 3 de setembro de 1967, o povo sueco aguardava com nervosismo. As estradas estavam vazias. As ruas estavam silenciosas. Havia uma quietude assustadora, quase pós-apocalíptica, por todo o país. Era o Dagen H — ou o "Dia H", como seria chamado mais tarde.

Durante a noite, o governo sueco havia trocado o lado de dirigir no país inteiro, deixando a mão inglesa para dar lugar à circulação pela direita. Por quatro anos, o governo tinha preparado os suecos para esse dia. Comerciais diários de televisão e rádio, outdoors e até roupas de baixo amplamente comercializadas do Dia H eram lembretes sempre presentes de que ele estava se aproximando. O governo inclusive realizou um concurso nacional de música pop para celebrar o Dia H. Um jornalista local ganhou o concurso e teve a sua música transmitida em todo o país durante à maior parte do ano.

À 0h59 do dia 3 de setembro, todo o tráfego foi interrompido na Suécia. Nas cinco horas seguintes, dirigir era ilegal. Da 1h às 6h, as ruas foram repintadas, os sinais de trânsito substituídos e os semáforos ajustados. *Em todo o país.* Apenas um país pequeno, rico e bem organizado poderia realizar tal façanha.

Então, às 6 da manhã, as estradas foram abertas e a Suécia renasceu. Agora era uma nação de circulação pela direita. Os relatórios oficiais do governo sueco indicam que o resultado foi um grande sucesso. Houve apenas 137 acidentes de carro no primeiro dia, dos quais apenas onze resultaram em ferimentos.

Mas relatos em primeira mão do povo sueco sobre aquele dia são mais reveladores.

As pessoas que lembram do Dia H falam em caos. Para cada um dos 137 acidentes relatados, houve centenas de quase-acidentes não relatados em pequenas e grandes cidades. Bjorn Sylven, um morador de Estocolmo, lembra-se das ruas daquele dia como uma confusão perigosa de carros e pessoas. "Fora da minha escola, umas três vezes eu vi carros que desviaram para o lado errado e que chegaram muito perto de atingir os outros alunos", disse Sylven a um entrevistador.

O problema não era que as pessoas não sabiam o que fazer. Todos sabiam que era o Dia H. O problema era que as pessoas não sabiam o que as *outras* pessoas fariam.

Imagine dirigir por uma estrada rural nos arredores de Estocolmo às 6h30 do Dia H. Você está na pista da direita, como espera que todos os outros estejam. Um par de faróis desponta sobre uma colina no horizonte, vindo em sua direção. De longe, você não pode dizer em que lado da estrada o veículo está. À medida que os faróis se aproximam, eles parecem estar mais próximos do seu lado da estrada do que deveriam. Você deve ficar à direita? Você sabe o que diz a lei. Mas talvez esse motorista que vem em sua direção esteja cansado, ou distraído, ou simplesmente não goste da nova regra, pois ele parece estar se movendo em direção à sua pista. O que você deveria fazer? Se adaptar ao outro motorista e ir para a esquerda, ou se manter firme e ficar à direita?

Os sociólogos chamam isso de *dilema de coordenação*. Em um dilema de coordenação, as leis não nos ajudam. Nem mesmo propagandas de televisão, rádio e jornal necessariamente nos ajudam. Independentemente do que a lei diga, e independentemente do que as pessoas foram instruídas a fazer em Estocolmo ou em qualquer parte do país, a única coisa com a qual você se importa naquela estrada rural às 6h30 da manhã é com o que o outro motorista vai fazer.

Resolver um dilema de coordenação requer uma espécie de leitura de pensamentos diária. Ao ver faróis se aproximando na estrada rural, você acredita que entende as intenções do outro motorista e pode antecipar o que ele fará. Você também acredita que ele sabe as suas intenções e pode antecipar o que *você* fará. Vocês dois acreditam que podem ler a mente um do outro. Caso contrário, dirigir em alta velocidade em direção a um par de faróis que se aproxima seria uma perspectiva muito perigosa.

Se você passar em cima de um buraco e desviar para a pista da esquerda, o outro motorista precisa fazer um julgamento rápido sobre você — será que você está se movendo para a esquerda por hábito ou simplesmente perdeu o controle do seu carro por um momento e agora pretende voltar para a direita? Se ele responder movendo-se para a esquerda, agora você deve determinar o que ele está pensando. Ele está se movendo para a esquerda porque se esqueceu do Dia H ou está fazendo isso em resposta a você? Esses cálculos levam apenas milésimos de segundo, mas são cruciais.

Quando você não tem ideia do que as pessoas vão fazer, você não pode coordenar a sua ação com as delas.

Foi exatamente isso o que aconteceu na Suécia. Os carros desviavam, perdiam o controle e derrapavam para fora da estrada. O trânsito ficou paralisado. No final do dia, as ruas estavam cheias de veículos abandonados. O problema não era que ninguém conhecia as regras. Todos conheciam as regras. O problema era que as pessoas não conseguiam ler a mente umas das outras.

Os dilemas de coordenação são mais comuns do que parecem. Você provavelmente pode se lembrar de algum momento em que trombou por acidente com em alguém em um corredor. Quando ambos recuperaram a compostura, cada um tentou seguir em frente. Mas, por acaso, vocês dois se moveram na mesma direção e, em um piscar de olhos, ficaram de frente um para o outro de novo. A coisa normal a fazer é rir e dar de ombros, reconhecendo que ambos sabem o absurdo da situação — como se dois adultos não conseguissem descobrir como andar por um corredor sem esbarrar um no outro. Mas, se isso continua acontecendo, rapidamente deixa de ser engraçado e se torna irritante.

Encontramos esses tipos de dilemas de coordenação todos os dias. Intuitivamente, todos nós sabemos como resolvê-los — usando as normas sociais. Nos Estados Unidos, nós normalmente nos deslocamos para a direita e seguimos o caminho. Mas o que acontece quando as normas sociais mudam?

Em 2014, o *Business Insider* relatou o estranho caso de Chris Padgett, um coach de executivos que mora em Ohio. Chris tem quase quarenta anos, cabelos loiros cor de areia e um sorriso acolhedor. Como coach de executivos, o seu trabalho é realizar reuniões mensais com profissionais de alto nível e orientá-los sobre estratégias de negociação, melhores práticas de gestão e dicas de relacionamento profissional. Se alguém sabe a maneira correta de interagir em um ambiente de negócios, esse alguém é Chris.

Mas até mesmo Chris se encontrou em uma situação em que percebeu como as normas sociais podem ser complicadas. Alguns meses antes, ele havia conhecido um novo cliente, que era um executivo em nível de diretoria. Chris notou que a reunião não começou com o costumeiro aperto de mão; em vez disso, o seu cliente sentou-se com ele e começou a trabalhar direto. Chris achou esquisito. "Estranho. Talvez ele tenha esquecido", pensou.

A reunião foi produtiva e todo mundo ficou contente. Quando todos se levantaram de suas cadeiras, o executivo satisfeito olhou para Chris e sorriu. Então ele ergueu o punho e o moveu em direção a Chris. "Isso me deixou desconcertado", ele lembrou. "Naquele nível há mais formalidade, e esse cara de cinquenta e poucos anos não estava ligando pra isso."

Os punhos cerrados de ambos se encontraram no ar. O soquinho de Chris com o executivo estava feito.

Foi uma revelação para Chris. Refletindo sobre as reuniões recentes, ele percebeu que já havia notado outras pessoas de nível sênior altamente respeitadas renunciando à tradição milenar do aperto de mão e aderindo ao soco mais moderno e menos propício aos germes. O aperto de mão é uma tradição de negócios testada e aprovada. Como ele poderia ser substituído pelo soquinho? Chris era um especialista em etiqueta empresarial e não previu que isso fosse acontecer. Mas agora tinha de pensar nisso. Ele tinha novos clientes chegando no dia seguinte. Como deveria cumprimentá-los?

Não era apenas Chris. A crescente aceitação do soquinho entre os executivos pegou o mundo de surpresa. Em 2012 e 2013, importantes veículos de comunicação, como o *New York Times* e o *Chicago Tribune*, publicaram artigos sobre a possibilidade de o soquinho substituir o aperto de mão de maneira definitiva. Em 2014, *Adweek, Business Insider, Fast Company* e *Forbes* abordaram essa crise de etiqueta, oferecendo conselhos para executivos que tentavam descobrir se deviam apertar as mãos ou bater os punhos.

Para Chris, foi como o caos nas estradas da Suécia. Ele não sabia o que as outras pessoas fariam. Ninguém sabia. E nenhuma das publicações especializadas poderia ajudá-lo a resolver o seu dilema de coordenação. Quando Chris encontra novos clientes pela primeira vez, ele não sabe quais artigos eles leram ou não leram. Ele não sabe quais tendências eles viram ou não viram. Será que eles vão pensar que o soco é brega? Ou que o aperto de mão é muito retrô? Chris não se importa se eles apertam as mãos ou batem os punhos. Só o que importa para ele é fazer com que os seus novos clientes se sintam confortáveis e estabeleçam um bom relacionamento com ele. Descobrir se deve apertar as mãos ou bater os punhos pode parecer um pequeno dilema de coordenação, mas tem grandes consequências. Para qualquer pessoa no mundo dos negócios, a sua forma de saudação é a sua primeira impressão. Você precisa fazer do jeito certo.

O poder de uma caça às bruxas

O famoso filósofo do século XX David Lewis escreveu: "A profissão dos filósofos é questionar platitudes que outros aceitam sem pensar duas vezes". Na verdade, Lewis estava falando sobre as normas sociais — como a direção pela direita ou o aperto de mãos — que fazem nosso mundo parecer ordenado e normal. Muitas vezes, esquecemos do quanto elas são relevantes. Somente quando elas são quebradas, ou quando começam a mudar, é que começamos a perceber o quanto elas importam.

Considere este exemplo simples: dois vizinhos estão sentados em um barco a remo no meio de um rio; cada um tem um remo, e eles devem descobrir como remar até a margem; um deles pode trabalhar duro enquanto o outro descansa ao sol. Mas então o barco andaria em círculos, e eles não ficariam nem um pouco mais perto da terra. Ou então cada um pode trabalhar diligentemente. Mas, a menos que coordenem seus esforços, eles podem remar em direções opostas e, novamente, não chegarão a lugar nenhum.

Para ter sucesso, eles precisam trabalhar juntos. Mais importante ainda, cada um deve antecipar o que o outro fará — e confiar que o outro antecipará o que *ele* fará. Eles devem resolver o dilema de coordenação chegando a uma compreensão compartilhada do que é normal.

Essa ideia simples remonta a 1740, quando o filósofo David Hume a usou como analogia para uma democracia funcional. Nenhuma pessoa pode remar o barco sozinha. Mas ambos podem ter sucesso se chegarem a um acordo que lhes permita trabalhar juntos, o que leva cada um para onde desejam estar.

Esse é o lado bom das normas sociais. Mas as normas também têm um lado sombrio.

Em 21 de junho de 1956, o dramaturgo americano Arthur Miller compareceu perante o Comitê de Atividades Antiamericanas da Câmara. Faltava menos de um mês para o seu casamento com a estrela de cinema Marilyn Monroe, mas ele tinha outras coisas em mente. Ele havia sido obrigado por uma intimação federal a ir a Washington, D.C., e responder às perguntas do comitê. O interrogatório levou horas, mas no final havia apenas uma pergunta que realmente importava: "Você conhece e poderia, por favor, fornecer os nomes de qualquer simpatizante comunista?".

Para qualquer pessoa convocada perante o comitê, a melhor maneira de se proteger das consequências sociais e profissionais por não apoiar a norma anticomunista era se tornar um aplicador dessa norma. Os acusados tornavam-se os acusadores. Cada cidadão a mais que se protegia fazendo acusações contra seus pares aumentava inadvertidamente a legitimidade da norma anticomunista.

Líderes da indústria, estrelas de Hollywood e até mesmo o presidente Harry Truman cederam ao poder da onda crescente do sentimento anticomunista. A esperteza da tática do comitê era que ela não mirava nas pessoas, mas em suas redes sociais. Ao transformar os pares em informantes uns contra os outros, essa estratégia desmantelou as redes de reforço de confiança e apoio que poderiam ter mobilizado a dissidência. A suspeita coletiva enfraqueceu os laços sociais dentro das comunidades estadunidenses, eliminou a confiança em amizades e rompeu a infraestrutura que seria necessária para montar uma oposição.

Alguns anos antes de Miller ser chamado perante o comitê, ele havia escrito uma peça que viria a ser considerada uma das maiores obras do teatro dos Estados Unidos no século XX. Ela se chama *As bruxas de Salem*. É uma história sobre um julgamento muito parecido com o que ele enfrentaria pouco tempo depois.

A peça relata os julgamentos das bruxas de Salem de 1692, traçando impressionantes paralelos com o macarthismo e sua caça feroz às ditas atividades antiamericanas. Miller relembrou: "*As bruxas de Salem* foi um ato de desespero. [...] Fui motivado em grande parte pela paralisia que se instalara entre muitos liberais que, apesar do seu desconforto com as violações dos direitos civis pelos inquisidores, tinham medo, e com razão, de ser identificados como comunistas se protestassem com firmeza demasiada. [...] Quanto mais eu lia sobre o pânico de Salem, mais a leitura desencadeava imagens correspondentes de experiências parecidas nos anos 1950: um velho amigo de uma pessoa na lista proibida atravessando a rua para não ser visto conversando com ela; as conversões da noite para o dia de ex-esquerdistas em patriotas renascidos; e assim por diante".

O século XX está repleto de exemplos de normas sociais opressoras. Na Alemanha nazista, os cidadãos antinazistas não apenas deixaram de protestar quando os seus vizinhos judeus foram presos, como também identificaram voluntariamente outros vizinhos que abrigavam judeus. Eles fizeram isso não porque apoiavam o regime, mas porque, como Miller conta, "a melhor prova da sinceridade da sua confissão era citar outros que você viu na companhia do Diabo". Na Rússia do pós-guerra, o regime brutal e impopular de Stalin era inadvertidamente fortalecido por cidadãos aterrorizados que denunciavam os dissidentes em seus bairros. Histórias semelhantes surgiram no Chile de Pinochet e na China de Mao. Em todos os cantos do mundo, normas sociais destrutivas, mas de alguma forma autoimpostas, dominaram sociedades inteiras.

O poder social de uma caça às bruxas vem do fato de que a única maneira que os cidadãos têm de se proteger dela é esconder o seu desgosto pela norma social ascendente. O resultado é que as pessoas perdem a capacidade de ler a mente umas das outras. Os seus melhores palpites sobre o que devem esperar dos outros, e o que os outros vão esperar delas, ficam baseados na ilusão compartilhada de que todos apoiam a norma. Quanto mais as pessoas escondem o que realmente acreditam, mais motivos todos têm para cumprir a norma social devido ao medo de serem vistos como desviantes.

Essas histórias arrepiantes nos lembram de um passado perigoso. Mas será que esse passado ficou totalmente para trás? Políticas de policiamento racistas, discriminação de gênero no local de trabalho e nos *campi* universitários e práticas médicas tendenciosas são ilegais nos Estados Unidos há anos. Mas, na última década, a explosão de protestos nas redes sociais, incluindo o #BlackLivesMatter e o #MeToo, revelou a conformidade estadunidense oculta e generalizada com normas sociais racistas e sexistas que, apesar das leis progressistas, perduram há décadas em várias partes do mundo.

De normas nocivas (como a caça às bruxas anticomunistas e padrões de discriminação há muito tempo arraigados) a normas inofensivas (como cumprimentar estranhos com um aperto de mão), por que é tão difícil que essas características aparentemente permanentes de nossa sociedade sejam transformadas em algo novo?

Copérnico muda o paradigma

O desafio de derrubar as normas sociais é que nos conformamos com elas sem nem perceber — o que significa que raramente consideramos outras alternativas. Vamos começar com algo fácil. Pense na última vez em que você entrou em um elevador. (Talvez seja uma memória mais distante após a pandemia de covid-19.) Tenho certeza de que você, como eu e todos os outros, ficou de frente, em direção às portas do elevador, sem pensar nem por um milésimo de segundo. Mas por que você não olhou para trás? Ou pense na última vez em que você se aproximou de uma bilheteria onde muitas pessoas estavam esperando na fila. Você caminhou até a frente e tentou furar a fila? Ou caminhou até o fim da fila e esperou a sua vez?

De maneira geral, as decisões sobre como se posicionar em um elevador ou entrar em uma fila para comprar ingressos não são realmente decisões. Elas são mais como reflexos. Nós as tomamos "naturalmente". Não apenas todos nós seguimos essas normas, mas temos uma sensação visceral de que as pessoas se sentiriam desconfortáveis se desrespeitássemos essas convenções. *Nós* também nos sentiríamos desconfortáveis — embora possamos perceber, racionalmente, que essas normas são arbitrárias e variam de uma comunidade para outra, de um país para outro. Muitas vezes, não percebemos nossas normas até viajarmos para um novo lugar onde elas são diferentes. Em algumas partes da Itália, por exemplo, seria estranho alguém caminhar até o final da fila e esperar, em vez de apenas se aglomerar perto da frente. Na África e no Oriente Médio, é comum os homens darem as mãos como sinal de amizade heterossexual.

Mas as normas servem a um propósito importante. Elas fazem a vida parecer ordenada e, bem, normal. O que é parte do motivo pelo qual os primeiros dias da pandemia, quando muitas dessas normas mudaram repentinamente, foram tão desconcertantes. As pessoas foram forçadas a questionar os seus comportamentos mais básicos. A perspectiva de usar um elevador, entrar em uma fila de ingressos ou encontrar um estranho na calçada agora podia desencadear uma ansiedade paralisante. Não tínhamos mais uma noção natural de onde ficar ou como interagir com os outros. Comportamentos outrora automáticos tornaram-se dilemas de coordenação que, de repente, todos estavam lutando para resolver.

É bom que todos os aspectos de nossas rotinas diárias não sejam assim. A nossa existência seria insuportável — e nossos cérebros provavelmente entrariam em curto-circuito — se tivéssemos que deliberar sobre cada um de nossos comportamentos cotidianos. Então pegamos atalhos mentais.

Mas aí está a questão. Esses atalhos mentais podem rapidamente se tornar problemáticos. As pessoas escolhem comportamentos e tomam decisões que parecem "certas" — assim como parece "certo" para um viajante estadunidense caminhar até o final da fila de ingressos em vez de tentar se enfiar na frente. Em meados do século XX, parecia "certo" que estadunidenses de diferentes raças usassem fontes de água diferentes. E, como o movimento #MeToo mostrou, para muitos homens no local de trabalho parece certo e "normal" fazer investidas sexuais ou comentários direcionados às funcionárias. Alguns dos debates éticos e políticos mais acalorados e incômodos dos últimos anos giram em torno da questão de como avaliar comportamentos passados que antes eram "normais", mas que agora são amplamente entendidos como transgressivos. Só porque algo *parece* certo não significa que seja.

A razão pela qual mudar uma norma social é difícil é a mesma razão pela qual aprender uma nova língua é difícil: isso requer uma ruptura com algo que funciona. Requer substituir algo familiar e natural por algo novo e estranho. Durante um período de mudança social, a nossa língua nativa nos trai. Os nossos esforços mútuos para remar o barco estão confusos. Somos subitamente transformados de especialistas em novatos — novatos que não têm ideia de como se comunicar uns com os outros, nem como descobrir o que a outra pessoa está pensando.

Uma das melhores descrições da desorientação que as pessoas sentem em tempos de mudança social vem do físico Thomas Kuhn, que cunhou a expressão *mudança de paradigma*. Kuhn tornou-se famoso na década de 1960 por demonstrar que todo grande avanço científico — em física, química e biologia — é acompanhado por um período de perplexidade social. Esses períodos refletem mudanças nas normas sociais. A ideia de mudança de paradigma de Kuhn vai muito além de suas implicações para as normas sociais, mas são essas implicações que são mais surpreendentes. Durante as mudanças de paradigma, cientistas que eram considerados líderes mundiais de repente se sentiam incompetentes e irrelevantes. Na verdade, Kuhn descreveu esse processo de mudança científica como nada menos do que uma "revolução".

Existem dezenas de exemplos dessas revoluções em todos os campos científicos, mas talvez o mais famoso seja a revolução copernicana. É uma ilustração perfeita de como uma mudança nas normas sociais pode deixar as pessoas se sentindo como se tivessem perdido o equilíbrio no mundo. Em uma mudança de paradigma, até cientistas experientes podem sentir que não são mais profissionais competentes. Simplesmente como resultado de uma nova ideia.

Na época de Copérnico, os físicos acreditavam que o Sol girava em torno da Terra. Isso parecia verdade pela razão óbvia de que é exatamente como aparece no céu. O Sol se move em nosso céu, assim como a Lua. Obviamente, ambos circulam ao nosso redor. Isso parecia fazer sentido.

O problema era os planetas.

Se você observar o céu à noite por um tempo, notará que a cada vez Marte se move um pouco para a esquerda. Noite após noite, o planeta marcha obedientemente para a esquerda, muito devagar. Ele se move em um ritmo muito mais lento do que o Sol e a Lua, mas se move em nosso céu da mesma maneira básica que eles. No entanto, se você continuar observando, notará algo estranho. Uma noite, sem aviso,

Marte parará de se mover para a esquerda. Algumas noites depois, o planeta inesperadamente começará a se mover para a direita. Na noite seguinte, ele se moverá um pouco mais para a direita.

Isso não parece normal. Mas, se você esperar mais algumas noites, poderá dar um agradecido suspiro de alívio quando Marte mais uma vez começar a fazer o seu caminho pelo céu em direção à esquerda de novo. O universo está novamente no caminho certo.

O que aconteceu?

Você não seria o primeiro a fazer essa pergunta. O movimento retrógrado de Marte era um dado perturbador — o que os cientistas chamam de *anomalia* — porque não se encaixava na teoria aceita do universo. Se todos os corpos celestes — o Sol, a Lua, as estrelas e os planetas — giram em torno da Terra da mesma maneira, como é possível que Marte se mova para trás?

Levou mais de mil anos para os astrônomos responderem a essa pergunta. Um número incontável de teorias foi desenvolvido e refinado ao longo desse tempo. Mas, quanto mais sofisticadas as teorias se tornavam, mais anomalias elas encontravam. Na época do Renascimento, a astronomia havia se tornado uma coleção embaraçosa de teorias extremamente complicadas que não se encaixavam muito bem entre si.

Então veio Copérnico. Na introdução de seu tratado revolucionário, ele reclamou: "Aqueles que depositam a sua fé em [um universo centrado na Terra] resolveram em grande parte o problema dos movimentos aparentes [dos planetas]. Mas, enquanto isso, eles introduziram muitas ideias que aparentemente contradizem os primeiros princípios do movimento uniforme. [É] como alguém tirando de vários lugares as mãos, os pés, a cabeça e outras partes do corpo, muito bem retratadas, mas não para a representação de uma única pessoa; um monstro em vez de um homem poderia ser formado a partir deles".

Copérnico teve uma ideia que faria todas as anomalias desaparecerem instantaneamente — mas também mudaria tudo sobre a nossa compreensão do universo. Enquanto todos estavam ocupados tentando conceber a próxima variação inteligente da teoria do universo centrada na

Terra, Copérnico simplesmente moveu a Terra para o lado. Ele colocou o Sol no centro do universo e fez a Terra orbitá-lo, assim como os outros planetas. Ele resolveu todos os problemas da astronomia de uma só vez.

Essa foi a revolução copernicana. Uma pequena ideia que moveu o mundo.

Parece desconcertante que ninguém tenha visto isso antes. Mas o progresso científico muitas vezes depende não apenas da correção de uma nova ideia, mas também da aceitação das pessoas. E a solução simples de Copérnico encontrou uma resistência enorme. Não foi apenas a Igreja que se opôs às implicações teológicas da teoria de Copérnico. Até outros cientistas se recusaram a acreditar em Copérnico. Levou mais de cem anos para que a sua solução elegante fosse amplamente aceita.

A nova teoria de Copérnico não dependia de matemática complexa. Na verdade, ela era *menos* sofisticada do que muitas das teorias aceitas da época.

Mas o problema que estava atrapalhando a astronomia não era matemático. Era social. Se Copérnico estivesse certo, todas as teorias e conceitos científicos que haviam sido desenvolvidos para resolver o problema dos planetas errantes de repente perderiam o sentido. Copérnico não apenas adicionou uma nova ideia à conversa científica existente. Ele mudou a conversa. Na verdade, ele mudou a linguagem em que a conversa se desenrolava. Ele fez com que todo um sistema de competência profissional desabasse.

É assim uma mudança de paradigma. As formas familiares de falar e pensar de repente viram obsoletas. Anos de trabalho se tornam irrelevantes de súbito. Pesquisadores sérios e sofisticados repentinamente se sentem como crianças em idade escolar, incapazes de se conduzir com confiança em seus ambientes profissionais. É desagradável para muita gente. E é a razão pela qual o grande físico Max Planck confessou de forma sombria: "Uma nova verdade científica não triunfa convencendo os seus oponentes e fazendo-os ver a luz, mas sim porque os seus oponentes uma hora morrem, e uma nova geração que está familiarizada com ela atinge a idade adulta".

Com a transformação social, as coisas são um pouco diferentes. As pessoas realmente podem mudar de ideia sobre as normas sociais em grande número e com relativa rapidez. Pense na maneira notável como a opinião pública mudou nas últimas décadas sobre temas como mulheres no mercado de trabalho ou casamento entre pessoas do mesmo sexo. Mas o mesmo tipo de resistência que bloqueia a mudança científica também pode ser um desafio para qualquer um que queira iniciar uma mudança social. Quando as normas sociais são rompidas, os sentimentos cotidianos de competência e habilidade social das pessoas são substituídos por sentimentos de ansiedade e perplexidade social.

Lembre-se de Chris e o seu dilema aparentemente mundano no ambiente de trabalho — dar ou não dar um soquinho?

Após anos de experiência profissional, Chris de repente não sabia como o seu comportamento seria interpretado. Será que uma batida de punhos seria percebida como um gesto atual ou impertinente? Será que um aperto de mão seria visto como respeitoso ou excessivamente convencional? Chris deixou de ser um falante nativo de sua língua profissional e passou a ser alguém que não conseguia cumprir a sua parte em uma troca profissional. Ele havia perdido a fluência. Não conseguia mais ler a mente dos seus clientes.

Para que a mudança social seja bem-sucedida, um movimento revolucionário deve transportar as pessoas através dessas águas incertas para um novo conjunto de expectativas e um novo senso de competência.

O segredo para fazer isso com sucesso vem de observar como a linguagem funciona e o que ela revela sobre como as normas sociais se estabelecem.

Wittgenstein vai ao jardim de infância

No outono de seu trigésimo terceiro ano, o filósofo Ludwig Wittgenstein ficou famoso. Wittgenstein era um intelectual austríaco magro e de temperamento forte, praticamente desconhecido até anunciar a sua presença no cenário mundial com um tratado curto e quase impenetrável que alterou o curso da filosofia. Seguindo os passos de seu mentor, o filósofo britânico Bertrand Russell, Wittgenstein desenvolveu uma teoria analítica rígida sobre como a linguagem funciona. Ele via a linguagem como um sistema lógico que desvendava os mistérios do mundo. Para Wittgenstein, a linguagem era tudo. Se você entendesse a linguagem, então você entenderia o mundo.

Suas ideias se tornaram a base para toda uma geração de filosofia, linguística, matemática e até sociologia. Apenas aumentou o renome de Wittgenstein o fato de ele ter conquistado o *status* de herói popular durante a Primeira Guerra Mundial. Reza a lenda que ele redigiu a versão final do seu tratado como prisioneiro de guerra durante o último ano do conflito. Ao voltar para casa, publicou o seu tratado e se tornou uma sensação da noite para o dia.

Mas essa não é a melhor parte da história.

Depois de ficar famoso, Wittgenstein desapareceu misteriosamente. Ele virou as costas para a filosofia acadêmica e se retirou para o campo.

Uma década depois, retornou à Universidade de Cambridge com uma nova grande ideia. O seu longo hiato foi uma mudança de paradigma de um homem só que novamente alterou o curso da filosofia — desta vez na direção oposta. O novo trabalho de Wittgenstein afirmava que a sua primeira teoria do mundo, pela qual ele se tornara conhecido uma década antes, era um completo absurdo. Era uma perda de tempo. Ele teria dito que qualquer um que ainda estivesse trabalhando com ela deveria deixar o emprego e fazer algo mais útil.

O campo da filosofia ainda não se recuperou.

O renomado filósofo Saul Kripke, da Universidade de Princeton, disse que o segundo tratado de Wittgenstein ainda é "o problema mais radical e original que a filosofia viu até hoje". Em 1999, uma pesquisa pediu a milhares de professores de filosofia que identificassem a obra mais importante e influente do século XX. O "grande vencedor" foi o segundo tratado de Wittgenstein.

Wittgenstein continuou a acreditar que a linguagem era a chave para entender o mundo. Mas ele não acreditava mais que a *lógica* fosse a chave para entender a linguagem. Em vez disso, a linguagem era *social*. O segredo para entender a linguagem era entender como as pessoas jogam "jogos" de coordenação umas com as outras.

Como poderia o pensamento de um homem mudar tão radicalmente de um extremo intelectual para o outro? O que aconteceu durante aqueles anos em que Wittgenstein ficou isolado no interior, afastado da filosofia?

Ele se tornou professor do jardim de infância.

Como a sua irmã teria dito: "Foi como usar um instrumento de precisão no lugar de um pé de cabra". Mas ele não estava se escondendo, nem desperdiçando tempo. Ele estava experimentando uma nova maneira de fazer filosofia.

Constatou-se que Wittgenstein estava usando o jardim de infância como uma espécie de laboratório filosófico. Ele observava as crianças: a maneira como brincavam, como aprendiam, como construíam significados e como seguiam as normas sociais. O jardim de infância era, para ele, um laboratório para estudar os dilemas de coordenação e como as pessoas os resolvem.

A nova filosofia de Wittgenstein era que a vida social poderia ser destilada em uma série de jogos de coordenação. A linguagem era o principal "jogo" que as pessoas jogavam, e ela definia todas as outras características de como pensamos e como as sociedades funcionam.

Aqui estão alguns exemplos:

1. Você e eu nos encontramos pela primeira vez.
   Eu estendo a mão, esperando um aperto de mãos. Você sorri para mim, mas não aperta a minha mão.
   Da próxima vez que eu encontrar um estranho, estendo a mão para cumprimentá-lo?
   Da próxima vez que você encontrar um estranho, *você* estende a mão para cumprimentá-lo?

Quantos apertos de mão fracassados são necessários até que eu pare de estender a mão para cada novo estranho? O que eu faço em vez disso?

2. Você e eu somos novos colegas.
Estamos conversando cordialmente no bebedouro.
Você menciona que o seu salário é menor do que acha que deveria ser e se pergunta se o nosso empregador em comum está pagando um salário injusto às pessoas.
Eu fico em silêncio, então desajeitadamente mudo o assunto da conversa.
Da próxima vez que você estiver no bebedouro com um novo colega, você mencionará as suas preocupações sobre se os nossos salários são justos?
Da próxima vez que eu estiver no bebedouro com um novo colega, mudarei desajeitadamente de assunto se ele perguntar se os nossos salários são justos?
Quantos dos meus novos colegas precisam perguntar se os nossos salários são justos até que eu pare de censurá-los mudando o assunto da conversa?

3. Você e eu somos novos colegas.
Quando você chega ao trabalho, eu digo como você é atraente e comento sobre a camisa que você está usando.
Você fica desconfortável com o meu comentário. Você faz uma piada, dizendo que não deveria importar o que está vestindo, desde que faça bem o seu trabalho.
Da próxima vez que eu vir um dos meus colegas de trabalho vestindo uma roupa que eu acho atraente, vou dizer a eles que estão atraentes e comentar sobre as suas roupas?
Da próxima vez que um colega de trabalho comentar sobre a sua aparência e elogiar suas roupas, você ainda ficará desconfortável e fará uma piada dizendo que as suas roupas não deveriam importar?

Quantos novos colegas meus precisam parecer desconfortáveis e fazer observações sobre o fato de que suas roupas não deveriam importar até que eu pare de fazer comentários sobre sua aparência?

Todos esses exemplos são jogos de coordenação.

A percepção extraordinariamente nítida de Wittgenstein sobre esses jogos de linguagem tornou-se o modelo científico para a compreensão de todo tipo de norma social, desde apertos de mão até caças às bruxas.

Hoje, a ideia de Wittgenstein sobre vida social como uma série de jogos de coordenação se tornou um princípio central da pesquisa sobre normas sociais em psicologia, sociologia, filosofia e ciência da computação. E foi isso que me permitiu, muitos anos depois, desenvolver um método para estudar como novas normas sociais se estabelecem.

Minha ideia era que todo jogo de coordenação tinha dentro de si um *ponto de virada* — o ponto em que um novo comportamento ganhava tração suficiente para que a opinião de todos sobre o que era aceitável mudasse de repente. Fiquei fascinado com essa ideia. Isso significava que uma população inteira poderia ser levada com eficiência de uma norma social para a outra apenas acionando um número crítico de adotantes iniciais. Se isso fosse verdade, seria possível fazer previsões confiáveis sobre transformações sociais e sobre as normas sociais que as pessoas provavelmente seguiriam — incluindo as palavras que usamos, os gestos de saudação que fazemos e a maneira como nos comportamos no trabalho.

CAPÍTULO 9

Wittgenstein, #MeToo e o segredo da transformação social

Hoje, Rosabeth Moss Kanter é uma famosa professora da Harvard Business School e especialista de renome mundial em produtividade no local de trabalho. Mas, em 1977, ela era uma jovem acadêmica no começo de sua carreira. Naquele ano, ela publicou um estudo que a catapultou para o estrelato acadêmico: uma investigação pioneira sobre como as desigualdades de gênero afetam o desempenho organizacional. As empresas seriam mais produtivas se oferecessem uma remuneração mais equitativa? As empresas seriam mais inovadoras se as mulheres tivessem mais voz por meio de cargos de liderança? Kanter se propôs a responder a essas perguntas conduzindo um cuidadoso estudo etnográfico acerca da dinâmica cheia de nuances entre homens e mulheres que trabalham em uma poderosa companhia industrial. Ao longo do caminho, ela teve um *insight* fundamental para a transformação social.

Kanter notou que, quando as mulheres eram apenas uma pequena minoria da empresa, elas estavam invariavelmente sujeitas a uma cultura opressiva de discriminação, salários desiguais e assédio sexual. Nessas empresas, parecia que muito pouco poderia ser feito para aumentar o *status* das mulheres ou melhorar as suas condições de trabalho. Contudo, a etnografia de Kanter também revelou um caminho: quando as mulheres ocupavam uma certa porcentagem de cargos de liderança na organização — algo entre 20 e 35% —, a cultura da empresa poderia mudar drasticamente. Em outras palavras, essa porcentagem seria um ponto de virada.

Você provavelmente está familiarizado com a noção geral do ponto da virada, um termo popularizado por Malcolm Gladwell em seu livro de mesmo nome. Mas estou usando o termo de uma maneira um pouco diferente, para me referir à teoria científica de que há uma massa crítica mensurável em organizações e populações que, uma vez alcançada, pode desencadear uma mudança radical no comportamento das pessoas. Kanter, por exemplo, acreditava que, se as mulheres pudessem alcançar uma massa crítica nos escalões superiores da hierarquia de uma organização, elas poderiam romper as normas de gênero que autorizavam a discriminação e estabelecer novas normas que reforçassem a igualdade de gênero.

Ela identificou vários sinais indicadores de organizações nas quais o número de mulheres estava *abaixo* do ponto de virada hipotético. Principalmente, as mulheres nessas organizações ocupavam um papel "simbólico". Elas se destacavam em reuniões e conferências e, dessa forma, eram consideradas representantes de seu gênero por seus colegas homens. Como símbolos, os seus comportamentos eram considerados emblemáticos para todas as mulheres em geral. Elas se tornavam símbolos do que as mulheres podiam fazer e de como era esperado que agissem.

Ao mesmo tempo, essas mulheres eram obrigadas a se sujeitar a uma série de normas sociais altamente ritualizadas. Elas eram obrigadas a mostrar deferência a seus colegas homens, a exibir comportamentos masculinos ou femininos exagerados conforme a situação pedisse e a comparecer a eventos sociais informais com maior frequência do que era esperado de seus colegas homens. Ao seguirem essas normas sociais e se adaptarem às expectativas de seus pares sobre como elas deveriam se comportar enquanto representantes do seu gênero, as mulheres evitavam falhas de coordenação.

Havia várias consequências mensuráveis dessas normas sociais nas carreiras das mulheres. Elas eram punidas informalmente quando não mostravam deferência a seus colegas homens. Como resultado, havia maior taxa de evasão de mulheres do que de homens nessas empresas.

Além disso, devido ao seu pequeno número, as mulheres careciam de mentoria adequada. Elas muitas vezes vivenciavam "conflito de papéis" ao tentar descobrir como adotar as estratégias de progresso que funcionavam para os seus colegas homens — e que eram defendidas por seus mentores homens —, mas que conflitavam com as normas sociais de como era esperado que as mulheres atuassem na organização. Esse conflito, e a impossibilidade de resolvê-lo, resultava em menor taxa de promoção para as mulheres. Os sinais mais flagrantes de que uma empresa estava abaixo do ponto de virada hipotético eram as normas conhecidas de salários desiguais, assédio sexual e violência sexual.

Seguindo Kanter, outros estudiosos estenderam essas descobertas ao domínio político. Estudos detalhados que analisavam mudanças na fração de mulheres em legislaturas escandinavas descobriram que, quando o número de mulheres em uma legislatura estava abaixo do ponto de virada hipotético, a sua capacidade de promover novas causas políticas e abordar preocupações específicas das mulheres na política ficava efetivamente prejudicada.

O maior problema para as políticas mulheres que eram minorias simbólicas era que elas não eram aceitas como atores legítimos no palco político. Essa falta de legitimidade as submeteu a uma cultura política — e a um estilo de discurso — que descartava intensamente o valor das contribuições de mulheres aos debates legislativos. Como membros simbólicos da legislatura, as mulheres que foram eleitas com sucesso muitas vezes se viram ineficazes em alcançar os seus objetivos políticos. Desiludidas, essas mulheres apresentavam taxas de evasão desproporcionalmente mais altas, pois decidiam por vontade própria não concorrer à reeleição.

Para as minorias simbólicas, tanto nos negócios quanto na política, um problema essencial era a falta de massa crítica suficiente para criar legitimidade para os tópicos com os quais elas se importavam. As mulheres eram, portanto, incapazes de mudar o discurso profissional para tratar das principais questões que as afetavam, como cuidados com os filhos ou assédio sexual. Um relatório do parlamento dinamarquês constatou que "a maioria dos políticos não tinha vocabulário para falar sobre a posição das mulheres, discriminação, desigualdade, doenças que atingem as mulheres, trabalho não remunerado, divisão do trabalho entre os sexos, assédio sexual ou violência sexual contra as mulheres". Consequentemente, os membros do parlamento do sexo masculino sentiam-se desconfortáveis com a discussão desses tópicos nas sessões. Quando as legisladoras tentavam levantar essas questões de forma explícita, elas encontravam forte oposição. Incapazes de falar com autoridade sobre esses assuntos, os seus colegas homens consideravam os tópicos inadequados para o debate parlamentar. Em essência, a linguagem da política e, portanto, a substância da política, era governada pelo gênero dos políticos.

A grande ideia de Kanter era que tudo isso poderia mudar se as mulheres apenas pudessem atingir o ponto de virada. Era — e é — uma hipótese impressionante. E ela tem implicações poderosas para o que o #MeToo e outros movimentos de transformação social podem alcançar: se a porcentagem certa de pessoas se levantar e disser que não tolerará a conduta sexual inadequada no local de trabalho, até mesmo uma pequena minoria poderá desencadear uma grande mudança cultural.

É uma perspectiva inspiradora. Mas isso funciona?

Quando fui apresentado a essas ideias pela primeira vez, fiquei fascinado com a possibilidade que elas tinham de explicar como a mudança social acontece. A ideia de encontrar um ponto de virada preciso para a mudança é uma espécie de Santo Graal para a ciência social. A crença de que existem "limiares" ou pontos de virada tem quase um século. A questão tem sido ativamente debatida entre cientistas e filósofos pelo menos desde a década de 1950, muito antes de a pesquisa inovadora de Kanter sobre a dinâmica de gênero lhe dar um novo impulso. Em um nível mais prático, a busca para encontrar o tamanho da massa crítica necessária para a transformação é algo com que ativistas, empresários e formuladores de políticas têm lutado por gerações. Todo mundo quer saber: existe realmente um ponto de virada para a mudança social? Se sim, qual é?

Para mim, o desafio se resumia a duas questões básicas. Primeiro, como podemos mostrar que os pontos de virada realmente existem? Afinal, há muitos fatores que podem explicar por que as transformações sociais acontecem — alterações demográficas, uma nova legislação, queda nas taxas de desemprego, tecnologias inovadoras no local de trabalho, preços flutuantes de imóveis — e uma variedade de outras forças que inspiram mudanças. Como podemos ter certeza que uma massa crítica de ativistas *fez* com que uma norma social mudasse ao atingir um ponto de virada?

Em segundo lugar, se *pudermos* determinar que existe um ponto de virada, existe alguma maneira de descobrir onde ele se situa, matematicamente? *Quanto* reforço social é necessário? Podemos identificar o ponto crítico exato em que a mudança social acontecerá?

Encontrei a solução para esses desafios na obra de Ludwig Wittgenstein. Ele pode parecer uma fonte improvável: o que um austero filósofo austríaco da primeira metade do século XX tem a ver com a compreensão do estudo de gênero em organizações de Rosabeth Moss Kanter na última parte do século, ou com o sucesso do movimento #MeToo nos dias atuais?

Muito, como se pode ver!

Como mostrado no Capítulo 8, Wittgenstein acreditava que a maneira pela qual as pessoas dão sentido ao mundo — como agimos e no que acreditamos — é, em sua base, um jogo de coordenação. Para mim, isso significava que o ponto de virada era realmente apenas o ponto em que as pessoas não podiam mais se coordenar umas com as outras sem mudar o seu comportamento. Por exemplo, o ponto de virada para o soquinho seria o ponto em que as pessoas não poderiam mais administrar com sucesso os seus encontros profissionais sem trocar os apertos de mão pelos soquinhos. Embora a norma social de apertar as mãos incorpore uma longa e venerada tradição na cultura empresarial dos Estados Unidos, eu acreditava que, quando se trata de normas sociais, a nossa necessidade de *coordenação social* é mais poderosa do que o nosso amor pela tradição — e que essa necessidade era o segredo para a transformação social.

Para testar essa hipótese, eu precisava estudar como os comportamentos das pessoas mudariam em um jogo de coordenação do mundo real. Wittgenstein havia encontrado um "laboratório filosófico" — uma classe do jardim de infância — para estudar o comportamento social. Será que eu poderia encontrar — ou criar — um "laboratório sociológico" para testar a teoria dos pontos de virada? Não com crianças aprendendo normas, como Wittgenstein usou, mas com adultos que *já* estavam usando normas, para ver se atingir uma massa crítica de ativistas poderia forçar as pessoas a mudar as normas que elas seguiriam?

Minha ideia era construir uma comunidade on-line onde as pessoas jogassem o mesmo tipo de jogos de coordenação social que jogamos regularmente no dia a dia, seguindo normas de linguagem e civilidade. Da mesma forma que todos nós descobrimos como nos comportar nas várias esferas de nossa vida social — no trabalho, em um relacionamento íntimo, quando saímos com amigos ou conhecemos estranhos —, pensei que poderia criar uma comunidade social na internet, onde poderia observar esse processo de coordenação social em ação. Seria uma placa de Petri social na qual eu poderia observar uma "cultura" emergir entre as pessoas interagindo ali. Quando todos tivessem estabelecido um conjunto de comportamentos normais para se comunicar uns com os outros, eu veria se conseguiria interferir com sucesso — fazer com que todos adotassem um *novo* padrão de comportamento —, inserindo um grupo de "ativistas" na comunidade. O que acabou me levando à pergunta essencial: quantos agentes de mudança são necessários para fazer a transformação acontecer?

O nome do jogo

Quando Kanter estudava organizações na década de 1970, ela e um número crescente de sociólogos e economistas estavam começando a abraçar a ideia de que era possível uma fração modesta da população desencadear mudanças, mesmo quando a maioria ainda resistia a isso. Os estudos etnográficos de Kanter levaram à hipótese de que a massa crítica necessária para "derrubar" as normas sociais seria de apenas 20 a 35% da população. Anos depois, a minha própria pesquisa sobre redes se baseou nessas ideias, mostrando que, se um reforço social suficiente estivesse concentrado em uma rede social, isso poderia desencadear um amplo contágio de mudança social, finalmente se espalhando para todos. Eu e meus colegas acreditávamos que poderíamos usar a teoria dos contágios complexos para obter uma previsão matemática exata para o ponto de virada.

Nossa abordagem foi pensar em alguém como Chris. Quantas vezes ele precisaria encontrar um novo comportamento como o soquinho antes de abandonar o fiel aperto de mão? Embora Chris tivesse um longo histórico de apertos de mão, seus encontros recentes provavelmente seriam mais relevantes do que os mais antigos quando ele estava decidindo como abordar uma nova situação. Raciocinamos que, se o soquinho se tornasse o comportamento mais frequentemente encontrado na memória recente de Chris, ele mudaria o seu comportamento e usaria o soquinho em sua próxima reunião.

Quantos adotantes iniciais seriam necessários para desencadear uma reação em cadeia que acabaria por "inclinar" a população? A previsão que obtivemos estava alinhada com os estudos originais de Kanter: previmos um ponto de virada de 25%. Uma vez que um quarto da população adotasse uma nova crença ou comportamento, postulamos, os outros os seguiriam rapidamente.

Na época do nosso estudo, essa era uma previsão controversa. Um grupo de físicos havia previsto um pouco antes que o ponto de virada para a mudança social poderia ser tão baixo quanto 10% da população. Ao mesmo tempo, muitos cientistas sociais especulavam seriamente que os pontos de virada podiam não existir na sociedade. Esses acadêmicos acreditavam que o processo de coordenação das normas sociais poderia ser apenas complexo demais para ser medido. Dadas essas conjecturas variadas, a nossa previsão de 25% estava longe de ser certa. Mas parecia um bom lugar para começar.

Para testar a teoria dos pontos de virada, criamos dez comunidades on-line independentes. Elas variavam em tamanho de vinte a trinta pessoas. Em cada comunidade, conectamos os participantes em uma rede social.

Cada comunidade jogava um "jogo de linguagem" no qual tentava encontrar um nome apropriado para uma pessoa aleatória. Reunimos fotos de dez pessoas desconhecidas e entregamos uma foto para cada comunidade. Algumas comunidades receberam uma foto de um rosto masculino; outras, a de um rosto feminino. Então perguntamos a elas: qual você acha que poderia ser o primeiro nome dessa pessoa?

Começamos cada rodada com membros de cada comunidade pareados aleatoriamente com um de seus vizinhos de rede. Então, em uma rede de vinte pessoas, criávamos dez pares aleatórios a cada rodada. Os jogadores em cada par tinham vinte segundos para encontrar um nome para o rosto retratado. Todo mundo jogou ao mesmo tempo.

Se você estivesse jogando, veria o rosto retratado quando a rodada começasse e, em seguida, um espaço onde poderia digitar qualquer nome que quisesse. Você não podia ver o seu parceiro nem o que ele estava digitando. Você sabia apenas que ambos tinham vinte segundos para escolher um nome e que estavam tentando se coordenar um com o outro. No final da rodada, cada jogador veria o nome que o seu parceiro sugeriu. Então você seria pareado com um membro diferente da sua comunidade e jogaria novamente.

Se você e o seu parceiro escolhessem o mesmo nome, ambos receberiam um pagamento em dinheiro. Mas, se você e o seu parceiro escolhessem nomes diferentes, ambos *perderiam* dinheiro. As pessoas odeiam perder dinheiro, então elas estavam fortemente motivadas a se coordenarem.

Os jogadores no jogo eram como Chris tentando descobrir se deveria apertar as mãos ou dar um soquinho — ou fazer alguma outra coisa. Chris queria se coordenar com os seus novos clientes. Mas, mais do que isso, ele não queria se *descoordenar*. Em cada novo encontro com um cliente, Chris aprendia algo sobre os comportamentos que as pessoas em seu círculo profissional estavam usando; ele então usava essas experiências para tomar uma decisão consciente sobre como cumprimentar a próxima pessoa que encontrasse.

Foi a mesma coisa no nosso jogo.

A parte divertida era que no jogo não havia uma resposta certa. As pessoas podiam sugerir qualquer nome que quisessem (e assim o fizeram!). Mas isso também era a parte difícil: você não tinha ideia do que as outras pessoas fariam. Você podia apenas ver o nome que o seu parceiro havia digitado na rodada anterior. Você não sabia os nomes que outras pessoas da comunidade estavam usando. Você nem sabia quantas pessoas havia na sua comunidade, nem com quantas pessoas você encontraria. Assim como Chris, você não podia usar informações de nível populacional para inferir o que a próxima pessoa que você encontraria faria.

O nosso jogo durou cinquenta rodadas. Rodada após rodada, você tinha que continuar tentando nomes até ter a sorte de se coordenar com o seu parceiro. Mas, assim como acontecia com Chris, coordenar com uma pessoa não lhe dizia nada sobre o que esperar de mais ninguém. A cada rodada, você tinha que dar um palpite consciente sobre o que a próxima pessoa faria.

No início foi o caos. Nas primeiras rodadas, uma comunidade de 24 pessoas podia produzir mais de sessenta nomes sem encontrar nenhum consenso.

Era o Dia H mais uma vez.

Mas, de vez em quando, um par de jogadores se coordenava aleatoriamente — por exemplo, com o nome *Mia*. Tendo sofrido tantos fracassos iniciais, ambos os jogadores ficavam entusiasmados por finalmente terem sucesso. Na próxima rodada, ambos tentariam *Mia* com seus novos parceiros. Mesmo que *Mia* não funcionasse naquela rodada, provavelmente ambos tentariam pelo menos mais uma ou duas rodadas.

Aqui é onde as redes entram em jogo. Se ambos os jogadores que usavam *Mia* estivessem interagindo com os contatos um do outro, esses contatos receberiam o nome *Mia* deles. Agora, suponha que essas pessoas fossem então pareadas umas das outras.

Como o nome *Mia* havia sido reforçado recentemente para cada um deles, ambos poderiam tentar esse nome.

Surpresa! Eles teriam sucesso.

Agora, *esses* dois jogadores tentariam usar *Mia* em suas próximas rodadas.

Você pode ver onde isso está indo. Quanto mais vezes o nome *Mia* era reforçado na rede de uma comunidade, mais provável era que mais pessoas começassem a tentar usar esse nome — e mais provável seria que obtivessem sucesso. Tudo isso tornou mais provável que *Mia* continuasse se espalhando, até que todos estivessem usando *Mia* em todas as rodadas.

Quanto tempo você acha que levou para um grupo de 24 pessoas estabelecer a sua própria norma social? Dez minutos? Vinte minutos? Normalmente, levava menos de *cinco* minutos. Às vezes era ainda mais rápido.

Cada comunidade começava na anarquia. Mas pequenas faíscas de coordenação rapidamente levavam as pessoas a se coordenar com o mesmo comportamento que os seus pares — e os pares de seus pares, e os pares dos pares de seus pares — estavam usando. Na 15ª rodada, toda vez que alguém encontrava um estranho, eles sabiam imediatamente como deveriam se coordenar.

Uma vez que uma norma se estabelecia, todos sabiam o que esperar uns dos outros. Assim como apertar as mãos.

Alguns capítulos atrás, falei sobre a difusão do controle de natalidade na Coreia. O fato mais surpreendente nessa história foi que, embora cada comunidade convergisse para uma norma anticoncepcional, o comportamento particular com o qual concordavam diferia de vila para vila. Algumas eram "vilas do DIU", outras eram "vilas da pílula", e outras ainda eram "vilas da vasectomia". O sucesso da contracepção na Coreia não dependia do método anticoncepcional em particular, mas simplesmente da coordenação social dentro de cada comunidade. Era a norma social que importava, não o método específico.

A mesma coisa aconteceu em nosso experimento do jogo de nomes. Cada comunidade convergiu com sucesso em sua própria norma social, mas a norma era diferente em cada caso. Mesmo quando tentamos dar a duas comunidades diferentes o mesmo rosto na foto, o nome com que cada comunidade se coordenava era diferente. Uma comunidade se coordenava com *Elizabeth*, enquanto outra convergia para *Mia*. De certa forma, cada comunidade estabeleceu a sua própria cultura.

Uma vez que todos estavam se coordenando, eles tinham boas razões para manter a norma que haviam estabelecido. Se tentassem algo novo e não conseguissem se coordenar, perderiam dinheiro. Mas, se eles continuassem usando o mesmo nome, eles arrecadariam mais pagamentos rodada após rodada até que o jogo terminasse.

O que *você* faria?

Como você pode imaginar, depois que uma norma se estabelecia, ela não saía mais do lugar. Os jogadores ainda tinham dezenas de rodadas pela frente, e havia muito dinheiro a ser ganho mantendo a norma. E muito dinheiro a ser perdido se eles começassem a se desviar.

Entram os ativistas.

Em seguida, semeamos cada uma das dez comunidades com um grupo único de "ativistas". Os ativistas eram, na verdade, membros secretos da minha equipe de pesquisa. Eles tinham um único trabalho: derrubar a norma social estabelecida. Eles eram imunes à influência social. A cada rodada, independentemente de com quem interagissem, os ativistas usavam apenas o nome que queriam que se tornasse a nova norma. Por exemplo, se todos em uma comunidade convergissem para o nome *Mia*, os ativistas apareciam de repente e começavam a usar o nome *Ingrid* em todas as rodadas. Eles estavam comprometidos com a mudança social.

Em todas as comunidades do nosso estudo, experimentamos grupos ativistas de diferentes tamanhos. O menor grupo ativista constituía

17% da população (bem abaixo do nosso ponto de virada previsto). O maior grupo ativista foi de 31% (bem acima). Nós os chamamos de *minoria comprometida* porque eles estavam determinados a ficar com *Ingrid*, não importava o que acontecesse. Estas foram as dez comunidades:

- Comunidade 1: 17% de minoria comprometida.
- Comunidade 2: 19% de minoria comprometida.
- Comunidade 3: 19% de minoria comprometida.
- Comunidade 4: 20% de minoria comprometida.
- Comunidade 5: 21% de minoria comprometida.
- Comunidade 6: 25% de minoria comprometida.
- Comunidade 7: 27% de minoria comprometida.
- Comunidade 8: 28% de minoria comprometida.
- Comunidade 9: 28% de minoria comprometida.
- Comunidade 10: 31% de minoria comprometida.

Nas comunidades de 1 a 5 (17% a 21%), a minoria comprometida foi inútil. Embora tivéssemos previsto isso, ainda foi decepcionante de ver. Dezenas de rodadas de ativismo contínuo não tiveram efeito sobre a população maior. Mesmo quando os ativistas compunham 21% do grupo, eles praticamente não tiveram impacto algum sobre os outros jogadores. As pessoas seguiam a norma social estabelecida como se os ativistas não estivessem lá. Não importa o quão alto os ativistas gritassem *Ingrid!*, a maioria dos amantes de *Mia* simplesmente os ignorou.

Na Comunidade 6, aumentamos a fração de ativistas ligeiramente para 25%... e isso surtiu efeito.

Ponto de virada. A minoria de *Ingrid* derrotou a maioria de *Mia*.

E, embora tivéssemos previsto isso também, não foi menos impressionante de se ver.

A diferença entre a Comunidade 5 "fracassada" e a Comunidade 6 "bem-sucedida" foi de apenas quatro pontos percentuais. Aumentar o número de ativistas de 10 para 14%, ou de 17 para 21%, não teve efeito sobre a população. Mas, assim que o ponto de virada de 25% foi alcançado, essa pequena mudança no tamanho do grupo comprometido teve um impacto desproporcional no restante da população. Da Comunidade 6 até a 10, a minoria comprometida também teve sucesso.

É por isso que os pontos de virada são tão extraordinários. E por que a mudança social muitas vezes parece abrupta. Porque *abaixo* do ponto de virada, nem mesmo grandes aumentos no ativismo têm efeito sobre o restante da população. Um salto de 10 para 20%, por exemplo, não tem impacto significativo. Mas e um pequeno aumento no ativismo que empurre a fração acima do ponto de virada? Isso afeta a todos.

Dezesseis anos antes dos levantes da Primavera Árabe surpreenderem o mundo, o economista Timur Kuran escreveu um artigo profético intitulado "A inevitabilidade de futuras surpresas revolucionárias". Ele argumentou que, quando os grupos ativistas estão logo abaixo do ponto de virada, a sociedade parece ser estável — mas na verdade isso é uma miragem. Os ativistas estão à beira da revolução social, mesmo que ninguém saiba disso ainda. Com apenas um pouco mais de esforço, a mudança social entrará em erupção e virá como uma surpresa completa.

Foi exatamente isso que aconteceu no Egito em 2011.

Em 1995, o artigo de Kuran incitou os cientistas sociais a fazer previsões sobre se o governo brutal de Hosni Mubarak no Egito seria derrubado. Se isso fosse acontecer, quando?

Mesmo em 2010, ninguém estava prevendo 2011.

Revoluções surpreendentes acontecem com muito mais frequência do que revoluções não surpreendentes. A queda do Muro de Berlim em 1989. A ascensão do #MeToo em 2016. A descriminalização da maconha.

Essas mudanças sociais foram surpreendentes porque décadas de protestos e esforços de ativistas pareciam ter muito pouco impacto. Mas, uma vez que o ponto de virada foi alcançado, esses movimentos repentinamente afetaram a todos.

Depois do ponto de virada

Por mais poderosos que os pontos de virada sejam, algumas normas parecem estar tão arraigadas que nunca poderiam mudar. Por muitas gerações, o preconceito de gênero na política parecia ser uma delas. Os desafios enfrentados pelas mulheres na política pareciam insuperáveis.

Anteriormente, mostrei como era a vida das mulheres abaixo do ponto de virada no parlamento dinamarquês. Elas não eram vistas como atores políticos legítimos; as suas preocupações não eram vistas como tópicos válidos de discussão política; elas tinham taxas de evasão mais altas, menos eficácia em alcançar os seus objetivos e pouca capacidade de introduzir uma nova linguagem que abordasse as preocupações de seus eleitores, como a situação das mulheres, assédio sexual e violência doméstica. Será que essas normas poderiam realmente mudar se as mulheres alcançassem um ponto de virada no governo?

Sim, elas poderiam. E elas mudaram.

Estudos sobre mulheres nas legislaturas escandinavas descobriram que a oposição aberta contra as mulheres na política diminuiu significativamente quando elas passaram do ponto de virada e deixaram de ser minorias simbólicas. Uma razão para isso é que se torna mais difícil fazer estereótipos quando há mais mulheres no governo. Uma representação maior entre as mulheres torna mais difícil satirizá-las como uma categoria em vez de criticar um indivíduo em particular. Na Dinamarca, o aumento da representação feminina na legislatura levou ao desaparecimento total da oposição aberta à ideia de mulheres na política. Isso não quer dizer que as formas clandestinas de discriminação foram eliminadas. No entanto, as pessoas não se sentiam mais à vontade para depreciar *publicamente* as candidatas com base em seu sexo — um sinal claro de que as normas sociais sobre as mulheres na política haviam mudado.

Uma característica essencial de uma minoria comprometida com sucesso não é apenas o seu número. É o seu *comprometimento*. Uma das maiores preocupações entre os pesquisadores que estudavam o envolvimento crescente das mulheres na política era que, à medida que o papel das mulheres crescesse, elas seriam simplesmente assimiladas à cultura política dos homens. Se as mulheres apenas pudessem tratar dos tópicos que dizem respeito aos seus pares masculinos, o impacto da participação política delas na vida das mulheres e nos problemas que elas enfrentam seria insignificante. Na verdade, as mulheres estariam desempenhando o papel dos homens. Felizmente, não é isso o que os estudos de pontos de virada apontam.

Na Suécia, quando as mulheres atingiram uma massa crítica de 25 a 30% das legislaturas locais, elas foram capazes de se coordenar efetivamente umas com as outras para avançar em novos tópicos que tratavam das preocupações das mulheres. Isso não apenas tornou as mulheres mais eficazes como legisladoras, como também permitiu que elas administrassem melhor as suas próprias carreiras políticas. As taxas de evasão entre as mulheres na política, antes bastante altas, caíram para o mesmo patamar que as dos homens. Homens e mulheres com o mesmo tempo de parlamento foram reeleitos com taxas equivalentes. As mulheres foram capazes de introduzir na discussão política questões como creches, saúde reprodutiva das mulheres e igualdade salarial. Essas reformas reduziram significativamente os conflitos das próprias legisladoras entre a sua vida familiar e a sua vida profissional, permitindo que elas se tornassem membros mais produtivos no parlamento.

Uma vez atingido o ponto de virada, as normas do discurso político nas legislaturas escandinavas mudaram. Em muitos países, as questões das mulheres se tornaram parte da plataforma política aceita por todos os políticos profissionais — independentemente do gênero. As mudanças institucionais resultantes viram a criação de Conselhos de Igualdade dentro do governo, com a atribuição de garantir que as políticas de igualdade fossem aplicadas em toda a legislatura.

Pontos de virada oferecem um potencial inspirador para a mudança social. Mas, como em todas as ciências sociais, eles vêm com um aviso. Os pontos de virada também podem ir para o outro lado: em vez de libertar uma população, eles podem ser usados como uma ferramenta de controle social.

Abafando um ponto de virada

Em junho de 2013, a violência eclodiu na província chinesa de Xinjiang. Na remota cidade de Lukqun, cidadãos armados apenas com facas e tochas atacaram delegacias de polícia e escritórios do governo. Os revoltosos mataram dezessete policiais e oficiais. As forças do governo retaliaram atirando e matando dez dos agitadores.

A província de Xinjiang está situada entre a Mongólia e o Cazaquistão, nos confins mais distantes do canto noroeste da China. Ela é mais etnicamente diversa do que o restante da China. A população local de uigures é mais semelhante culturalmente aos cidadãos dos países muçulmanos vizinhos do que à população han dominante na China. Os uigures falam turcomano (uma língua centro-asiática mais parecida com o turco do que com o mandarim) e seguem as práticas religiosas e culturais do Islã. A sua ameaça percebida à unidade cultural chinesa é levada a sério. O governo local instituiu políticas de policiamento extraordinariamente rígidas em toda a província de Xinjiang. Em cidades como Lukqun, duras sanções econômicas e sociais impedem a venda de roupas religiosas islâmicas e oferecem oportunidades limitadas de emprego para residentes não han.

O governo chinês está bem ciente de que a única ameaça real à sua expansão global, aparentemente irrefreável, não vem da competição estrangeira, e sim da dissidência interna. O domínio internacional da China depende de sua unidade nacional. A revolta de Lukqun em 2013 foi o pior surto de violência civil que a província de Xinjiang viu em vários anos, e os líderes da China acreditavam que isso exigia uma ação rápida. O governo reagiu com rapidez tanto por meio de seu canal oficial de mídia, *The Global Times*, quanto por meio de sites de mídia social, como a versão chinesa do Facebook, o Weibo.

A campanha de desinformação do governo foi clara e convincente. A linha oficial do partido era que o levante de Lukqun foi de fato um ataque terrorista aleatório cometido por extremistas muçulmanos da Síria. Esse é o tipo de estratégia de desinformação que esperamos de regimes autoritários. Colocar a culpa em extremistas estrangeiros serve a vários propósitos. Além de promover a unidade nacional, aliena e envergonha a população muçulmana remanescente em Xinjiang. E também cria a aparência de um perigo externo.

A verdade sobre a revolta de Lukqun é mais inquietante. Relatos locais de cidadãos da província de Xinjiang indicam que o policiamento na região havia se intensificado nos meses anteriores aos ataques. Uma série de detenções pelas autoridades locais tinha resultado no desaparecimento de muitos homens uigures de Lukqun. A explosão de junho foi uma resposta a essas táticas de policiamento cada vez mais opressivas.

A tentativa da China de esconder essa dissidência interna não era novidade. Mas, na era das mídias sociais, a estratégia de controle social da China era lamentavelmente antiquada. O governo estava usando um manual de mídia que tinha quase um século e não estava enganando ninguém.

Mas então a China fez algo que ninguém esperava.

À medida que as conversas e relatos sobre Lukqun começaram a esquentar nas mídias sociais, funcionários do governo chinês se passando por cidadãos comuns começaram a inundar as mídias sociais chinesas com postagens falsas de usuários. Esses posts não estavam cheios de desinformação sobre os ataques. Nem com críticas de reportagens independentes sobre Lukqun. Em vez disso, muitos dos posts ofereciam elogios exuberantes a um desfile local. Outras postagens iniciaram um debate político acalorado sobre os novos planos de desenvolvimento econômico da China. Outros ainda começaram a provocar os seus colegas "internautas" para oferecer suas opiniões a respeito do recente discurso do presidente Xi Jinping sobre o "Sonho Chinês".

O que tudo isso tem a ver com a revolta de Lukqun?
Nada.

Esses posts foram *non sequiturs* estratégicos. Eles faziam parte da campanha nacional de controle social habilmente projetada e intensamente implantada pela China. Em vez de usar a mídia social para combater pontos de vista que depreciavam o regime, ou para debater a natureza dos eventos que ocorreram em Lukqun, as autoridades do governo chinês simplesmente criaram uma quantidade suficiente de conversas aleatórias nas mídias sociais para distrair os cidadãos de suas queixas legítimas.

Era ridículo e brilhante ao mesmo tempo. Imagine o que teria acontecido se, em meio aos protestos de Ferguson, as pessoas tivessem respondido às postagens do #BlackLivesMatter com comentários sobre desfiles locais ou comentários compartilhados com entusiasmo sobre discursos recentes da liderança republicana. Essas pessoas teriam sido ignoradas — ou, mais provavelmente, insultadas.

Mas apenas se elas fossem uma pequena minoria da conversa.

A nova estratégia da China explorou a teoria dos pontos de virada. Os líderes do país mobilizaram dezenas de milhares de atores governamentais coordenados — escondidos por contas de usuários falsas —, simultaneamente postando e encaminhando histórias e comentários que tinham o propósito de servir como distração da revolta de Lukqun. Esses atores do governo são conhecidos como Partido dos Cinquenta Centavos, em referência ao pagamento de cinquenta centavos (em jiao chinês) por postagem individual que fazem.

Esses esforços foram tão assustadoramente efetivos que hoje o Partido dos Cinquenta Centavos continua sendo uma das principais estratégias de controle social da China. Ao longo de um ano, os membros do partido fazem aproximadamente 448 milhões de postagens nas mídias sociais chinesas. Comparado com os cerca de oitenta bilhões de postagens feitas anualmente, em geral, isso se resume a uma proporção de uma postagem falsa do Partido dos Cinquenta Centavos para cada 178 postagens genuínas. E essa proporção acaba sendo ainda maior quando se leva em conta a estratégia do ponto de virada do governo.

Em vez de atores do governo espalharem as suas 448 milhões de postagens de maneira uniforme ao longo do ano, eles divulgam estrategicamente suas mensagens em explosões coordenadas de atividade. Imediatamente após as revoltas de Lukqun, os membros do Partido dos Cinquenta Centavos fizeram milhares de posts e postagens cruzadas com o objetivo de mudar o discurso nas mídias sociais. A tática deles era exatamente a mesma que a ideia de Kanter. Se você coordenar um número suficiente de pessoas para que elas tenham um único comportamento, os outros começarão a ver esse comportamento como legítimo — e outros comportamentos como menos aceitáveis.

Nas mídias sociais, o poder dos pontos de virada é que as pessoas podem conversar umas com as outras apenas se fizerem parte da mesma conversa. Se uma minoria comprometida de "ativistas" (ou funcionários secretos do governo) trabalhar em conjunto para mudar o assunto da conversa, torna-se difícil para outros resistir a se coordenar com eles. Afinal, a linguagem é um jogo de coordenação.

O Partido dos Cinquenta Centavos é, de modo muito notável, diferente das estratégias de censura utilizadas pelos regimes autoritários do século XX. Na verdade, é o oposto da censura. A China não está queimando livros sediciosos, mas inundando o mercado com o apelo da literatura barata.

Em abril de 2014, houve outro ataque na província de Xinjiang, este na estação ferroviária de Urumqui, que matou três pessoas. Desta vez, o governo chinês não perdeu tempo culpando os extremistas muçulmanos. Em vez disso, uma explosão de atividade do Partido dos Cinquenta Centavos gerou milhares de postagens exaltando as virtudes das novas políticas habitacionais da China. Com base nesse tema, os membros do Partido dos Cinquenta Centavos iniciaram vários novos tópicos sobre oportunidades de desenvolvimento econômico na província de Xinjiang, fazendo as postagens dos cidadãos sobre o ataque submergirem.

Uma das táticas de distração mais estranhas e poderosas usadas naquele dia foi iniciar uma discussão teórica da doutrina maoísta. Os membros do Partido dos Cinquenta Centavos começaram um debate inflamado sobre como a liderança da China deveria incorporar as opiniões das massas na arquitetura de tomada de decisão do governo. Seguiu-se uma ampla e profunda discussão sobre os princípios comunistas. A estação ferroviária de Urumqui, ainda ardendo em chamas, foi esquecida.

Ao contrário das táticas usadas na Alemanha nazista ou na Rússia stalinista, a estratégia do Partido dos Cinquenta Centavos da China não é interromper o fluxo de informações. Em vez disso, é controlar a maneira como as informações são recebidas e interpretadas. A estratégia é permitir a troca de ideias enquanto moldam as normas sociais que determinam o valor dessas ideias.

Parece que, para que essa estratégia de controle social seja efetiva, o Partido dos Cinquenta Centavos precisaria ser secreto. Mas, de longe, a coisa mais estranha sobre o Partido dos Cinquenta Centavos é que ele não é um segredo. Todo mundo na China sabe sobre ele. Na verdade, o governo conta isso aos cidadãos. Quando os meus colegas do Departamento de Governo da Universidade de Harvard publicaram um estudo expondo o Partido dos Cinquenta Centavos da China, o governo chinês postou uma resposta oficial reconhecendo os esforços do partido para "orientar a opinião pública" de forma a beneficiar a China. Em vez de negar as manipulações sociais do partido, o governo exaltou as suas virtudes!

Por que essa tática funciona se todos sabem sobre ela?

A verdade bizarra é que o Partido dos Cinquenta Centavos é bem-sucedido apenas *porque* todos sabem sobre ele.

A estratégia da China é uma guinada ardilosa na caça às bruxas. Em uma caça às bruxas, as pessoas são forçadas a esconder as suas verdadeiras crenças por medo de serem chamadas de bruxas. Uma vez que as pessoas não conseguem mais ler a mente umas das outras, todos acreditam que os seus pares apoiam a caça às bruxas — mesmo quando ninguém o faz. A paranoia ameaçadora de ser acusado a qualquer momento de feitiçaria leva até os cidadãos mais céticos a acusar outros de serem feiticeiros.

Nas mídias sociais chinesas, a única "prova de sinceridade" de um cidadão é acusar os outros de serem conspiradores secretos do governo. O Partido dos Cinquenta Centavos usa essa tática ao contrário. Os membros do partido essencialmente acusam os cidadãos chineses comuns de apoiarem pontos de vista pró-governo. Eles criam múltiplas identidades e postam argumentos em ambos os lados de um debate, envolvendo-se em trocas acaloradas consigo mesmos e com outros membros do Partido dos Cinquenta Centavos. Eles até fazem comentários para distrair a atenção em tópicos de discussão que acusam outros participantes de fazer comentários para distrair a atenção. Algumas dessas acusações são verdadeiras, identificando postagens reais feitas por outros membros do partido. Mas, claro, a maioria é falsa.

O resultado é o mesmo de uma caça às bruxas. A leitura da mente se torna impossível se você não puder dizer quem é falso e quem é sincero. Todo mundo acaba coordenando qualquer comportamento que pareça ser aceito entre os seus pares — mesmo que esse comportamento seja uma ficção criada pelo governo.

A genialidade dessa estratégia é que a total *transparência* do governo sobre a existência do Partido dos Cinquenta Centavos cria uma notável *falta* de transparência sobre as reais crenças dos cidadãos. Acusações conspiratórias tornam-se tão banais nas redes sociais chinesas que são inofensivas. O efeito é eliminar qualquer possível prova de sinceridade.

Desde que a China começou a experimentar essa estratégia em 2004, dezenas de pesquisadores acadêmicos e meios de comunicação tentaram entrar em contato com membros do Partido dos Cinquenta Centavos para que eles comentassem sobre suas táticas de controle social. Ninguém jamais havia conseguido uma entrevista. Mas, em 2011, o conhecido artista e ativista chinês Ai Weiwei finalmente teve sucesso com sua tentativa. Enquanto estava preso em um campo de detenção chinês, Ai Weiwei conseguiu entrar em contato com um membro do Partido dos Cinquenta Centavos e entrevistá-lo.

Em um dos momentos mais reveladores da entrevista, Weiwei perguntou ao membro do partido sobre as questões da sinceridade e da manipulação social.

"Você acha que o governo tem o direito de dirigir a opinião pública?", Ai perguntou.

"Sim", respondeu o membro do partido. Na China, "o governo absolutamente precisa interferir e dirigir a opinião pública. A maioria dos internautas chineses [...] não pensa por si mesmo e é enganada e incitada com muita facilidade por notícias falsas".

Em um momento revelador de autocontradição, o membro do Partido dos Cinquenta Centavos então confessou desapaixonadamente que espalha notícias falsas de propósito.

Ai Weiwei continuou: "Você tem que acreditar nos pontos de vista que expressa?".

"Eu não tenho que acreditar neles", disse o membro do partido. "Às vezes, você sabe bem que o que diz é falso ou não é verdadeiro. Mas você tem que dizer mesmo assim, porque é o seu trabalho."

Os ativistas nem precisam ser sinceros para desencadear um ponto de virada. Eles só precisam estar comprometidos. Na China e em outros lugares, os perigos do engano nas mídias sociais permitem que atores coordenados, com uma facilidade inquietante, influenciem as normas sociais sem que ninguém perceba.

CAPÍTULO 10

O ponto cego no "eu" da mente: gatilhos inesperados para pontos de virada

Em 2006, 44 alunos de graduação da Universidade de Princeton tiveram a oportunidade de avaliar uma série de novas propostas de políticas para a universidade. Essas políticas teriam um impacto considerável em Princeton, especialmente em termos de admissões. Uma proposta, por exemplo, sugeria mudar a política de "decisão antecipada" de Princeton de vinculante para não vinculante. A nova política ofereceria aos candidatos maior flexibilidade em seu processo de auxílio financeiro, mas aumentaria de forma considerável o número de inscrições iniciais que Princeton receberia, reduzindo potencialmente o poder da instituição de garantir os melhores candidatos. Era uma proposta polêmica. Os alunos a apoiariam ou a rejeitariam?

Essa enquete não foi apenas um censo dos veteranos. Foi um experimento controlado. Foi semelhante aos estudos de conformidade que você viu antes. À medida que os alunos avaliavam cada proposta, também eram mostradas a eles as opiniões de outros alunos. A questão óbvia era se os alunos fariam uma escolha que se ajustasse à de seus colegas ou se fariam uma escolha diferente. Mas esse estudo teve algumas reviravoltas.

Como seria de esperar, os resultados experimentais mostraram que os estudantes eram consideravelmente mais propensos a apoiar as propostas que os seus pares haviam apoiado. Mas os pesquisadores não estavam interessados apenas em identificar a conformidade das pessoas com as normas sociais; eles queriam ver se os participantes reconheciam a sua própria conformidade social. A próxima parte do estudo, portanto, perguntou aos alunos *por que* eles escolheram apoiar ou rejeitar cada proposta.

A escolha deles era resultado da influência dos colegas? Era devido a uma característica específica da proposta? Era por causa dos benefícios que eles esperavam para a universidade (ou para eles mesmos como ex-alunos)?

Os estudantes responderam, quase por unanimidade, que suas escolhas se basearam na qualidade das propostas e no seu potencial impacto para a escola. Raramente eles listaram a influência dos pares como uma das principais razões para as suas decisões.

A reviravolta final no estudo é a mais interessante. Os estudantes receberam, então, perfis de alunos que tinham votado da mesma forma que eles. Em seguida, eles foram solicitados a avaliar as razões pelas quais *esses alunos* haviam tomado as suas decisões. As escolhas *deles* se deviam à influência dos pares, à qualidade das propostas ou aos benefícios esperados para eles ou para a universidade?

Desta vez, as respostas foram notavelmente diferentes. Os participantes foram muito mais propensos a explicar as decisões de outros alunos em termos de influência dos pares. Muitos outros estudos mostraram o mesmo efeito. As pessoas muitas vezes explicam as escolhas de outras pessoas como um desejo de se conformar às normas sociais, mas raramente acreditam nisso sobre si mesmas. Quando se trata de suas próprias decisões, a maioria das pessoas tem certeza de que as suas escolhas são baseadas em raciocínio inteligente e preferências pessoais. Essa observação se tornou conhecida como a *ilusão da introspecção*.

Outro exemplo: em um artigo do *New York Times* de 2004 a respeito da tendência crescente de prazeres extravagantes entre os estadunidenses de classe média, um repórter escreveu sobre a decisão de uma mulher de Nova Jersey de comprar um fogão de sete mil dólares. "Não foi para competir com os vizinhos que ela quis um Viking Range, ela disse. Foi porque, como alguém que leva a cozinha a sério e gosta de entreter, ele tinha as características de que ela precisava."

Na grande maioria das vezes, as influências sociais que alteram o comportamento das pessoas ocorrem além de seu campo de visão — no seu ponto cego. Nas últimas décadas, os experimentos de ciências sociais tornaram-se cada vez melhores em identificar esses pontos cegos e medir os seus efeitos no comportamento das pessoas. A ilusão da introspecção oferece um *insight* claro para nos ajudar a entender esse ponto cego: as pessoas explicam o seu próprio comportamento em termos do que sentem por dentro, em vez do que está acontecendo lá fora. Essa simples observação tem grandes implicações para a ciência das normas sociais. Isso significa que as crenças das pessoas sobre o que as motivará a mudar o seu comportamento geralmente não são um guia confiável para ajudá-las a mudar de fato. Na verdade, as crenças das pessoas sobre as suas próprias motivações podem ser a explicação *menos* confiável para os seus comportamentos.

Em 2007, um engenhoso estudo em duas partes mostrou como a ilusão da introspecção cria um obstáculo para as políticas públicas e como contorná-la com sucesso. Na primeira parte do estudo, cerca de mil moradores da Califórnia foram questionados sobre a sua disposição de adotar estratégias de economia de energia em suas casas. Na época, vários programas estavam sendo desenvolvidos para aumentar a conservação de energia. Eles incluíam a divulgação de incentivos financeiros para os proprietários, propagandas sobre os perigos do aquecimento global e alertas enfáticos sobre a responsabilidade moral dos cidadãos pelas gerações futuras. Os moradores da Califórnia foram questionados sobre o que os tornaria mais propensos a melhorar as suas práticas de consumo de energia: 1) os seus valores ambientais e o senso de responsabilidade social; 2) oportunidades de economia de dinheiro; ou 3) as normas sociais entre os seus pares.

Como você pode imaginar agora, todos relataram que a sua motivação para adotar práticas sustentáveis em suas casas veio do desejo de salvar o meio ambiente ou de economizar dinheiro. Ninguém deu muito peso às normas sociais — embora, assim como os estudantes de

Princeton, esses residentes da Califórnia admitissem que *outras pessoas* poderiam ser influenciadas por normas sociais.

Em seguida, os pesquisadores lançaram a segunda parte do seu estudo. Usando um segundo grupo de domicílios da Califórnia semelhante ao primeiro, os pesquisadores conduziram um experimento em três etapas. Primeiro, registraram o uso vigente de energia de cada família. Em segundo lugar, nas semanas seguintes, eles distribuíram em cada casa panfletos com informações sobre práticas de economia de energia (como desligar as luzes não utilizadas, tomar banhos mais curtos, usar ventiladores em vez de aparelhos de ar-condicionado e assim por diante). Eles dividiram as famílias em três grupos. Um grupo também recebeu informações sobre os benefícios sociais e ambientais das práticas recomendadas. Já outro grupo recebeu informações sobre a economia financeira de adotar essas novas práticas. O terceiro grupo foi informado de quantos de seus vizinhos tinham usado essas práticas para reduzir os seus níveis de consumo de energia.

Um mês depois, os pesquisadores deram continuidade ao estudo. Eles entrevistaram cada um dos moradores e também registraram quaisquer mudanças no uso de energia doméstica, inspecionando os medidores de energia de suas casas. Isso permitiu que os pesquisadores comparassem as *crenças* das pessoas sobre o impacto de cada estratégia de mudança de comportamento com as suas mudanças reais de comportamento.

Durante a entrevista de acompanhamento, os proprietários foram questionados sobre qual tipo de política eles achavam que seria mais eficaz para eles — receber mensagens persuasivas sobre o impacto social e ambiental das práticas de economia de energia, receber informações sobre a economia proporcionada pela redução do consumo de energia ou receber informações sobre o que seus vizinhos estavam fazendo a respeito da questão.

Mais uma vez, as pessoas responderam que a melhor maneira de influenciar o seu comportamento doméstico seria fornecer a elas informações sobre os benefícios sociais e ambientais ou sobre quanto poderiam economizar a cada mês, por exemplo, tomando banhos mais curtos ou desligando luzes desnecessárias. Todos acreditavam que a informação sobre o comportamento de seus pares seria o fator menos provável de afetar as suas rotinas domésticas.

O que os pesquisadores descobriram?

De fato, os *únicos* domicílios que apresentaram reduções significativas em seu consumo de energia foram aqueles que receberam informações sobre o comportamento de seus pares. Notavelmente, as pessoas do grupo de normas sociais — aquelas cujos comportamentos foram diretamente influenciados por seus pares — ainda acreditavam, como todo mundo, que as outras estratégias seriam mais eficazes.

Se isso parece estranho demais para ser verdade, pense no que *você* diria se um pesquisador lhe perguntasse o que afetaria o seu comportamento de consumo de energia: você classificaria a proteção ambiental como um incentivo primário? Que tal gastar menos dinheiro? Ou você acreditaria que seguiria o rebanho sem saber o motivo?

A descoberta importante desse estudo não é apenas que as opiniões das pessoas sobre as suas próprias motivações são um guia fraco para entender o seu comportamento. Acho que ninguém fica muito surpreso ao ouvir isso (pelo menos quando se trata de outras pessoas). A descoberta surpreendente é que a estratégia que as pessoas acreditavam piamente ser a *menos* provável de influenciá-las acabou sendo a maneira *mais* eficaz de mudar o seu comportamento.

Durante anos, esses pontos cegos prejudicaram uma variedade de iniciativas de energia renovável. Inovadores que tentam levar os Estados Unidos na direção de políticas mais sustentáveis ficaram perplexos com a sua ineficácia, particularmente à luz de relatos bem documentados das preferências pró-sustentabilidade dos estadunidenses. Igualmente desconcertantes são as histórias de sucesso de países que pareciam enfrentar desafios idênticos.

Que conselhos esses países podem oferecer? Que lições estratégicas podem ser aprendidas com governos que conseguiram direcionar as normas sociais para novas práticas sustentáveis?

Observando seus vizinhos

No início da década de 1990, a Europa estava à beira de uma mudança transformadora em direção à energia solar. Suíça, Alemanha, França, Itália e outras nações europeias foram pioneiras em algumas das legislações mais progressistas do mundo. Mas as normas sociais em relação à energia solar doméstica nos telhados ainda não haviam mudado. As pessoas estavam relutantes em mudar.

Este é o paradoxo dos pontos de virada: como você pode desencadear um ponto de virada se todos estão esperando que os outros sejam os primeiros?

A estratégia mais comum nesses casos é usar incentivos financeiros. Desde 2008, o governo suíço forneceu enormes incentivos para os proprietários de imóveis instalarem painéis solares em suas casas. Feito corretamente, o sistema é engenhoso. Os proprietários podem instalar painéis solares em seus telhados — que, junto com um pequeno inversor, fornecem energia diretamente à rede de energia local. O governo suíço então paga aos proprietários de imóveis valores acima do mercado pela sua energia autogerada, que não apenas fornece energia para a sua casa como também para a comunidade, além de gerar um lucro considerável para o proprietário. É vantajoso para todos!

Para lançar a iniciativa, o governo suíço implementou uma extensa campanha informativa divulgando a importância ambiental da energia solar. O governo também publicou anúncios por todo o país alardeando os benefícios da economia com o uso da energia solar doméstica. Essa estratégia foi eficaz para gerar uma onda inicial de adoção entre alguns proprietários suíços. Mas então a onda perdeu força. Ela não conseguiu atingir o ponto de virada.

O problema, como os pesquisadores descobriram mais tarde, era que a decisão dos cidadãos suíços de adotar painéis solares era determinada não por incentivos financeiros ou conscientização por causa das informações, mas pelo número de vizinhos que havia instalado painéis em sua comunidade. Quanto mais vizinhos adotavam, mais os cidadãos acreditavam que isso era *esperado* deles. Em comunidades com baixos níveis de adesão, os investimentos futuros em energia solar permaneceram baixos — ou desapareceram completamente.

A Alemanha enfrentou o mesmo desafio no final da década de 1980. Organizadores ambientais e inovadores da indústria haviam passado quase uma década desenvolvendo iniciativas legislativas e incentivos financeiros para estimular a produção de células solares no país. Mais uma vez, o verdadeiro problema estava do lado do consumidor: como o governo poderia influenciar as normas sociais entre os cidadãos para desencadear uma ampla aceitação da energia solar?

A Alemanha queria difundir a energia solar da mesma forma abrangente que televisões, videocassetes, smartphones, computadores pessoais, e-mail, internet e mídias sociais também tinham se espalhado — ou seja, para todos. A história dessas tecnologias de sucesso mostra um padrão revelador. A difusão de cada uma dessas inovações havia sido afetada pelos fatores óbvios de preço, disponibilidade e conscientização. Mas a adoção de cada uma delas também foi agrupada socialmente. As pessoas começaram a usar essas tecnologias quando seus amigos, vizinhos e colegas o fizeram. O mesmo princípio vale para as energias renováveis.

Sobre espingardas, balas de prata e bolas de neve

Você se lembra da história da campanha para difundir a aceitação da contracepção nas comunidades da Coreia? Suponha que voltamos no tempo para um pouco antes do início da iniciativa coreana.

Imagine que você é um funcionário do governo responsável pelo sucesso da campanha. O seu trabalho é elaborar uma estratégia para "influenciar" a norma contraceptiva.

Agora imagine ainda que, em cada vila coreana de mil pessoas, você tenha um diagrama de rede mostrando o padrão exato de laços sociais entre todos os moradores. Usando esse diagrama, a sua tarefa é segmentar pessoas na rede social que possam maximizar o impacto de sua campanha de mudança social.

Você tem um orçamento limitado: para cada vila você tem apenas dez dólares para trabalhar, os quais você pode alocar da maneira que quiser. Você pode concentrar os seus recursos, dando os dez dólares para uma pessoa. Ou você pode distribuir os seus recursos pela rede, dando um dólar para cada uma das dez pessoas. Depois de decidir qual abordagem deseja seguir, você tem uma segunda pergunta: para qual indivíduo (ou para quais dez indivíduos) você escolhe dar o dinheiro?

Os meus colegas e eu passamos a última década procurando as melhores respostas para essas duas perguntas. Dezenas de táticas foram propostas, desde campanhas virais até marketing de influenciadores. Mas essa ampla gama de abordagens se resume a três estratégias principais: a espingarda, a bala de prata e a bola de neve.

A estratégia de gratificação mais fácil de implementar é a *estratégia da espingarda*. Ela se baseia nos princípios do marketing viral. Para usar essa estratégia, você distribui os seus recursos amplamente, como um tiro de espingarda. Você seleciona dez pessoas em cada vila para serem alvos, ou "agentes de transformação", para difundir a contracepção. Você dá a cada pessoa um dólar para adotar a contracepção e espalhar a novidade. Para essa estratégia funcionar os seus dez agentes de transformação devem ser escolhidos em partes amplamente distribuídas da rede social da vila — tão distantes umas das outras quanto possível. Isso deve criar exposição máxima para a sua inovação.

A estratégia da espingarda funcionaria excepcionalmente bem para espalhar o sarampo. Suponha que você selecionou dez pessoas que estavam muito dispersas pela rede e infectou cada uma delas com o vírus do sarampo. Cada pessoa então espalharia a doença para o seu grupo imediato de contatos, resultando em dez surtos independentes na vila. Cada surto se expandiria com velocidade, atingindo todos os cantos da população. O efeito coletivo seria uma pandemia em toda a vila.

Essa é a ideia por trás do marketing viral. A estratégia da espingarda dá ao contágio a máxima exposição, o que deve permitir que ele atinja o maior número de pessoas no menor tempo possível.

Mas o problema essencial com a estratégia da espingarda é que cada agente de transformação selecionado está cercado por um mar de não adotantes. O *alcance* inicial de um esforço de mudança é aumentado pela maximização da exposição dos agentes de transformação à população. Só que isso minimiza a *redundância* nas redes dos agentes de transformação.

Para a propagação do sarampo, isso seria o ideal. A estratégia da espingarda fornece a cada portador do sarampo o ambiente mais rico possível para a disseminação da doença.

Mas, se o seu contágio não for de um patógeno, e sim de uma norma social, a estratégia da espingarda seria derrotada pela resistência das pessoas à mudança.

Se a estratégia da espingarda fosse empregada na campanha de contracepção coreana, você logo encontraria vários obstáculos. O primeiro é a falta de reforço social. Os agentes de transformação estão distantes uns dos outros na rede social, tornando cada um a única pessoa em seu círculo social a adotar a inovação. Se os pares dos agentes de transformação não veem o controle de natalidade como uma prática socialmente aceita, um agente de transformação solitário não pode fazer muito para alterar essa percepção. Da mesma forma, um agente de transformação solitário não pode oferecer muitas evidências sobre a credibilidade ou a segurança da contracepção, principalmente se seus pares souberem que o agente de transformação foi incentivado a adotá-la. Além disso, se todos na vila já concordam com o *status quo* em relação ao planejamento familiar, uma única pessoa em seu círculo social que adota a contracepção não fornece nenhuma razão para pensar que haverá um valor social em adotá-la, já que ninguém mais que eles conhecem está usando isso.

Esses eram os mesmos obstáculos que a iniciativa de energia solar da Alemanha precisava superar. Agentes de transformação solitários tinham pouca esperança de espalhar o apoio normativo à energia solar em bairros onde havia apenas um adotante. Um único proprietário não pode estabelecer a legitimidade, a credibilidade ou o valor social de uma inovação que ninguém mais em seu bairro está usando.

O segundo problema com a estratégia da espingarda é que mesmo os agentes de transformação bem incentivados não são imunes à pressão dos pares. A questão não são os incentivos em si, mas sim como esses incentivos são estrategicamente implantados. Usados de maneira correta, eles podem ajudar a desencadear uma mudança nas normas sociais. Mas, ao isolar os agentes de transformação em diferentes partes da rede social, essa estratégia coloca os incentivos a cada agente de transformação para adotar a contracepção contra as normas sociais mantidas pelos seus pares. A consequência é que os agentes de transformação não apenas serão incapazes de difundir a contracepção, como muito provavelmente eles mesmos irão abandoná-la.

O terceiro problema é que, uma vez que essa batalha for travada e perdida, as pessoas não a esquecerão. Você se lembra da história do Google+? O Google+ alcançou uma notoriedade enorme. Em um determinado momento, todo mundo tinha uma pessoa ou duas em sua rede social que o estava usando. Mas simplesmente faltava reforço social suficiente para afastar a população da norma estabelecida do uso do Facebook. Portanto, não apenas todos conheciam o Google+, mas também sabiam que *quase ninguém o havia adotado*.

A maneira como isso é visto pelo público não é boa. Se você conseguir criar uma ampla conscientização para a sua inovação, mas gerar uma baixa aceitação, existe o perigo de um efeito de tiro pela culatra. O resultado para o Google+ foi que a sua participação no mercado caiu tanto que ele foi forçado a fechar as portas.

Isso pode ser um problema sério para a estratégia da espingarda. Se a notícia de sua inovação social se espalhar rapidamente por toda a parte, mas a inovação em si demorar para conquistar adeptos, isso pode deixar um vácuo na mente do público. As pessoas ficam com a impressão de que a inovação falhou e com a necessidade de explicar o porquê. Quando as pessoas passam a acreditar que há algo errado com uma inovação — que ela é muito cara, difícil ou impopular —, é fácil para elas justificar não apenas por que não a adotaram no passado, mas também por que não a adotariam no futuro. Essas dúvidas que pairam sobre a inovação podem prejudicar campanhas futuras.

Felizmente, existem duas outras estratégias de gratificação a serem consideradas.

A *bala de prata* é uma alternativa popular à estratégia da espingarda porque ela evita o problema de dispersar muito os seus recursos. Ao contrário, ela concentra todos os seus recursos em um único alvo.

Essa é a estratégia do influenciador. Para a campanha de controle de natalidade na Coreia, isso equivaleria a encontrar a pessoa mais carismática e altamente conectada da rede social e dar a ela a quantia total de dez dólares para ela promover a contracepção para todos que conhece. Essa estratégia é baseada na ideia de que há um indivíduo em cada vila tão significativamente bem conectado e influente que ele pode desencadear uma reação em cadeia que transforma as normas sociais de toda a comunidade.

No início deste livro, eu falei sobre o mito do influenciador. Um dos principais desafios de usar a estratégia da bala de prata é que uma pessoa altamente conectada está cercada por muito mais influências compensatórias do que uma pessoa comum. Enquanto uma pessoa comum na vila coreana pode ter dez contatos, todos agrupados na rede social, o influenciador pode ter cinquenta contatos, amplamente distribuídos por toda a população. Como todos os contatos do influenciador seguem as normas sociais estabelecidas de planejamento familiar, é improvável que uma pessoa altamente conectada seja incentivada a se manifestar publicamente contra o *status quo*.

Mas, em nome do experimento mental, vamos supor que o incentivo de dez dólares funcione e que uma pessoa altamente conectada seja persuadida a adotar e promover a contracepção. O influenciador então convenceria todos os seus cinquenta contatos a adotar e promover o controle de natalidade. O que acontece depois?

Nesse ponto, a estratégia da bala de prata se torna bastante semelhante à estratégia da espingarda. Exceto que, em vez de ter dez agentes de transformação amplamente distribuídos, agora haveria cinquenta. Para um contágio simples como o sarampo, essa estratégia seria incrivelmente eficiente para criar uma pandemia "viral". É por isso que o marketing de influenciadores se tornou tão popular.

Mas e se o contágio for de uma norma social? Os cinquenta contatos do influenciador estariam na mesma posição dos dez agentes de transformação da estratégia da espingarda — cercados de resistência e sem o incentivo de um dólar sequer.

Assim como a estratégia da espingarda, os mesmos fatores que tornam a estratégia da bala de prata tão eficaz para espalhar o sarampo também são o que faz com que ela falhe na disseminação da contracepção. Primeiro, cada um dos contatos amplamente distribuídos do influenciador está distante e, portanto, carece de reforço social de outros adotantes para ajudar a difundir a inovação. Em segundo lugar, os contatos dos influenciadores enfrentam influências compensatórias de todos os seus pares que ainda seguem as normas tradicionais de planejamento familiar.

Mas vamos bancar o advogado do diabo.

Esses problemas surgem apenas se os contatos do influenciador estiverem amplamente distribuídos. E se eles estiverem conectados? Em vez de espalhar a notícia por toda parte, será que o influenciador poderia concentrar os seus esforços em alguns pequenos grupos de vizinhos para reforço?

Não é uma má ideia, mas isso anularia todo o objetivo de usar a estratégia da bala de prata. A ideia dessa estratégia é que o alto preço da contratação de um influenciador se justifique pela sua capacidade de estender o alcance de uma inovação a toda uma população. Não faria sentido pagar tanto dinheiro por um influenciador e depois restringir os seus esforços de transformação a alguns pequenos grupos de pessoas. Como mostrarei em seguida, a ideia de mirar em pequenos grupos sociais é de fato o segredo para o sucesso. Mas há uma maneira muito mais fácil, barata e, em última análise, mais efetiva de fazer isso do que contratando influenciadores.

Antes de abandonar completamente a estratégia da bala de prata, vamos imaginar mais uma maneira em que seria possível que ela tivesse sucesso. Considere o que aconteceria se o alcance de um influenciador na população fosse muito maior do que pensávamos: e se o influenciador estivesse pessoalmente conectado a tantas pessoas que pudessem desencadear o ponto de virada sozinhas? Em uma aldeia de mil cidadãos, por exemplo, talvez o influenciador possa ter 250 contatos pessoais que ele possa influenciar diretamente. Ou em um país com sessenta milhões de eleitores, suponha que o influenciador tivesse quinze milhões de contatos pessoais, cada um dos quais diretamente influenciado por essa única pessoa. (Isso seria realmente incrível.)

É fácil ver como isso poderia funcionar para um contágio simples. Mas, na iniciativa coreana do controle de natalidade, cada um dos contatos do influenciador é cercado por pessoas que seguem as normas tradicionais de planejamento familiar. É improvável que um influenciador solitário tenha muito sucesso em convencer os seus contatos de que a contracepção é confiável e legítima, ou tem valor social, quando ninguém mais em suas redes sociais a está usando. A única maneira de o influenciador ter sucesso seria persuadir cada um de seus contatos a desconsiderar as normas sociais mantidas por seus amigos e vizinhos. E essa é uma perspectiva improvável.

A observação final sobre a estratégia da bala de prata não é a respeito do seu sucesso, mas sobre os efeitos do tiro pela culatra. Se a estratégia da bala de prata conseguir espalhar a notícia para todos, mas não ganhar muita tração para a adoção, ela corre o risco do mesmo efeito de tiro pela culatra que assombrou a estratégia da espingarda. Mas seria ainda pior desta vez. Uma campanha de influenciadores fracassada pode não apenas entorpecer as pessoas quanto às vantagens de uma inovação. Ela pode ativamente virar as pessoas contra a inovação.

Lembra do Google Glass?

A campanha do Google Glass usou a estratégia da bala de prata. Um pequeno grupo de influenciadores de alto *status* foi incentivado a adotar os óculos futuristas do Google. Mas o Google Glass tinha um ponto cego: as normas sociais entre os não adotantes.

Os influenciadores de alto *status* do Google violaram as normas sociais dos não adotantes de forma tão flagrante que as expectativas sociais *implícitas* das pessoas sobre interação cara a cara e vigilância social transbordaram para uma guerra cultural *explícita*. O Google Glass se tornou uma tecnologia estigmatizada com a qual ninguém queria se associar. A campanha saiu pela culatra não apenas em termos de vendas do Google Glass, mas também em termos de impressão negativa das pessoas sobre o Google.

Assim como ninguém quer projetar uma campanha de mudança que fracasse, você realmente não deseja projetar uma que prejudique a reputação de sua organização. Aqui está a lição para levar para casa sobre a estratégia da bala de prata: se a sua inovação social desafia as normas sociais estabelecidas — por exemplo, em relação ao controle de natalidade ou a fontes de energia alternativa —, as estratégias de gratificação podem ser um tiro pela culatra se priorizarem a disseminação da conscientização em vez do objetivo de estabelecer apoio local.

Felizmente, a terceira e última estratégia de gratificação oferece uma solução. É a estratégia da *bola de neve*.

Comparada com o alcance e a escala das estratégias da espingarda e da bala de prata, a estratégia da bola de neve parece relativamente prosaica. Mas, embora não seja glamourosa, ela vai longe.

Em vez de mirar em *pessoas especiais* que podem espalhar uma inovação por todas as partes, a estratégia da bola de neve é baseada em focar nos *lugares especiais* da rede social onde uma inovação pode se consolidar. O objetivo da estratégia da bola de neve não é convencer todos a adotarem a inovação de uma só vez. Em vez disso, é incubar apoio para a sua inovação. É cultivar uma massa crítica.

Para usar a estratégia da bola de neve para a iniciativa de contracepção coreana, você selecionaria dez agentes de transformação e daria a cada um deles um dólar para adotar e promover o controle de natalidade, assim como na estratégia da espingarda. No entanto, ao contrário da estratégia da espingarda, em vez de escolher dez pessoas que estão espalhadas por toda a rede, você escolheria dez agentes de transformação que fazem parte do mesmo grupo social. A chave para a estratégia da bola de neve é que todos os seus agentes de transformação se conheçam.

Essa seria uma péssima estratégia para espalhar o sarampo. Para qualquer contágio simples, a estratégia de bola de neve seria um desperdício de recursos. Os seus agentes de transformação simplesmente acabariam contando *uns aos outros* sobre a inovação. Qual seria o sentido disso?

Mas, para difundir uma norma social, essa redundância é extremamente eficiente.

Com a estratégia da bola de neve, cada um de seus agentes de transformação não enfrenta mais um mar de influências compensatórias. Em vez disso, eles podem conversar uns com os outros sobre as suas decisões de adotar a contracepção. Eles são capazes de compartilhar as suas experiências e reafirmar o seu compromisso mútuo de usar o controle de natalidade. Isso torna menos provável que eles abandonem a inovação.

A estratégia da bola de neve não ajuda apenas os agentes de transformação a manter a inovação. Também os ajuda a divulgá-la. Como todos os seus agentes de transformação fazem parte do mesmo grupo social, eles têm conexões sociais com os mesmos não adotantes. Isso permite que os agentes de transformação coordenem seus esforços para aumentar a legitimidade e a credibilidade da contracepção entre seus amigos e vizinhos em comum. Além disso, o valor social da contracepção é fortalecido dentro do grupo de pares dos agentes de transformação pelo fato de seus contatos poderem observá-los coordenando-se entre si no uso do controle de natalidade. A estratégia da bola de neve estabelece um ponto de apoio da contracepção na rede social.

Uma vez que uma nova norma social se consolida no grupo social dos agentes de transformação, ela não permanece lá por muito tempo. A infraestrutura de contágio é essencial para o que acontece a seguir: o reforço social por meio de pontes amplas permite que uma nova norma se propague ao se espalhar de um grupo social para o outro. É assim que a estratégia da bola de neve é bem-sucedida: um pequeno grupo de adotantes iniciais se transforma em um movimento social que cresce feito uma bola de neve e pode derrubar as normas sociais de uma comunidade inteira.

De fato, foi assim que a iniciativa coreana de controle de natalidade teve sucesso. Grupos de mulheres muito unidas dentro de cada vila coordenaram-se entre si para explorar as possibilidades de contracepção. Uma vez que um grupo inicial de mulheres a adotava, a infraestrutura de contágio tomava conta. O novo comportamento então se espalhava — como uma bola de neve — das primeiras adotantes para outros grupos de mulheres, e delas para outros grupos, até que a contracepção foi aceita em todas as vilas.

O físico dinamarquês Sune Lehmann e sua equipe usaram essa mesma estratégia para implantar os seus 39 bots no Twitter. Eles conectaram os seus bots para formar um grupo reforçado de suporte para as suas novas hashtags, que espalharam com sucesso inovações sociais como #Getyourflushot e #highfiveastranger entre milhares de pessoas. Foi assim também que os Batalhões de Camaradas foram mobilizados na Primeira Guerra Mundial. O recrutamento cresceu por meio de grupos de amigos em comum, cujos laços de reforço desencadeavam cascatas de alistamento em seus bairros e cidades.

Foi como as revoltas da Primavera Árabe tomaram conta do Egito, como a popularidade do Facebook se espalhou pelos *campi* universitários e como a adesão ao Twitter se expandiu pelos Estados Unidos. De tecnologias inovadoras a movimentos revolucionários, novas normas sociais se espalham ganhando tração dentro dos agrupamentos sociais e se expandindo até que o ponto de virada possa ser alcançado.

O que isso significa para a sustentabilidade? Será que a estratégia da bola de neve poderia realmente mudar as normas sociais de um país em relação a tecnologias sustentáveis?

Em 2010, o governo do Malawi, em conjunto com um grupo de economistas dos Estados Unidos, decidiu descobrir.

O experimento do Malawi

A pequena nação africana do Malawi está situada entre as impressionantes pradarias dos planaltos da Tanzânia, ao leste, e da Zâmbia, a oeste, com as florestas tropicais do interior de Moçambique ao sul. De norte a sul, a paisagem rural é gradualmente suavizada, passando de um terreno acidentado e montanhoso para colinas suaves e onduladas, chegando às áreas baixas do sul do país. O sinuoso Lago Malawi fornece uma costa interior fértil ao longo de quase dois terços da fronteira do país, criando uma abundância de terras aráveis e colheitas saudáveis.

Mas, como em outras partes do continente africano, a comida ainda é um problema. Desde a década de 1990, o governo tem lutado para difundir as práticas agrícolas conservacionistas por todo o Malawi. Técnicas agrícolas tradicionais, como as plantações de cumeeira ou em camalhão, têm sido usadas por gerações. O plantio em camalhão envolve dividir terra em faixas uniformes de colinas e valas. As lavouras são plantadas em fila nas colinas, enquanto a água se acumula nas valas. Essa técnica pode funcionar bem a curto prazo, mas não retém água com eficiência em anos de baixa pluviosidade, e também leva à erosão do solo e à diminuição da produção anual. Com uma urgência crescente, o governo do Malawi tem trabalhado para persuadir os agricultores a adotar uma nova prática agrícola. Mas isso não tem sido fácil. Derrubar as normas sociais dos agricultores para que eles mudem para uma tecnologia mais sustentável tornou-se um dos mais importantes desafios econômicos e sociais do Malawi.

Mas não apenas do Malawi. Em várias nações africanas, a produção de alimentos está muito abaixo da capacidade das terras agrícolas existentes. Em 2008, a lacuna de produtividade do Malawi era a maior, com suas técnicas agrícolas tradicionais produzindo cerca de um quinto do que seriam capazes de produzir. Parte da solução para esse problema é chamada de *plantio em cova*, que dispensa as colinas e simplesmente requer cavar um buraco maior para cada planta. Os buracos são preenchidos não só com a planta, mas com esterco e fertilizante, que aproveitam de forma eficiente a água da chuva e adicionam nutrientes ao solo. É uma solução extraordinariamente simples para ajudar a resolver o problema alimentar do Malawi.

Mas, como em qualquer inovação social, o verdadeiro desafio não é desenvolver a solução, mas convencer as pessoas a adotá-la. Nas vilas do Malawi, o novo método do plantio em covas não foi bem recebido.

A campanha do governo para difundir a técnica mais sustentável e de maior rendimento do plantio em cova ia contra as práticas que os agricultores aprenderam com seus pais e com os pais de seus pais. Apesar de anos de campanhas de informação patrocinadas pelo governo e por ONGs e de esforços de sensibilização nas vilas, em 2009 menos de 1% dos agricultores do Malawi havia adotado o plantio em covas.

Assim como com os proprietários de casas na Alemanha que consideraram a possibilidade de adotar painéis solares e os moradores da Califórnia que avaliaram as suas práticas domésticas de uso de energia, campanhas de informação e esforços de divulgação do governo não foram suficientes. Essas estratégias não foram capazes de convencer as pessoas a adotar um comportamento que ninguém mais ao seu redor estava adotando.

Em 2010, um grupo ambicioso de cientistas, liderado pela economista Lori Beaman, da Universidade Northwestern, decidiu testar uma abordagem de *ponto de virada social* para esse problema. A ideia deles era fazer uma versão na vida real do mesmo experimento mental apresentado há pouco neste capítulo — mas com duzentos vilarejos em todo o Malawi. Em parceria com o Ministério da Agricultura e

Segurança Alimentar do Malawi, eles conduziram uma experiência nacional de quatro anos sobre estratégias de gratificações sociais.

No primeiro ano, Beaman e sua equipe foram de casa em casa realizando pesquisas e entrevistas. Pediram às pessoas que listassem outras pessoas na vila que conheciam, em quem confiavam e com quem conversavam sobre agricultura. Eles reuniram todos os dados de relacionamento entre pares que precisariam para analisar as redes sociais em cada uma das duzentas vilas (aproximadamente duzentas pessoas em cada uma). Foi um empreendimento gigantesco. Mas os diagramas de rede resultantes permitiriam que eles identificassem os locais de rede corretos como alvo ao selecionar os seus agentes de transformação.

No segundo ano, eles coordenaram com o governo do Malawi a formação de um pequeno grupo de agricultores que se tornaram os "agentes de transformação" em cada vila. Cada agente de transformação recebeu os recursos e o treinamento necessários para adotar a nova técnica de plantio em covas e foi incentivado a defendê-la em sua comunidade.

Beaman e sua equipe dividiram aleatoriamente as duzentas vilas em quatro grupos. Cada grupo de cinquenta vilas usou uma das quatro estratégias de gratificação: espingarda; bola de neve; uma versão alternativa da estratégia da bola de neve, que chamarei de estratégia da *vizinhança da bola de neve*; e a estratégia da bala de prata já existente do governo do Malawi.

No grupo um, todas as cinquenta vilas usaram a estratégia da espingarda. Os agentes de transformação foram selecionados de forma aleatória e, portanto, estavam amplamente dispersos em cada vila.

No grupo dois, todas as cinquenta vilas usaram a estratégia da bola de neve. Beaman e a sua equipe selecionaram agentes de transformação no mesmo grupo social, que estavam conectados uns aos outros e compartilhavam amigos em comum.

No terceiro grupo de cinquenta aldeias, os cientistas usaram a estratégia da vizinhança da bola de neve. Em vez de usar a rede social para identificar os seus alvos, os cientistas selecionaram agentes de transformação que moravam em um único bairro residencial. Os bairros em cada vila eram grandes o suficiente para que fosse improvável que indivíduos selecionados de maneira arbitrária como alvo fossem socialmente conectados. Mas, em comparação com a estratégia de espingarda, a estratégia da vizinhança da bola de neve oferecia maior probabilidade de criar fortuitamente um agrupamento social de agentes de transformação. Além disso, se a estratégia da vizinhança da bola de neve funcionasse, a implementação dessa estratégia seria muito mais fácil no futuro. Em vez de gastar um tempo valioso coletando dados de redes sociais, os formuladores de políticas poderiam simplesmente visar agentes de transformação que morassem no mesmo bairro.

No último grupo de cinquenta aldeias, os cientistas usaram uma versão da estratégia da bala de prata. Ela era baseada nas campanhas para ampliar o alcance de divulgação que o governo do Malawi já estava usando. O governo identificaria "influenciadores" bem conhecidos em cada vila e os encorajaria a se tornarem agentes de transformação para o plantio em covas. Como essa estratégia já havia sido usada em outros lugares pelo governo de Malawi, esse grupo final de aldeias tornou-se o *benchmark*, ou grupo de controle, em relação ao qual os outros três grupos de aldeias foram avaliados.

Durante três anos, de 2011 a 2013, os cientistas visitaram cada uma das duzentas vilas para avaliar a aceitação do plantio em covas. Eles estavam tentando responder a duas perguntas. Primeiro, alguma dessas estratégias de gratificação afetou o aprendizado dos agricultores sobre o plantio em covas? E, segundo, elas realmente levaram as pessoas a adotá-lo?

A primeira coisa a descobrir era se o plantio em covas era um contágio simples ou complexo. Será que seria suficiente ouvir um agente de transformação sobre isso ou os agricultores precisariam entrar em contato com vários agentes de transformação?

No final do primeiro ano, ficou claro que a nova prática agrícola era um contágio complexo. A disposição dos agricultores para simplesmente aprender sobre a nova técnica dependia do reforço social. Os agricultores que estavam conectados a *mais de um* agente de transformação tinham 200% mais chances de saber o que era o plantio em covas e como implementá-lo do que os agricultores que estavam conectados a apenas um agente de transformação.

No final do segundo ano, esse conhecimento se traduzia em comportamento. Os agricultores que estavam conectados a *mais de um* agente de transformação tinham 200% mais chances de *adotar* a técnica de plantio em covas do que os agricultores que estavam conectados a apenas um agente de transformação.

O que isso significou para cada uma das estratégias de gratificação?

Ao final do estudo, havia um ranking nítido dos resultados em cada um dos quatro grupos de vilas, particularmente entre as vilas que nunca haviam sido expostas ao plantio em covas antes.

Na parte inferior do ranking, a estratégia padrão de "influenciador" do governo ficou em último lugar. Tanto em termos de disseminação do conhecimento sobre plantio em covas quanto em termos de adoção real, essa estratégia quase não teve impacto na aceitação da inovação por parte dos agricultores.

Em terceiro lugar, ficou a estratégia da espingarda. Essas vilas se saíram apenas um pouco melhor do que o grupo de controle de vilas que usaram a estratégia da bala de prata do governo.

Em segundo lugar, a estratégia de vizinhança da bola de neve produziu um aumento de 50% na adoção em comparação com vilarejos que usavam a estratégia da espingarda. Foi uma melhoria, mas o impacto final nas normas sociais foi insignificante.

Em primeiro lugar, por ampla margem, ficou a estratégia da bola de neve — aquela que não se baseava na proximidade física, mas na arquitetura da rede. Ela produziu um aumento de quase 300% nos níveis de adoção em comparação com a estratégia da espingarda. E também difundiu de forma muito mais efetiva o conhecimento sobre o plantio em covas. Inclusive para além dos moradores das vilas que adotaram a nova técnica, com o uso da estratégia da bola de neve, mais agricultores souberam sobre o plantio em covas e como implementá-lo nas vilas do que em qualquer outro grupo de vilas.

Talvez a coisa mais notável sobre o experimento do Malawi seja o número de agentes de transformação que eles usaram. Quantos agentes de transformação você acha que eles tinham em cada vila? Em nosso experimento mental na Coreia, imaginamos que havia dez agentes de transformação em cada vila.

No Malawi, havia apenas dois!

Como um número tão pequeno de agentes de transformação pode ter efeitos tão surpreendentemente diferentes em cada grupo de vilas?

A resposta é a redundância social.

Você viu a mesma coisa acontecer com a disseminação de *Mia* no experimento do jogo de nomes. No experimento do Malawi, a estratégia da bola de neve visou agentes de transformação com contatos compartilhados em comum. Cada um desses contatos observaria dois de seus pares adotando o plantio em covas. Isso os deixava mais dispostos a aprender sobre a nova técnica. Uma vez que eles visitavam as fazendas de seus pares e viam a técnica do plantio em covas em ação, ficavam mais propensos a adotá-la. O que aconteceu em seguida foi igual ao que aconteceu com *Mia*: junto com os agentes de transformação, os agricultores que adotaram o plantio em covas aumentaram a credibilidade e a legitimidade da nova técnica entre os demais agricultores de seu grupo social. Esses outros agricultores então ficaram mais interessados em visitar as fazendas com plantio em covas de seus colegas e aprender sobre a inovação. O que, por sua vez, aumentou a probabilidade de adotá-la também.

Esse é o poder de uma bola de neve. Apenas um pequeno reforço social pode se transformar em algo muito maior. E mais reforço pode fazê-la rolar ainda mais rápido.

Para a estratégia da bola de neve, dois agentes de transformação são o requisito mínimo absoluto para criar redundância social. Nesse sentido, a experiência de quatro anos no Malawi foi o teste mais rigoroso possível para saber se a estratégia de bola de neve poderia ter um impacto direto na disseminação de uma tecnologia sustentável. E ela teve. Mas, com mais agentes de transformação, essa estratégia poderia ter sido ainda mais efetiva para desencadear uma cascata de reforço social.

Esse não é o caso das estratégias da espingarda ou da bala de prata.

Em ambas, o princípio é o mesmo — *alcance acima da redundância*. Isso significa que os agentes de transformação são escolhidos para serem distribuídos o mais amplamente possível. Para contágios complexos, a falta de reforço social resultante e a pressão constante de influências compensatórias fazem com que essas estratégias de gratificação fracassem, independentemente de haver dois ou dez agentes de transformação.

Por outro lado, a estratégia da *vizinhança da bola de neve* é a mais sensível ao número de agentes de transformação. Escolher mais agentes de transformação na mesma área geográfica aumentaria significativamente as chances de selecionar de forma aleatória pessoas que fazem parte do mesmo grupo social. Isso permitiria que o reforço social se estabelecesse dentro de um bairro-alvo e depois se espalhasse para outros.

Tanto na estratégia da bola de neve quanto na da vizinhança da bola de neve, números maiores significam maior reforço social. Imagine se houvesse quatro agentes de transformação em cada vila em vez de apenas dois. A massa crítica teria sido duas vezes maior, aumentando exponencialmente o impacto geral dos agentes de transformação em suas redes nas vilas. E se houvesse seis ou dez agentes? Isso teria permitido a criação não apenas de grupos maiores de agentes de transformação, mas também de múltiplos grupos em cada vila. É empolgante pensar como um pequeno grupo de agentes de transformação pode ser efetivo com a estratégia de virada certa.

As implicações disso se estendem para muito além do Malawi. Podemos imaginar muitas maneiras em que essas ideias poderiam ser aplicadas, por exemplo, para difundir tecnologias sustentáveis na Europa ou nos Estados Unidos. Mas as descobertas das vilas no Malawi realmente se aplicam em ambientes industrializados modernos? As comunidades nos Estados Unidos desfrutam de sofisticados meios de comunicação em massa e de programas governamentais e corporativos de ação social bem organizados e bem financiados. Será que essas diferenças não sugerem que existem estratégias melhores para difundir tecnologias sustentáveis?

Surpreendentemente, não. Na verdade, a disseminação histórica de práticas agrícolas sustentáveis nos Estados Unidos tem paralelos incríveis com as descobertas do Malawi. A história de uma das maiores transformações de tecnologia agrícola sustentável na história dos Estados Unidos mostra como uma estratégia de gratificação social pode ser efetiva, mesmo em um ambiente industrializado moderno.

É a história do milho híbrido.

A revolução do milho

Milhões de dólares foram gastos nos Estados Unidos na década de 1920 para desenvolver e comercializar o milho híbrido. No entanto, apesar de toda a engenhosidade científica e dos esforços de marketing que estavam por trás dessa iniciativa — e apesar da necessidade desesperada dos agricultores —, o milho híbrido foi, a princípio, um fracasso completo.

No fim, esse quase fiasco foi transformado em uma das campanhas de mudança mais bem-sucedidas do século XX. Como muitas vezes acontece, o sucesso final do milho híbrido foi um acidente. Foi um acaso das redes sociais, um acaso que lança uma luz rara sobre por que mesmo as inovações sociais mais bem promovidas podem falhar e o que pode ajudá-las a ter sucesso.

Começou durante a Grande Depressão. Por dois longos anos após o *crash* da bolsa de 1929, o país vinha afundando em caos econômico. Em 1931, indústrias inteiras entraram em colapso. Em ambientes urbanos como Nova York e Chicago, a paralisação brusca do mercado era evidente em todos os lugares. E, nas cidades rurais do meio-oeste, os agricultores e seus filhos sofriam de maneira adicional: uma seca interminável, aparentemente bíblica, havia prejudicado fazendas em toda a região.

No famoso romance de John Steinbeck, *As vinhas da ira*, as linhas de abertura falam do desastre ambiental que cai sobre uma inocente comunidade agrícola dos Estados Unidos. "O sol faiscava sobre o milho em crescimento dia após dia até que, ao longo do cume de cada baioneta verde, se estendeu uma linha acastanhada. [...] A superfície da terra tornou-se dura, com uma crosta leve, e, assim como o céu se descorou, assim a terra empalideceu, tornando-se rosada, na região vermelha, e branca, na região cinzenta*."

E então vieram os ventos — ventos implacáveis, varrendo fazendas, famílias e o grande sonho americano de prosperidade. Em poucos anos, milhões de pessoas estavam desabrigadas e famintas. O Dust Bowl** em expansão — uma erosão maciça do solo causada pela seca, ventos e rotação de culturas mal gerenciada — se espalhou para o norte, do Texas e de Oklahoma para o Kansas e Nebraska. As terras agrícolas foram literalmente levadas pelo vento, à medida que micropartículas letais de poeira infectavam os pulmões de tudo o que respirava — gado, fazendeiros e crianças.

A devastação acabaria se espalhando para o leste a partir de Nebraska. Em meados da década de 1930, a praga aérea surgiu no horizonte de Iowa. Mas, no início da década de 1930, antes que a poeira chegasse, os produtores de milho de Iowa tinham outro problema: o próprio milho.

As plantas de milho que eles usavam há décadas tinham se tornado endogâmicas. Os padrões de polinização haviam dado origem a gerações de sementes de milho que foram produzidas a partir de plantas irmãs. Em meados da década de 1920, o problema se tornou

---

* Tradução de Virgínia Motta. Lisboa: Livros do Brasil, 2017 (N.T.)

** Fenômeno climático que ocorreu nos Estados Unidos na década de 1930. (N.T.)

dolorosamente óbvio. Os talos moles curvavam-se à medida que cresciam, dificultando a colheita do milho. As plantas eram suscetíveis a doenças e inadequadas para mudanças no clima ou dificuldades da seca. Para muitos agricultores, mais da metade de sua safra anual era desperdiçada a cada ano. Agora, com a Grande Depressão afundando em torno deles, e a seca em expansão e a erosão do solo nos estados vizinhos, os rendimentos dos agricultores com o milho estavam se tornando catastroficamente baixos.

Uma década antes, os cientistas haviam antecipado esses problemas com o milho. Anos de pesquisa e desenvolvimento usando técnicas de polinização cruzada e fertilização produziram um novo tipo de semente de milho: o milho híbrido. Baseada em princípios clássicos de seleção artificial através do cruzamento de linhagens familiares, essa nova geração de semente de milho era altamente resistente à seca. Produzia grandes rendimentos e crescia em caules altos e firmes que podiam ser facilmente colhidos. Em 1927, após anos de testes, o milho híbrido estava pronto para o mercado. Os agricultores de Iowa estavam desesperados por uma solução. O milho híbrido era a resposta.

A partir de 1929, a campanha para lançar o milho híbrido no mercado em Iowa seguiu todos os princípios tanto da propaganda na mídia tradicional quanto do marketing viral. Comerciais de rádio frequentes foram complementados com representantes de vendas porta a porta que visitavam as casas dos agricultores para explicar o valor da nova semente de milho e davam a eles a oportunidade de experimentá-la. O objetivo era a penetração generalizada no mercado. O pensamento na época, assim como é hoje, era que maior exposição resultaria em maior adoção. Quanto mais longe os marqueteiros lançassem a sua rede, mais provável seria que a inovação se tornasse popular.

Em 1931, mais de 60% dos agricultores de Iowa haviam recebido informações sobre o milho híbrido, tanto por meio de anúncios na mídia quanto por representantes de vendas locais. Em 1933, quase 70% dos agricultores já tinham ouvido falar sobre o milho híbrido. A campanha de conscientização foi notavelmente bem-sucedida.

O problema era que ninguém estava comprando o produto. Em 1933, menos de 1% dos agricultores havia adotado o milho híbrido.

Algo tinha dado terrivelmente errado. Por um momento, pareceu que o milho híbrido seria um grande sucesso. Era óbvio para os produtores que a inovação resolvia um problema urgente para os agricultores. Eles precisavam do milho híbrido. Os departamentos de marketing tinham se empenhado em promover sua inovação. Com investimentos intensivos em recursos e em visitas domiciliares que consumiam tempo, distribuição de panfletos e publicidade na mídia, foi um ataque com força total ao mercado.

Mas todos os esforços foram em vão. Por que os agricultores não estavam adotando a novidade?

Primeiramente, o milho híbrido era caro. Replantar o milho padrão não custa nada aos agricultores porque eles podiam simplesmente separar sementes da sua safra atual. Mas novas sementes de milho híbrido tinham de ser compradas, e elas não eram baratas. Os orçamentos já estavam apertados. A cada ano, os agricultores lutavam apenas para equilibrar as contas. Endividar-se para comprar milho híbrido era um grande risco.

Em segundo lugar, claro, estava o medo do desconhecido. A única maneira de os agricultores justificarem o custo da compra de milho híbrido seria se ele superasse de maneira significativa qualquer coisa que eles ou seus vizinhos já tivessem visto antes. O que parecia uma perspectiva improvável.

Também havia a ameaça do Dust Bowl à espreita. A possibilidade de tempos mais difíceis à frente só aumentava a cautela dos agricultores em mudar para um tipo desconhecido de semente de milho. Ironicamente, o milho híbrido era, na verdade, menos vulnerável às condições do Dust Bowl do que o milho padrão. A seca em expansão deveria ter enfraquecido a resistência dos agricultores ao milho híbrido em vez de fortalecê-la. Mas, como tantas vezes acontece com as normas sociais, as razões científicas evidentes para adotar uma inovação valiosa eram eclipsadas pelas complexas razões sociais para rejeitá-la.

Essa é a natureza da incerteza. Quando as pessoas estão com medo, elas se apegam ao que conhecem. Para os agricultores à beira da falência, o agravamento da seca era uma razão para manter a maneira estabelecida de fazer as coisas em vez de se arriscar com um produto desconhecido.

Além das razões econômicas para resistir ao milho híbrido, a falta de familiaridade dos agricultores com a inovação deu origem a outros tipos de resistência.

A terceira razão pela qual os agricultores rejeitaram o milho híbrido foi que ele parecia estranho. As espigas não eram da mesma cor das de milho normal. Nem tinham as fileiras perfeitamente simétricas de grãos que eram a marca registrada de uma boa colheita de milho. Os sociólogos que estudavam a disseminação do milho híbrido na época resumiram de forma sucinta: "Não era, na aparência física, o tipo de espiga que levaria os agricultores a exclamar: 'Isto é milho de *verdade*!'".

Como parte de seu estudo, os sociólogos entrevistaram agricultores sobre as suas razões para resistir à inovadora semente de milho. Um agricultor relatou: "Eu tinha boas sementes, então por que mudar?". Outro disse: "Um homem não experimenta qualquer coisa nova logo de cara".

A resistência à adoção do milho híbrido veio de todas as formas-padrão: suspeitas sobre as alegações dos profissionais do marketing, relutância em tentar algo novo e, claro, espera da confirmação social. Uma das respostas mais comuns foi: "Apenas pensei que deixaria os vizinhos experimentarem primeiro".

Mas o problema era que os vizinhos não estavam experimentando. E esse foi o último obstáculo. Você já viu isso muitas vezes — o problema das influências compensatórias. Quanto mais bem-sucedida for uma campanha de conscientização, mais suspeita ela se tornará se ninguém adotar a inovação.

Os agricultores ficavam preocupados com a forma como os seus pares os veriam — em particular, como os seus pares julgariam a qualidade de suas decisões e a solidez de seus investimentos. Particularmente em tempos difíceis, os agricultores dependiam de bancos, lojas e de seus colegas agricultores para manter o seu crédito enquanto lutavam ao lado de todos os outros. Se eles corressem um risco ruim com uma inovação que todos os outros tinham rejeitado, isso não apenas os faria parecer azarados; isso os faria parecer tolos, ingênuos e incompetentes. E ganhar uma reputação de incompetência não é apenas pessoalmente embaraçoso, mas pode ser economicamente fatal, principalmente em um setor desafiador. Pode afetar empréstimos futuros, linhas de crédito e, em última análise, as vendas. A produção de milho pode variar de estação para estação, mas a reputação é duradoura.

Essas influências caíam no ponto cego dos agricultores. Mas eles ainda precisavam justificar as suas decisões. Assim como os proprietários de casas da Califórnia racionalizando o seu consumo doméstico de energia, ou os cidadãos suíços e alemães legitimando a sua não instalação de painéis solares, os agricultores de Iowa cultivaram uma lista de razões atraentes para não adotar o milho híbrido. Circularam especulações na comunidade agrícola de que teria algo errado com a nova semente. Havia rumores de que o milho híbrido não tinha o tamanho ou a forma necessária para o consumo e que tinha a consistência errada para ser usado na pecuária. Os agricultores concordaram que provavelmente seria duro para o solo, ou "muito rígido" para o uso normal. Esses rumores se espalharam rapidamente pelas mesmas redes de boca a boca que tinha sido alvo das campanhas publicitárias.

No final das contas, as estratégias de marketing que viviam de contágios simples também morreram por causa deles. Os esforços dos profissionais de marketing para divulgar novas evidências científicas para combater os rumores dos agricultores serviram apenas para fortalecer as suspeitas dos agricultores de que algo estava errado. A notícia do milho híbrido tinha atingido um alcance fantástico, mas o mesmo podia ser dito dos rumores que o minavam.

Em 1934, todas as empresas que promoviam o milho híbrido quase desistiram. Elas haviam esgotado seus orçamentos de marketing e não obtiveram quase nenhuma aceitação para a inovação. Estavam prontas para deixar Iowa e suas fazendas para trás.

Então algo inesperado aconteceu.

Um pequeno grupo de pioneiros destemidos em Iowa criou um grupo social de inovação. Os sociólogos que o observaram na época o descreveram como um "laboratório comunitário", no qual os agricultores podiam experimentar o novo milho enquanto eram apoiados uns pelos outros e estavam de certa forma protegidos das influências compensatórias dos não adotantes. Esses agricultores pioneiros tornaram-se os agentes de transformação em sua rede social. Eles foram, de fato, as "sementes" para a disseminação da inovação.

Uma vez que o milho híbrido ganhou força nesse grupo de agricultores de Iowa, as mesmas considerações que originalmente levaram os agricultores a *resistir* à inovação tornaram-se as razões mais poderosas para *adotá-la*. Eles puderam ver o sucesso de seus vizinhos que adotaram o milho híbrido, tornando a inovação mais crível. Essa confirmação social fez com que o custo da nova semente de milho parecesse menos arriscado. Quanto mais vizinhos o adotavam, mais legítimo se tornava o novo milho. O milho de aparência estranha e os fazendeiros que o adotavam ficavam menos sujeitos a rumores e especulações. A norma social começou a desmoronar. O milho híbrido se tornou uma inovação cada vez mais aceita pelos agricultores que lutavam para enfrentar a seca.

Foi uma transformação social. O ingrediente secreto que mudou a maré do milho híbrido não foi o seu preço nem a sua campanha de marketing. Em vez disso, foram as redes de adotantes iniciais que desencadearam um ponto de virada na norma social. Em uma década, o milho híbrido passou de um fracasso deplorável — usado por apenas 1% dos agricultores de Iowa em 1933 — para um sucesso incomparável, usado por 98% dos agricultores em todo o estado.

E não parou por aí. Uma vez que o milho híbrido se estabeleceu em Iowa, ele se espalhou por todos os Estados Unidos, atingindo 100% de saturação de mercado no país.

O milho híbrido tornou-se a nova norma.

A estratégia dos mil telhados

Vamos voltar para a Alemanha e a sua campanha de energia solar. Lembre-se, era 1990, e a Alemanha estava muito atrasada em suas metas de energia renovável. Os líderes do país precisavam de uma maneira de contornar os pontos cegos das pessoas e impulsionar uma iniciativa nacional de energia solar.

Mas eles estavam presos pelo problema clássico dos pontos de virada. A Alemanha esperava uma mudança que todos queriam, mas que parecia destinada a nunca atingir uma massa crítica.

Então o governo alemão concebeu uma solução inteligente para esse paradoxo. Ela foi chamada de iniciativa dos "mil telhados". Em apenas alguns anos, o governo supervisionou a instalação de painéis solares montados em telhados em mais de duas mil residências conectadas à rede em todo o país. Para um país com quase quarenta milhões de famílias, isso é uma pequena gota em um balde muito grande. Mas você pode adivinhar agora que o fator crucial para o futuro da energia renovável na Alemanha não foi o número total de residências que foram o alvo do programa, mas sim como essas residências foram agrupadas dentro da rede social.

Estudos sobre a adoção de painéis solares no Texas, em Connecticut e na Califórnia, nos Estados Unidos, descobriram que o impacto da influência dos pares é notavelmente localizado. Quanto mais reforço social as pessoas recebem em sua vizinhança imediata, mais provável é que a tecnologia solar pegue e se espalhe de rua em rua. O governo alemão não tinha em mente a estratégia da bola de neve quando elaborou o seu plano, mas esse era o espírito da iniciativa que foi criada. Se eles instalassem painéis solares em bairros suficientes, talvez pudessem desencadear uma grande mudança na aceitação da energia solar pelas pessoas.

Um estudo de 2016 sobre a disseminação da energia solar na Alemanha relatou os resultados de sua iniciativa. Nos bairros onde se formou uma massa crítica de adotantes iniciais, toda a região se transformou em uma densa concentração de instalações solares. O reforço das expectativas sociais nos bairros estimulou os vizinhos dos adotantes, e os vizinhos de seus vizinhos, a instalar energia solar. Fundamentalmente, esses efeitos de reforço social não se limitaram às comunidades visadas. Esse processo de coordenação social se espalhou de uma comunidade para outra — através do que eram, em essência, pontes largas entre as comunidades, que se estendiam através das fronteiras estaduais e até mesmo das fronteiras nacionais. O segredo para o crescimento da energia solar não foi as províncias ou os estados em particular em que os cidadãos viviam, mas o reforço social entre as comunidades que permitiu que a aceitação da energia solar se espalhasse de cada bairro para os bairros ao seu redor.

No período de 1992 a 2009, as instalações solares nas residências alemãs cresceram de duas mil para mais de 576 mil casas. Em 2016, a Alemanha liderou o mundo na produção de energia solar *per capita*. O governo alemão trabalhou arduamente para divulgar as vantagens da energia solar. Eles projetaram sistemas de incentivo que motivavam os produtores da indústria a desenvolver novas tecnologias solares — ao mesmo tempo que incentivavam os consumidores domésticos a comprar as instalações.

Mas o sucesso da Alemanha não foi causado apenas por esses programas de incentivo e campanhas informativas. A análise feita em 2016 sobre a iniciativa bem-sucedida na Alemanha apontou que as influências sociais nos bairros foram essenciais para a velocidade e a escala da transformação do país. A disseminação regional do reforço social — desde os quarteirões e as ruas específicas em que as pessoas viviam — desempenhou um papel crucial em inclinar as normas sociais da Alemanha na direção de uma transição nacional para a energia solar.

Nos últimos anos, estudos de campanhas bem-sucedidas de adoção de energia alternativa em outros países encontraram essa mesma dinâmica da bola de neve em ação. No Reino Unido, os efeitos da vizinhança são responsáveis por uma parte significativa do crescimento do uso da energia solar. O transbordamento social entre bairros aumentou não apenas o número de instalações, mas a taxa média de instalação. Da mesma forma, seguindo os passos da Alemanha, o governo japonês investiu em um programa de "setenta mil telhados". Uma análise de 2014 sobre a adoção da energia solar no Japão encontrou os mesmos efeitos da vizinhança em ação: o fator mais forte que indicava se os habitantes japoneses adotariam a energia solar não era o acesso à informação nem os incentivos que eles recebiam, mas o número de pessoas em sua vizinhança que já tinham instalado painéis solares.

A promessa dessas iniciativas bem-sucedidas vai muito além da sustentabilidade. Elas dão subsídio às políticas sociais para promover a vacinação, a participação eleitoral e o desenvolvimento econômico, todos os quais são influenciados em escala nacional pelas normas estabelecidas nos bairros das pessoas.

A história da Alemanha mostra que a estratégia da vizinhança da bola de neve pode ser efetiva para criar mudanças transformadoras. Mas o sucesso dessa estratégia depende de dois elementos cruciais.

Primeiro, é preciso haver adotantes suficientes em um pequeno segmento dentro de um bairro — de uma rua ou um quarteirão específico — para fazer com que os vizinhos dos adotantes se sintam pressionados a se coordenar com o novo comportamento. E, segundo lugar, o comportamento precisa ser visível, assim como as antenas de televisão no telhado eram duas gerações atrás e as lixeiras de reciclagem são na geração mais recente. Para que a estratégia funcione, quando as pessoas adotarem uma nova norma, os seus vizinhos precisam ser capazes de *vê-la*.

A estratégia da vizinhança da bola de neve é ideal para espalhar a energia solar doméstica. Quanto mais pessoas em uma comunidade instalam painéis solares em cima de suas casas, mais visíveis ficam os vizinhos que não os instalaram. À medida que o número de instalações em cada quarteirão se multiplica, os moradores sem painéis solares tornam-se cada vez mais conscientes das mudanças nas expectativas sociais em suas comunidades.

MUDANÇA

Foi assim que a energia solar conseguiu se espalhar não apenas na Alemanha, mas em toda a Europa. (O mapa a seguir mostra o crescimento da energia solar de 1992 a 2014 em países que produzem pelo menos 0,1 watt de energia solar *per capita*.)

Propagação da adoção dos painéis solares

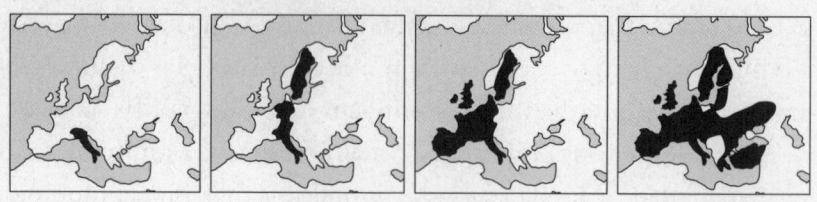

Se olhar novamente para o mapa da página 45, você ficará surpreso ao ver que a expansão das instalações de painéis solares na Europa tem uma estranha semelhança com a propagação da peste bubônica seis séculos antes. Pode parecer improvável que algo ainda se espalhe dessa maneira. A peste bubônica se espalhou geograficamente porque naquela época não havia laços fracos de longa distância a serem explorados. A covid-19 não tinha essa limitação, então ela pôde se disseminar pelo mundo todo a um ritmo alarmante.

Mas esses são contágios simples.

Para a propagação de contágios complexos, mesmo na virada do século XXI, as inovações ainda ganham legitimidade, credibilidade e valor social ao serem reforçadas nas redes sociais próximas das pessoas. As nações europeias trabalharam duro para desenvolver políticas que promovessem a energia solar. Mas essas políticas sozinhas não poderiam desencadear mudanças. Particularmente para uma tecnologia como a energia solar doméstica, a maneira mais eficiente de desencadear uma ampla aceitação era disseminar as normas sociais dentro das comunidades residenciais.

PARTE IV

Discórdia, disrupção e descoberta

CAPÍTULO 11

Otimizando a inovação: redes sociais para descobertas

O que a ciência dos contágios complexos nos diz sobre como projetar equipes de trabalho melhores e mais criativas? Como você deve estruturar a sua própria organização para acelerar a descoberta da próxima grande inovação?

À medida que essa nova ciência cresceu e se espalhou nos últimos anos, profissionais liberais e líderes em uma ampla variedade de campos têm buscado aproveitar a dinâmica em rede da aprendizagem social para promover novas formas de inovação. Engenheiros em busca de soluções técnicas, pesquisadores e profissionais de saúde procurando tratamentos inovadores, músicos se empenhando para inventar o próximo grande som e empresas desenvolvendo novos produtos — todos eles contam com redes de colegas e colaboradores para descobrir abordagens e oportunidades inovadoras.

Este capítulo explica como os conceitos que descrevi nos capítulos anteriores — incluindo a largura das pontes, a relevância, o reforço e o agrupamento social — podem ser usados para aumentar a criatividade e a inovação em qualquer tipo de organização.

A mágica de *Hamilton*

Quando o musical *Hamilton* chegou à Broadway em 2015, foi um divisor de águas imediato. Em poucas semanas, esse novo espetáculo recebeu o crédito por redefinir a forma de arte para uma geração inteira. O presidente Obama, chefes de estado estrangeiros, líderes da indústria e a realeza da Europa viajaram para o pequeno Richard Rodgers Theatre para ver a história se desenrolar diante de seus olhos. Ninguém ficou decepcionado.

A grande ideia por trás de *Hamilton* parece impossível de dar certo. O musical se tratava de um relato histórico em formato de rap sobre os Pais Fundadores dos Estados Unidos, com foco no personagem muitas vezes esquecido de Alexander Hamilton. Ele narrava tudo, desde sua vida amorosa até o seu modelo conceitual do Tesouro dos Estados Unidos. Todos os personagens principais foram interpretados por pessoas não brancas, incluindo famosos proprietários de escravos como George Washington e Thomas Jefferson. A história instigou historiadores e estudiosos ao transformar o reverenciado herói americano Thomas Jefferson em um playboy errante em contraposição ao fervoroso e heroico Hamilton. Em uma palavra, o musical era irreverente.

Isso foi especialmente verdadeiro pela maneira como *Hamilton* retratou famosos debates históricos. Você talvez se lembre desses debates das suas aulas de história no ensino médio ou na faculdade — os intermináveis pontos de discórdia entre Jefferson, Washington, Hamilton, Madison e todos os outros sobre federalismo, impostos e regulamentações bancárias.

O que poderia tornar qualquer parte disso nova ou interessante?

Bem, em *Hamilton*, os Pais Fundadores falam sobre o destino da democracia nos Estados Unidos por meio de batalhas de rap. Imagine Kanye West contra Eminem, disputando sobre como responder aos novos regulamentos tributários da Inglaterra. Você acha difícil de imaginar? Em seguida, considere também que a astúcia e a inteligência únicas de cada figura política — Jefferson, Washington, Hamilton, Madison — são representadas por seu próprio estilo lírico característico e pela sua destreza rítmica.

Quando Jefferson e Hamilton se enfrentam, o ritmo acelera. Um círculo de pares os cerca, aplaudindo e zombando das grandes figuras históricas, amplificando a ferroada de cada defesa e réplica. Jefferson ataca primeiro em versos rimados simples, entregues em tempo padrão 4/4 (pense em Run DMC). Hamilton responde, escalando o duelo com aliterações e duplos sentidos que agradam à plateia, entregues em um tempo magistral, quase selvagem, de 3/16. O círculo de colegas provocadores cai em um silêncio boquiaberto.

O crítico de teatro do *New York Times*, Ben Brantley, escreveu alguns meses após a estreia: "Nesse ponto, seria quase um alívio afirmar que *Hamilton* ficou menor depois do inchaço de seu hype". Mas ele admitiu, sem hesitar: "Sim, é de fato tão bom assim".

Hamilton teve os ingressos esgotados em toda a sua temporada na Broadway e foi indicado para um recorde de dezesseis prêmios Tony. E também ganhou um Prêmio Pulitzer.

As perguntas que todos querem saber as respostas são: *de onde vem esse tipo de inovação? E como podemos reproduzi-lo?*

Como a Broadway harmoniza

A história da ascensão da Broadway à proeminência internacional, que também é a história de como a ciência da inovação funciona, começa com *Oklahoma!*.

Em 1943, o sucesso estrondoso de Richard Rodgers e Oscar Hammerstein II inaugurou a era moderna do teatro musical. *Oklahoma!* foi o maior êxito que a indústria já tinha visto. E Rodgers e Hammerstein estavam apenas começando.

O seu próximo trabalho, *Carousel*, reinventou ainda mais o gênero, reimaginando a maneira como os dispositivos de enredo, músicas e narrativas eram entrelaçados. Foi um sucesso ainda maior do que *Oklahoma!*, recebendo o reconhecimento da revista *Time* como "o melhor musical do século".

A dupla musical continuou. *A noviça rebelde* veio em seguida, sucedida por *South Pacific*, cuja influência se estendeu muito além da

Broadway, ganhando o Prêmio Pulitzer de Drama em 1950 e faturando três milhões de dólares em seu ano de estreia (o que era muito dinheiro em 1950).

Existem duas maneiras de medir o sucesso na Broadway. A primeira é se o espetáculo é um sucesso de crítica: as músicas são inovadoras? A história é convincente? O trabalho impulsiona o gênero ou desenvolve uma nova visão sobre importantes temas sociais ou existenciais? O sucesso de crítica vem na forma de prêmios Tony e, em raras ocasiões, em um Prêmio Pulitzer. A segunda medida é o sucesso comercial. Colocando de forma simples, o musical ganhou muito dinheiro?

É claro que essas duas medidas de sucesso nem sempre são compatíveis. Mas, para que um espetáculo da Broadway seja realmente considerado um sucesso, ambos são necessários. O verdadeiro poder da inovação — na Broadway ou na sala de reuniões da diretoria — é fazer algo profundamente novo que também seja comercialmente bem-sucedido.

No mundo dos musicais da Broadway, existem alguns sucessos bem conhecidos e centenas de fracassos desconhecidos. Muitos de nós conhecem os sucessos: *Hamilton*, *O rei leão*, *Chicago*, *A Chorus Line* e assim por diante. A maioria de nós nunca ouviu falar dos fiascos, mas eles superam em muito o número de sucessos. Apesar de seu fracasso, os fiascos tiveram os melhores talentos, grandes patrocinadores e canções e enredos interessantes o suficiente para merecer entrar em cartaz na Broadway.

Para que um espetáculo consiga chegar à Broadway, muitas pessoas precisam acreditar que ele fará sucesso. Na verdade, no início de uma apresentação na Broadway, os sucessos e os fracassos não podem ser distinguidos um do outro. Ambos têm todos os ingredientes-chave para o sucesso.

Isso posto, é chocante como são amplas as lacunas entre o fracasso e o sucesso. Um dos maiores sucessos da Broadway, *O rei leão*, está em cartaz ininterruptamente há mais de vinte anos e já arrecadou mais de 1,5 bilhão de dólares. Em contraste, a lendária equipe musical de Rodgers e Hammerstein, que essencialmente inventou o gênero do musical moderno, lançou depois de *South Pacific* o musical *Pipe Dream*, que durou menos de 250 apresentações e teve prejuízo, faturando menos do que custou para ser produzido.

Profissionais de marketing e estudiosos trabalham há décadas para descobrir quais são os principais ingredientes que diferenciam os sucessos da extensa lista de fracassos. Por muito tempo, essa pergunta parecia sem resposta.

Mas os tempos mudaram.

No início dos anos 2000, os sociólogos Brian Uzzi e Jaret Spiro passaram vários anos adaptando as estratégias analíticas da ciência das redes para identificar as principais características que garantem o sucesso criativo na Broadway. A sua descoberta produziu alguns novos *insights* notáveis sobre a ciência da criatividade.

A principal descoberta foi que os artistas individuais não eram o fator que determinava um sucesso criativo na Broadway. Nem canções em particular, nem a paleta de cores, nem os figurinos, nem mesmo os temas que foram desenvolvidos. Em vez disso, os sucessos vieram da dinâmica particular entre as equipes colaborativas por trás de um espetáculo. Produções bem-sucedidas surgiram de colaborações nas quais pessoas talentosas conseguiram equilibrar as lições comuns que haviam aprendido em suas colaborações anteriores com as novas ideias que estavam inventando juntas na colaboração atual. A inovação bem-sucedida vem de redes sociais que equilibram a coordenação com a criatividade.

A estranha história dos musicais da Broadway fornece um raro vislumbre de como é, exatamente, a aparência dessas redes bem-sucedidas.

Assim como os preços das *commodities* vendidas na Bolsa de Valores de Nova York, o histórico de inovação bem-sucedida na Broadway foi meticulosamente narrado.

Antes da inovação de Rodgers e Hammerstein em 1943, os musicais da Broadway eram frequentes, mas não muito inventivos. O gênero não atraía muita atenção crítica ou comercial. *Oklahoma!* mudou tudo isso. Não só inaugurou uma nova onda de sucesso artístico e financeiro, mas também deu origem a uma nova era de colaboração. Os musicais da Broadway desfrutaram de grandes momentos nas décadas de 1940, 1950 e 1960. Espetáculo atrás de espetáculo era um sucesso.

Essa onda crescente enfim acabou no final da década de 1960, seguida por uma época em que os musicais de sucesso eram realmente raros. Parecia que o auge da Broadway havia acabado e que a indústria poderia morrer por completo. Mas então um renascimento inesperado trouxe nova vida aos musicais. No final dos anos 1970 e 1980, grandes sucessos como *A Chorus Line, Annie, Cats, Os miseráveis* e *O fantasma da ópera* reinventaram o gênero do teatro musical, com esse último estabelecendo o recorde de musical da Broadway mais popular de todos os tempos (mais de treze mil apresentações – e contando).

Mas por quê? Qual é a história por trás desses picos históricos e pausas na inovação na Broadway? O *insight* sobre essa questão vem de um lugar improvável: um olhar mais atento ao padrão de mudança das redes sociais dentro dessa indústria.

Assim como os esforços inovadores na ciência ou na engenharia, a inovação nas artes frequentemente vem de equipes de pessoas com habilidades complementares. A fórmula básica para criar um musical é bem conhecida. Você precisa de um compositor para escrever a música, um letrista para escrever as letras, um libretista para escrever o enredo da história, um coreógrafo para planejar a dança, um diretor para comunicar a visão da equipe aos atores e, finalmente, um produtor para pagar as contas. A maioria das equipes tem uma pessoa por função, mas o tamanho da equipe pode variar. Uma equipe típica para desenvolver um musical da Broadway varia de cinco a nove pessoas. Na linguagem das redes sociais, uma única equipe é o que chamo de "grupo social".

A pergunta mais óbvia é: quais características compõem uma equipe de sucesso? O tamanho da equipe prevê o sucesso? Não. Nem a composição particular da equipe; cada compositor, diretor e coreógrafo individual tem muitos sucessos e fracassos. O recurso que prevê *sim* o sucesso é como uma equipe está conectada à rede maior de profissionais criativos da Broadway.

Durante os períodos de pico de inovação da Broadway, a rede de colaborações da indústria era composta por equipes fortemente agrupadas com pontes largas entre elas. Assemelha-se ao padrão de rede entre centros de pesquisa internacionais que trabalham no Projeto Genoma Humano e corporações do Vale do Silício durante os melhores anos de inovação aberta. Em todos esses cenários, a criatividade era sustentada por uma infraestrutura de contágio que possibilita a transferência de conhecimento entre as equipes, levando a uma explosão de inovação.

Mas a Broadway nem sempre foi assim. Antes do auge na década de 1940, o padrão de rede na Broadway era uma densa teia de fogos de artifício. Todo mundo trabalhava com todo mundo. Os agrupamentos sociais não eram muito distintos. Não havia muita diversidade na indústria. Algumas personalidades fortes e temas dominantes permeavam todas as equipes. Os musicais seguiam em grande parte uma fórmula padrão, com um enredo familiar no qual um garoto e uma garota se conhecem e acontece um grande número musical focado no amor no meio do espetáculo. Apesar de a Broadway estar cheia de talentos na época — Rodgers, Hammerstein, Gershwin, Porter e outros trabalhando duro —, sucessos como *Show Boat* eram surpreendentemente raros. Noventa por cento dos espetáculos foram fracassos.

Era difícil inovar na Broadway dos anos 1930 pela mesma razão que foi difícil espalhar o milho híbrido no Iowa dos anos 1930. A fórmula padrão tinha um histórico estabelecido de sucesso decente. Todos estavam cercados por influências compensatórias que favoreciam o *status quo*. Pessoas com novas ideias eram muitas vezes deixadas de lado ou forçadas a se conformar.

Tudo isso mudou na década de 1940. O rápido crescimento econômico e o aumento da mobilidade social expandiram o público dos espetáculos da Broadway. Ao mesmo tempo, a perda de muitos artistas talentosos da Broadway durante a Segunda Guerra Mundial criou um vácuo, trazendo um influxo de sangue novo para a cena criativa de Nova York. As redes sociais dentro da comunidade da Broadway começaram a se diversificar. Aglomerados distintos começaram a se formar, a partir dos quais surgiram novos estilos artísticos.

A Broadway havia desenvolvido uma infraestrutura de contágio. Os grupos sociais preservaram a diversidade criativa, enquanto as conexões entre as equipes permitiram que artistas experientes e recém-chegados coordenassem seus esforços para inovar. As pontes largas recém-surgidas combinavam ideias de pessoas que nunca antes haviam trabalhado juntas. Novas abordagens e técnicas tradicionais foram misturadas no caldeirão criativo das novas redes sociais. A Broadway havia alcançado aquele equilíbrio mágico entre a coordenação e a criatividade — a receita para uma inovação bem-sucedida.

Depois da série de hits de Rodgers e Hammerstein, os sucessos musicais da Broadway não paravam de chegar. O sucesso de *West Side Story*, em 1957, contou com uma colaboração inédita entre o premiado compositor e letrista Stephen Sondheim e o libretista Arthur Laurents. A revista *Time* chamou o espetáculo de "um marco na história do drama musical". Foi o primeiro musical a usar a coreografia como elemento narrativo central e mudou a forma como os espetáculos da Broadway eram produzidos.

Sondheim e Laurents trabalharam juntos novamente em 1959 no sucesso musical *Gypsy*. O sucesso criativo de *Gypsy* combinou os elementos líricos e narrativos que Sondheim e Laurents haviam desenvolvido em *West Side Story* com novos estilos de coreografia e direção. O renomado crítico de teatro Clive Barnes chamou *Gypsy* de "um dos melhores musicais de todos os tempos".

O sucesso levou o seu diretor, Jerome Robbins, a colaborar novamente com Laurents no sucesso de 1967, *Um violinista no telhado*. Essa produção combinou o estilo de direção e os elementos narrativos que Robbins e Laurents haviam desenvolvido em *Gypsy* com as novas abordagens líricas e musicais de Sheldon Harnick e Jerry Bock. *Um violinista no telhado* se tornou o musical da Broadway de maior sucesso de sua época, com mais de três mil apresentações.

A nova rede dinâmica de colaborações da Broadway levou à exploração radical de um novo terreno, permitindo que os artistas abordassem questões de vanguarda como racismo, opressão política, relações de gênero e homossexualidade. As equipes reinventaram as convenções do setor de maneiras que eram ao mesmo tempo reconhecíveis e inovadoras. Ideias coreográficas que se originaram em *West Side Story* evoluíram para novas técnicas que foram expandidas em *Gypsy* e, mais tarde, em outros espetáculos de sucesso.

A Broadway naqueles anos do pós-guerra parecia ter uma capacidade inesgotável de criatividade e sucesso. Como ela poderia um dia entrar em colapso?

A resposta: televisão e Hollywood.

No final dos anos 1960, a crescente popularidade da televisão e o aumento das oportunidades econômicas em Hollywood eram atrativos para os talentos da Broadway. Em poucos anos, as redes sociais do setor foram dizimadas. Escritores, diretores e produtores deixaram a cidade de Nova York em busca de outros mercados comerciais. As equipes se tornaram fragmentadas e a transferência de conhecimento entre as produções se rompeu. A coordenação estagnou e a inovação tornou-se muito menos comum. Ocasionalmente, havia sucessos individuais, mas a indústria como um todo entrou em um declínio que se aprofundava mais e mais a cada ano.

Você podia ver a crise refletida nas ruas. Ao longo da outrora efervescente *"Great White Way"* da Broadway, pequenos delitos se tornaram comuns, dissuadindo turistas e talentos. Cada novo problema alimentava outros. Menos sucessos levavam a uma menor audiência, o que levava a menos investimentos por parte de produtores ricos, o que levava a um ambiente de trabalho menos atraente, o que levava a uma dificuldade ainda maior de atrair novos talentos.

O *boom* parecia ter acabado. Realmente, a Broadway poderia nunca ter se recuperado se não fosse por uma série estratégica de esforços para rejuvenescer a cidade de Nova York de modo geral e a Broadway em particular.

No início dos anos 1980, uma iniciativa agressiva para sanear a Broadway coincidiu com uma enorme campanha publicitária para trazer multidões de turistas internacionais para Nova York. (Lembra-se da campanha de marketing I ♥ NY?) O impulso da cidade para o turismo internacional atraiu novos investidores para espetáculos da Broadway e, com eles, novos recursos para seduzir escritores, compositores, atores e diretores talentosos de volta para lá. Em alguns anos, as redes de colaboração em todo o setor começaram a se formar de novo no padrão de rede familiar que havia sustentado a inovação de forma tão eficaz nas décadas de 1940 e 1950.

As pontes largas recém-construídas na indústria criativa permitiram a coordenação entre diversas equipes e apoiaram a recombinação de talentos em novas colaborações. A transferência de conhecimento entre essas equipes deu origem a empreendimentos cooperativos entre artistas novos e experientes, inaugurando outra explosão de inovação. Sucessos como *A Chorus Line*, *Cats*, *Os miseráveis* e *O fantasma da ópera* foram produzidos, seguidos alguns anos depois pelo estrondoso sucesso de *O rei leão*, que apresentou elementos inteiramente novos em um musical da Broadway e se tornou o de maior bilheteria de todos os tempos.

A nova ciência sobre como as equipes funcionam

O conceito de infraestrutura de contágio nos dá um caminho para pensar em como uma indústria inteira ou uma empresa pode ser organizada para promover a criatividade e a inovação. Mas e as equipes de pequena escala? Gestores individuais raramente têm controle sobre a estrutura de rede de uma indústria ou mesmo de sua organização. No entanto, eles têm controle sobre as suas equipes.

O que a ciência das redes pode nos dizer sobre como os membros de uma equipe — cientistas trabalhando em protótipos para o módulo de aterrissagem em Marte, artistas trabalhando em novas produções da Broadway ou engenheiros desenvolvendo novos tipos de computadores pessoais — devem ser conectados uns aos outros para maximizar a sua capacidade de inovação?

A sabedoria convencional diz que, quanto mais eficientes forem as redes de comunicação de uma equipe quanto à difusão de informações — ou seja, quanto mais laços fracos houver na rede social —, mais eficazes elas serão na colaboração. Na verdade, essa sabedoria diz que, quanto mais difícil for o problema que uma equipe está tentando resolver, mais importantes são os laços fracos para a inovação. Uma equipe conectada em um padrão de rede semelhante a uma queima de fogos de artifício deve ser mais eficaz para compartilhar informações, manter todos bem atualizados e acelerar o processo de descoberta da equipe.

Fica claro por que a sabedoria convencional recomenda uma estrutura de rede que otimize o compartilhamento de informações. Qualquer boa ideia descoberta por um membro de uma equipe pode se espalhar rapidamente para o resto do grupo, acelerando a capacidade de toda a equipe de convergir para a nova ideia e inovar ainda mais.

Parece óbvio. Tão óbvio, de fato, que décadas de prática gerencial seguiram fielmente essa ideia. As rotinas de gerenciamento que garantem a troca rápida de informações — reuniões semanais, check-ins regulares e espaços de escritório de alto contato — são projetadas para manter todos atualizados sobre as maiores e mais recentes inovações entre os membros de sua equipe.

Mas será que as estratégias aprendidas com a resolução de problemas simples realmente se propagam para equipes que resolvem problemas complexos?

E se você estiver gerenciando uma equipe de bioquímicos trabalhando em um novo medicamento contra o câncer? Ou se você está tocando uma equipe de cientistas de dados na Amazon ou na Target tentando desenvolver um algoritmo melhor para prever os interesses dos clientes por produtos? E se você estiver liderando uma equipe de médicos se empenhando para desenvolver os melhores protocolos para um novo substituto para os opioides? Esses são problemas complexos. Como você deve estruturar a sua equipe para maximizar a sua capacidade de descobrir soluções inovadoras?

Eram essas as perguntas que eu queria responder.

Para fazer isso, eu precisaria de uma maneira de estudar como a estrutura das equipes de pesquisa influencia a sua criatividade e produtividade. Haveria uma maneira de replicar o processo de inovação para que eu pudesse estudá-lo cientificamente?

Por volta de 2014, tive a sorte de começar a trabalhar com um talentoso estudante de pós-graduação chamado Devon Brackbill, que também se interessava por essa ideia. Começamos a sonhar com formas de construir o mesmo tipo de "laboratório sociológico" que eu costumava usar para estudar os pontos de virada. Poderíamos criar um laboratório para estudar o processo de inovação e descoberta científica?

De modo notável, Devon encontrou uma maneira de fazer isso. Ele pegou emprestada uma abordagem que havia sido popularizada no início dos anos 2000 pela Netflix — uma estratégia que não apenas ajudou a resolver o principal problema de negócios da empresa na época, mas inadvertidamente ajudou a estabelecer o campo moderno da ciência de dados.

O poder das equipes de redes de pesca

Em 2005, a Netflix fornecia regularmente a seus clientes recomendações de novos filmes para assistir, com base nos assistidos antes. O problema era que a Netflix não estava fazendo um trabalho muito bom em recomendar filmes. Era um objetivo importante: sugira os títulos certos, e os clientes continuarão usando a Netflix; sugira os errados, e os clientes ficarão entediados e irão embora. Os analistas de dados da companhia haviam usado dezenas de milhões de registros da empresa — anos de visualização de clientes e dados de classificação — para desenvolver o próprio sistema interno de recomendação, chamado Cinematch. Mas o crescimento da Netflix deixou o Cinematch ultrapassado. Ele não conseguia mais acompanhar o universo de novos conteúdos em constante mudança e a evolução nos gostos dos consumidores. Como resultado, a Netflix estava vendo uma queda alarmante no engajamento dos clientes. O prognóstico era desfavorável e dizia: *faça algo drástico ou a receita com as assinaturas vão despencar.*

A Netflix decidiu transformar o seu problema corporativo interno em um problema científico público. Ela buscaria a resposta por meio de *crowdsourcing**. A ideia de realizar concursos públicos para encontrar soluções para problemas desafiadores de engenharia havia sido lançada décadas antes por empresas de engenharia como Boeing e GE. Mas a Netflix fez algo diferente. Ela não apenas anunciou o seu problema e esperou a melhor melhor solução. Ela tornou públicos os seus preciosos dados sobre o comportamento dos clientes de assistir a filmes e seus históricos de classificação, convidando equipes de cientistas de dados a manipulá-los para criar um algoritmo eficaz a fim de gerar recomendações.

Em 2 de outubro de 2006, foi lançado o Prêmio Netflix, que prometia uma bolsa de um milhão de dólares para a equipe que conseguisse entregar o melhor algoritmo de indicação de filmes. A competição durou três anos. Dezenas de milhares de programadores profissionais de todo o mundo participaram. Estudantes universitários passaram os verões trabalhando nesse problema, professores desenvolveram aulas em torno dele e empreendedores lançaram empresas dedicadas a resolvê-lo. Tornou-se o problema mais falado na ciência da computação desde o das ferramentas de busca em meados da década de 1990. (Como todos sabemos, o Google resolveu esse problema e dominou o mercado de ferramentas de busca.)

Em 2015, Devon e eu estávamos procurando a receita secreta para gerenciar a inovação quando ele sugeriu a competição da Netflix como

---

* Colaboração coletiva. (N.T.)

uma fonte potencial de *insights*. Ficamos menos intrigados com o problema específico de recomendação de filmes da Netflix do que com a sua estratégia de busca de soluções. Nos anos desde 2009, quando o Prêmio Netflix foi finalmente conquistado, o campo da ciência de dados foi inundado com competições baseadas na web que imitavam a ideia do Prêmio Netflix. Sites como Kaggle, Crowd-ANALYTIX, Innocentive, TunedIT e muitos outros forneciam uma espécie de quadro digital de postagem para empresas, governos e indivíduos anunciarem concursos públicos para problemas analíticos de dados, com prêmios variando de 50 mil a 500 mil dólares em geral.

Esse novo espaço social — concursos públicos para descoberta de soluções — ofereceu a Devon e a mim uma oportunidade notável de olhar por trás da cortina e ver como as colaborações criativas de alto risco funcionam e como a conexão das equipes afeta a sua capacidade de inovação. Seria possível "gerenciar a inovação" projetando o tipo certo de redes sociais entre equipes de cientistas de dados? Será que construir uma infraestrutura de contágio dentro de equipes colaborativas ofereceria uma maneira útil de acelerar a descoberta de melhores soluções?

Com um generoso financiamento da National Science Foundation, Devon e eu construímos a nossa própria versão do Prêmio Netflix, chamada Annenberg Data Science Competition. De forma semelhante ao desafio da Netflix, construímos equipes de solução de problemas compostas por pesquisadores distribuídos globalmente e os encarregamos de acelerar avanços em aprendizado de máquina, inteligência artificial e análise estatística e computacional. Diferentemente do desafio da Netflix, nosso objetivo não era descobrir como gerar melhores recomendações de filmes. Em vez disso, nossa competição nos dava uma maneira de ver se organizar as conexões de rede entre nossas equipes de pesquisadores em diferentes padrões alteraria a capacidade de inovação dos pesquisadores. Será que o uso dos princípios do contágio complexo — conectar os pesquisadores em um padrão de rede de pesca — produziria maior inovação? Ou as equipes teriam um desempenho melhor se, em vez disso, projetássemos redes de pesquisadores para compartilhamento rápido de informações usando um padrão de fogos de artifício?

Recrutamos 180 cientistas de dados em *campi* universitários e portais de emprego e os dividimos aleatoriamente em dezesseis equipes — oito organizadas em padrões de fogos de artifício e oito em padrões de redes de pesca. Nas oito equipes de fogos de artifício, os pesquisadores (ou "competidores") estavam completamente conectados com os seus companheiros de equipe. O fluxo de informações era maximizado. A rede da equipe era um padrão denso de explosões de fogos de artifício. Todos em uma equipe podiam ver todas as melhores soluções de seus colegas à medida que as descobriam.

Nas oito equipes de redes de pesca, por outro lado, cada competidor estava conectado a apenas alguns membros de sua equipe. Eles podiam ver apenas as soluções dos colegas de equipe aos quais estavam diretamente conectados. Então, para saber sobre uma descoberta feita por um membro remoto da equipe (a vários passos de distância na rede), eles teriam que esperar que a ideia passasse por algumas pontes largas antes de finalmente alcançá-los.

Assim como o Prêmio Netflix, os competidores do nosso concurso estavam disputando prêmios em dinheiro. As recompensas dos pesquisadores eram atribuídas com base na qualidade de suas soluções finais. A melhor solução ganhava mais dinheiro. Mas nós adicionamos uma reviravolta: as equipes teriam apenas quinze minutos para resolver o problema.

A competição começou quando fornecemos a cada uma das equipes dados altamente detalhados de produtos e vendas extraídos de registros públicos de desempenho de empresas da *Fortune 500*. Os competidores foram convidados a descobrir o melhor modelo preditivo para explicar o sucesso dos produtos das empresas.

O que previa as vendas de sapatos? Era preço, estilo, endosso de celebridades ou alguma combinação desconhecida de fatores? O que determinava as vendas de cerveja? Era publicidade, sabor, teor alcoólico, segmentação regional, níveis de carbonatação ou uma combinação de outros fatores? Cada fator interagia com os outros; preços mais baixos pareciam impulsionar as vendas de calçados, até que você levasse em conta o endosso de celebridades, momento em que os preços *mais altos* aumentavam as vendas. Os conjuntos de dados tinham mais de quinze mil soluções possíveis.

A competição foi uma boa noção de como é a vida de qualquer equipe de pesquisa que trabalha em uma indústria de ritmo acelerado. Os competidores eram todos cientistas de dados inteligentes, bem treinados e altamente motivados. E todos eles estavam sob forte pressão de tempo para resolver um problema técnico desafiador.

Então, como eles se saíram?

No início, as oito equipes de fogos de artifício rapidamente saltaram à frente. Boas soluções chegaram a todos em apenas alguns minutos, e os membros da equipe se uniram com velocidade em torno de uma estratégia compartilhada. O problema era que, embora as primeiras descobertas de cada equipe fossem invariavelmente *boas* soluções, elas estavam longe de ser *a melhor solução possível*. E, uma vez que todos em uma equipe adotavam uma boa estratégia de solução, as explorações seguintes eram todas bastante semelhantes umas às outras. Todos começaram a olhar para o problema da mesma maneira. A inovação parou.

Devon e eu descobrimos que o problema com a rede de fogos de artifício era que boas soluções estavam se espalhando *rápido demais*. As pessoas pararam de explorar abordagens radicalmente diferentes e potencialmente inovadoras para o problema.

O que aprendemos foi que a descoberta, como a difusão, requer *agrupamento social*. A razão é que o agrupamento preserva a diversidade. Não diversidade demográfica. Mas a diversidade informacional.

Como as redes de pesca eram *menos eficientes* para difundir informações, elas impediam que as notícias de uma descoberta precoce e muito boa chegassem a todos da equipe muito rapidamente. Ao desacelerar as informações, a rede de pesca "protegia" os pesquisadores da exposição a soluções que poderiam desviá-los do caminho da descoberta de algo realmente inovador que ninguém mais esperava.

As redes menos eficientes para a *informação* foram mais eficientes para a *exploração*.

No início, esse resultado nos intrigou, mas depois começou a fazer sentido. Percebemos que um dos maiores obstáculos à inovação é que as soluções familiares são *contágios simples*. Elas são fáceis de entender e fáceis de espalhar. Elas se encaixam em nossa imagem preexistente de como o mundo funciona. Essas soluções previsíveis percorrem equipes conectadas em um padrão de fogos de artifício.

Organizamos a competição para que cada equipe fosse igual, composta por cientistas de dados com os mesmos níveis de habilidade técnica, experiência profissional e motivação financeira. Todas as equipes receberam problemas idênticos para resolver. Mas, no final da competição, todas as oito equipes de redes de pesca encontraram soluções melhores do que todas as oito equipes de fogos de artifício. De fato, cada equipe de rede de pesca encontrou uma solução melhor do que as *melhores* soluções encontradas em qualquer uma das equipes de fogos de artifício.

Em cada equipe, os pesquisadores exploraram furiosamente grandes combinações de variáveis, tentando encontrar o melhor modelo preditivo, até os últimos segundos da competição. Mas, nas equipes de fogos de artifício, as pessoas convergiram com tanta rapidez para a mesma abordagem que todas as suas explorações raramente melhoraram a descoberta inicial muito boa.

As equipes das redes de pesca começaram da mesma forma. As primeiras descobertas começavam a se propagar pela rede de cada equipe. Mas, à medida que essas soluções se espalhavam, outros membros da equipe que estavam mais distantes, explorando abordagens alternativas, encontravam soluções *melhores*. Enquanto essas novas descobertas começavam a se espalhar lentamente, pesquisadores de outra parte da rede encontravam soluções ainda melhores. Ao desacelerar a disseminação de informações, o padrão da rede de pesca aumentou a eficiência com que as equipes podiam explorar novas ideias.

As equipes de redes de pesca se saíram tão bem, na verdade, que Devon e eu começamos a nos perguntar como as suas soluções se compariam com abordagens baseadas em computador para resolver esses problemas complexos. Em campos como engenharia e medicina, a promessa da inteligência artificial (IA) tem sido um alívio bem-vindo para os gestores que tentam resolver problemas complexos e urgentes. Será que isso também seria verdade para os problemas em nossa competição?

Para descobrir, recrutamos um novo competidor: o *cluster* de supercomputadores da Universidade da Pensilvânia, que usamos para executar algoritmos abrangentes de IA para resolver as mesmas questões de dados que as equipes humanas haviam assumido.

Não ficamos surpresos ao descobrir que os algoritmos de IA, em geral, superavam as equipes humanas. Mas *ficamos* surpresos que isso era verdade apenas para equipes com redes de *fogos de artifício*. As equipes com um padrão de rede de pesca normalmente superavam os computadores!

Descobriu-se que os algoritmos sofriam do mesmo problema que encontramos nas redes de fogos de artifício: eles sabiam demais.

Os algoritmos de IA que usamos eram implacavelmente sistemáticos. Um algoritmo típico avaliava cada modelo preditivo para uma variável de cada vez. Ele selecionava a melhor variável e, em seguida, passava a procurar a próxima variável a ser adicionada. Ele adicionava ou excluía metodicamente cada variável até chegar à melhor solução.

Mas essa abordagem pode cair na mesma armadilha que fez os humanos tropeçarem nas equipes da rede de fogos de artifício. Se uma variável altamente preditiva for descoberta logo no início, todas as soluções futuras incluirão essa variável. E essa nem sempre é a abordagem correta. Pode existir uma combinação bizarra de variáveis, cada uma delas individualmente pouco promissora, mas coletivamente fornecendo uma solução superior. Um pesquisador só poderia descobrir essa solução improvável se fosse protegido desde o início de ser exposto a outras ideias mais convencionais e promissoras. Somente as pessoas que foram capazes de explorar variáveis que pareciam ter sucesso improvável acabavam por descobrir a solução ideal. Essa é uma abordagem que nem nossos algoritmos de IA nem as redes de fogos de artifício provavelmente seguiriam.

A marca registrada de uma equipe bem projetada é que ela preserva a diversidade intelectual enquanto permite a coordenação. Assim como na Broadway no final dos anos 1940 e 1950, o equilíbrio perfeito entre coordenação e criatividade é uma rede de pontes largas entre grupos de inovação independente. Em equipes bem projetadas, os membros da equipe são *protegidos* o suficiente para preservar a diversidade de informações. Isso permite que eles explorem terrenos improváveis com profundidade suficiente para descobrir algo inesperado. Mas isso os deixa *conectados* o bastante para que ideias inovadoras possam ser reforçadas assim que forem descobertas.

Para os gestores, isso significa que, quando os problemas são complexos, as equipes com reuniões mais curtas e menos frequentes podem superar o desempenho de equipes que mantêm um fluxo constante de informações por meio de reuniões maiores e mais frequentes. O CEO da Amazon, Jeff Bezos, fez uso inteligente dessa ideia com sua improvisada "regra de duas pizzas". Ele argumentava que as reuniões deveriam ser curtas o suficiente para alimentar a todos com duas pizzas. Se as reuniões exigissem mais pizzas, provavelmente eram longas demais; as redes provavelmente estavam muito conectadas; e o potencial de diversidade informacional, exploração e inovação provavelmente estava sendo perdido.

O problema dos fogos de artifício da China

Em seu estudo vencedor do Prêmio Pulitzer de 1999 sobre a história das civilizações, *Armas, germes e aço: os destinos das sociedades humanas*, Jared Diamond questiona por que as civilizações europeias triunfaram sobre civilizações de outros continentes ao longo dos últimos séculos. Um fator-chave na explicação é a capacidade das sociedades de desenvolver e difundir inovações com efeito. Um paradoxo particularmente significativo surge no caso da China.

No primeiro milênio d.C. (do ano 0 a 1000), a China desenvolveu e usou de forma produtiva a pólvora para armas de fogo, bússolas para navegação, a imprensa e o papel. Por volta de 1300 d.C., estudiosos chineses haviam desenvolvido tratados detalhados sobre os usos militares adequados de flechas de fogo, foguetes, armas de fogo, minas terrestres, minas navais, canhões e foguetes de dois estágios. Os europeus ainda lutavam entre si com espadas.

A vantagem chinesa não estava apenas na guerra. Desde 8500 a.C., já era rotina na China a produção de alimentos em larga escala. Nos séculos que se seguiram, ela liderou o mundo na consolidação sem precedentes do poder político em um vasto território, desfrutou de um sucesso incomparável na navegação global e alcançou o domínio sobre os mares.

Com a extensão do território que cobria, a China tinha todos os ingredientes geográficos para uma civilização de sucesso, com um ecossistema estável, fértil e diversificado, o que possibilitou o desenvolvimento de diversos tipos de lavoura e da pecuária. O sistema maciço de produção de alimentos da China tem sido notavelmente estável nos últimos dez mil anos.

Como Diamond escreve: "Um historiador que viveu em qualquer época entre 8500 a.C. e 1450 d.C., e que tentou prever futuras trajetórias históricas, certamente teria classificado o eventual domínio da Europa como o resultado menos provável". Durante a longa história de desenvolvimento e disseminação de inovações, a China dominou a Europa. Como, então, os estados atrasados da Europa passaram a dominar o mundo apenas alguns séculos depois?

A resposta envolve uma característica surpreendente das redes sociais. O padrão das redes informacionais na China era muito parecido com o das equipes de *fogos de artifício* que estudamos na competição de ciência de dados. Qualquer boa ideia que fosse descoberta na China era imediatamente conectada à capital e depois se espalhava pelo país.

Esse sistema centralizado de fluxo de informações acelerou a propagação de tecnologias pelo país com uma velocidade impressionante. Isso deu à China uma grande vantagem, permitindo o rápido desenvolvimento de armas, da agricultura e do governo. A capacidade de difusão rápida pode dar a uma população altamente conectada uma vantagem inicial. Mas a conectividade também traz desvantagens no longo prazo, que podem ser observadas na história da China.

O controle centralizado levou a uma rápida convergência de boas ideias. Mas essas redes eficientes de acesso à informação e controle político na China também significavam que a inovação independente poderia ser controlada e interrompida pelo governo central. Qualquer líder que quisesse retardar o processo de descoberta ou preservar uma determinada tecnologia ou prática cultural, poderia impedir unilateralmente todo o progresso no país inteiro. E foi exatamente isso que aconteceu. Como Diamond coloca, "a conectividade da China acabou se tornando uma desvantagem, porque uma decisão tomada por um único déspota podia deter a inovação, e *o fez repetidamente*".

Com a Europa, no entanto, a história era outra. Ela era composta por muitos estados diferentes, cada um com sua própria capacidade de invenção e exploração. Os estados europeus se assemelhavam mais às redes com formato de rede de pesca, ou seja, as fronteiras nacionais retardavam a disseminação da inovação, impedindo que uma inovação popular que se estabelecesse em um estado europeu tivesse autoridade sobre todos os outros. As inovações acabaram se espalhando pela Europa, mas muito mais lentamente do que na China. Enquanto isso, cada estado era livre para continuar explorando as suas próprias ideias.

Essa diversidade informacional e cultural permitiu muito mais exploração. Embora a China tenha tido uma vantagem de centenas de anos (e, em alguns casos, de milhares), quando as inovações chinesas chegavam à Europa, os estados europeus podiam adotá-las, mas também continuar inovando. Eles podiam continuar a experimentar e explorar de maneiras que os outros estados europeus não podiam imaginar e que o governo chinês não permitia para os seus próprios cidadãos.

Apenas algumas centenas de anos depois que as inovações chinesas chegaram à Europa, a rápida exploração e inovação europeia levaram a novos desenvolvimentos históricos — e a uma nova e expansiva fronteira ocidental. Os europeus logo invadiram as Américas e então se prepararam para avançar também para o oriente.

Poderia muito bem ter sido a China a explorar essas fronteiras. No início de 1400, décadas antes de a famosa tríade de navios de Cristóvão Colombo partir para o Novo Mundo, frotas chinesas compostas por centenas de navios cruzavam o Oceano Índico até a África. Os chineses tiveram uma vantagem tão grande, por que não seriam eles os primeiros a chegar às Américas?

Na época, entre 1405 e 1433 d.C., havia uma luta pelo poder na China. As facções que controlavam o treinamento de tripulantes e capitães não eram as mesmas que controlavam os portos. Para tirar o controle das facções de treinamento de capitães, as facções das capitanias dos portos fecharam todos os portos do país e proibiram totalmente o transporte de mercadorias. Na Europa, tal disputa teria fechado portos apenas dentro da região em litígio — sul da Itália, digamos, ou oeste da Escandinávia — sem interromper o transporte marítimo ou a exploração marinha em qualquer outro país; na China, a enorme conectividade da nação significou que essa disputa de poder afetou todo o país, resultando no fechamento completo de todos os estaleiros do território. Todos os portos chineses fecharam e permaneceram fechados por décadas. Nos últimos anos daquele século, a janela crucial para o domínio mundial da China foi perdida. Quando a China começou a reconstruir a sua indústria naval algumas gerações depois, os europeus já haviam se estabelecido no Novo Mundo e estavam expandindo a sua exploração da China.

Redes que facilitem a disseminação de ideias são necessárias para a inovação. As redes que levaram as inovações chinesas para a Europa foram essenciais para o Renascimento europeu e o eventual surgimento da

Europa da Idade Média. Mas, se as inovações se espalham muito rapidamente, ou se a conectividade for muito grande ou muito centralizada, as sociedades perdem a capacidade de exploração independente — um requisito vital para qualquer empresa bem-sucedida que tenta resolver problemas complexos sob competitivas pressões de tempo.

Assim como vimos na história do milho híbrido, uma estratégia essencial para a mudança social bem-sucedida — tanto para a descoberta de inovações quanto para a sua disseminação — é proteger os lugares da rede social que incubam a inovação. Uma infraestrutura de contágio composta por grupos sociais coesos com pontes largas entre eles acelera a inovação ao permitir que novas ideias se instalem — e depois decolem.

CAPÍTULO 12

Viés, crença e a vontade de mudar

Em uma cena agora famosa do clássico filme *Noivo neurótico, noiva nervosa*, de Woody Allen, Alvy Singer, interpretado por Allen, é questionado por seu psicoterapeuta com que frequência ele faz sexo com a sua namorada, Annie. Frustrado, ele responde: "Quase nunca, talvez três vezes por semana". Quando Annie, interpretada por Diane Keaton, ouve a mesma pergunta do seu próprio terapeuta, ela diz (em uma tela dividida): "Constantemente, eu diria três vezes por semana".

Engraçado, sim. Mas também muito revelador. Duas pessoas podem interpretar exatamente o mesmo evento ou informação de maneiras totalmente diferentes. Assim como dois grupos de pessoas, como executivos em cargos de diretoria e trabalhadores assalariados, ou como partidos políticos opostos. As redes sociais das pessoas em geral reforçam os seus sistemas de crenças, o que pode dificultar que pessoas que veem o mundo de forma diferente cheguem a um consenso sobre questões controversas.

O capítulo anterior mostrou como a infraestrutura de contágio foi essencial para a descoberta de novas ideias. Este capítulo mostrará como isso também pode ser essencial para a *aceitação* de novas ideias — particularmente ideias que certos grupos estão muito mais predispostos a aceitar do que outros.

O obstáculo climático da Nasa

As recentes descobertas da Nasa sobre as tendências globais no gelo marinho do Ártico são um exemplo disso. O gelo marinho do Ártico talvez seja o melhor indicador que temos para avaliar as mudanças climáticas no mundo. Quanto mais rapidamente os níveis de gelo marinho diminuem, mais iminente é o perigo do aumento no nível do mar, do aquecimento das temperaturas atmosféricas e da redução da salinidade do oceano. Cada um desses indicadores ameaça a sobrevivência dos ecossistemas marinhos costeiros e de águas profundas em todo o mundo. Se esses ecossistemas deixarem de existir, o restante do planeta também deixará.

Nos últimos trinta anos, a Nasa usou satélites orbitais para documentar essas tendências no Ártico. Em 2013, os resultados foram divulgados ao público. Para os cientistas da Nasa, eles apresentaram uma demonstração científica definitiva do rápido declínio no gelo marinho e da necessidade de uma ação imediata e decisiva. Notavelmente, embora o gráfico da Nasa mostrasse uma nítida tendência de queda nos níveis de gelo, despencando com muito mais velocidade nos últimos quinze anos, as interpretações públicas do gráfico foram contraditórias de maneira preocupante: alguns grupos tomaram o gráfico como evidência de que a ameaça de mudança climática havia sido superestimada.

Para examinar esse fenômeno mais de perto, dois de meus alunos de pós-graduação (Douglas Guilbeault e Joshua Becker) e eu conduzimos um estudo em 2017 no qual liberais e conservadores foram solicitados a usar os dados da Nasa para prever os níveis de gelo marinho do Ártico em 2025. A maioria dos liberais entendeu que o gráfico significava que o gelo do mar Ártico estava diminuindo. Mas quase metade dos conservadores concluiu que os níveis de gelo marinho do Ártico estavam *aumentando*. Eles previram que os níveis de gelo marinho do Ártico em 2025 estariam muito acima dos nossos valores atuais. Se eles estivessem certos, isso significava que todas as preocupações que os dados levantaram sobre a necessidade de desenvolver estratégias tecnológicas e de políticas públicas agressivas para lidar com (e, com sorte, desacelerar) uma crise climática iminente poderiam ser descartadas com segurança.

Funcionários da Nasa haviam pensado que as suas descobertas demonstrariam os perigos iminentes da mudança climática. Então, como o seu estudo de décadas comunicou exatamente o oposto a uma porcentagem significativa da população?

Como as redes afetam o viés

A resposta pode ser encontrada no trabalho de Leon Festinger, psicólogo de renome mundial. Festinger usou o termo *raciocínio motivado* para descrever a maneira como os vieses psicológicos e políticos de um indivíduo podem distorcer consideravelmente sua interpretação de informações neutras. Como ele mesmo colocou: "Um homem com uma convicção é difícil de mudar. Diga a ele que você discorda dele, e ele se afastará. Mostre a ele fatos ou números, e ele questionará as suas fontes. Apele à lógica, e ele não conseguirá entender o seu argumento".

Essa forma específica de viés cognitivo leva algumas pessoas a serem significativamente menos propensas a processar novos dados científicos sobre as mudanças climáticas de maneira racional. O que é pior, o viés é exacerbado pelas redes sociais. Pelo fato de as redes sociais serem os canais pelos quais tanta informação é transmitida, elas atuam como filtros sobre como *interpretamos* novas informações, tanto nas interações cara a cara quanto nas mídias sociais. O destino de muitos tópicos polêmicos agora é controlado, em um grau inquietante, pelas redes sociais pelas quais as informações trafegam — mesmo que essas informações contradigam a pesquisa científica mais impecável. Como vivemos em uma época de "bolhas" politicamente homogêneas e polarizadas, o viés partidário é muitas vezes reforçado por meio de interações repetidas entre pares com ideias semelhantes.

Ao estudar a reação às descobertas da Nasa, comecei a perceber que as bolhas são exatamente o que os estudiosos organizacionais chamam de *silos*. Os silos organizacionais surgem quando não há pontes entre os grupos, impedindo que informações valiosas transitem entre eles. Como você viu no Capítulo 6, uma ponte estreita pode disseminar informações, mas muitas vezes não é suficiente para transferir conhecimento entre grupos. Isso requer pontes largas.

Uma solução potencial para o problema das bolhas (e as crenças equivocadas que elas podem promover) é aumentar a largura da ponte entre as comunidades polarizadas. Talvez um pouco de reforço social ao longo do caminho pudesse ajudar a mitigar o aumento alarmante de divisões culturais e políticas. Isso é precisamente o que nosso estudo de 2017 sobre mudanças climáticas se propôs a fazer.

Quando descobrimos como as interpretações conservadoras e liberais do gráfico de mudanças climáticas da Nasa diferiam drasticamente, reunimos pessoas de ambos os grupos em redes sociais onde elas podiam interagir de forma direta e discutir as suas opiniões muito diferentes sobre as tendências climáticas. Cada rede social tinha quarenta pessoas (vinte republicanos e vinte democratas) conectadas em um padrão de rede de pesca. Replicamos o nosso estudo doze vezes (usando doze redes independentes, com um total de 480 pessoas). Decidimos desde o início que somente se houvesse uma redução de viés em todas as doze redes é que poderíamos concluir que pontes largas funcionam para reduzir a polarização política.

Então, essas interações resolveram o problema? As pessoas aprenderam umas com as outras e chegaram a um novo entendimento sobre as tendências climáticas?

Não, elas não fizeram isso.

Em todas as doze replicações do nosso estudo, tanto os democratas quanto os republicanos não conseguiram aprender nada de novo nem mudar as suas ideias. A polarização foi constante e não houve melhorias significativas na capacidade de entender ou interpretar os dados sobre mudanças climáticas da Nasa em nenhum dos grupos.

As pontes largas entre as linhas partidárias fracassaram em resolver o problema.

Mas então notamos algo.

Nós havíamos projetado a nossa interface experimental para se parecer com um site de mídia social, como o Twitter. No canto inferior esquerdo da tela, incluímos uma imagem do símbolo do Partido Republicano (um elefante vermelho, branco e azul) e uma do símbolo do Partido Democrata (um burro vermelho, branco e azul). Essas imagens não tinham nenhum propósito. Elas não indicavam com quem as pessoas estavam interagindo nem forneciam informações de filiação partidária para ninguém no estudo. Eram apenas gráficos divertidos e atraentes.

Isso não deveria ter feito diferença, certo?

Mas então olhamos para um grupo diferente de democratas e republicanos.

Eles estavam tão polarizados sobre o tema da mudança climática quanto o primeiro grupo. Nós os conectamos nas redes sociais como antes: 480 pessoas divididas em doze redes, cada rede metade republicana e metade democrata, cada uma conectada em um padrão de rede de pesca com pontes largas entre as comunidades políticas.

Desta vez, porém, removemos as imagens políticas da tela.

E desta vez foi tudo diferente.

As interações interpartidárias nessas redes não apenas aumentaram a "inteligência" do grupo — a capacidade de todos de ler o gráfico corretamente —, mas também eliminaram a polarização de crenças por completo. No final do estudo, as previsões de *ambos os lados,* liberais e conservadores, haviam se tornado muito mais precisas do que imaginávamos possível. Surpreendentemente, os dois grupos alcançaram quase 90% de precisão em sua interpretação dos dados da Nasa!

Todas as doze replicações mostraram a mesma coisa. A polarização política desapareceu. Em todos os grupos nos quais conectamos democratas e republicanos em uma rede de pontes largas entre eles, vimos melhorias dramáticas em sua capacidade de interpretar as tendências climáticas — em ambos os lados.

Mas, se as pontes largas são tão efetivas, por que essa estratégia fracassou totalmente na primeira vez, quando os símbolos dos partidos foram incluídos?

Qualquer um que já tenha tentado resolver disputas entre empresas em conflito, ou tentado lidar com tensões entre rivais de longa data, sabe que apenas conectar grupos conflitantes não resolverá os seus problemas. Feitas de forma incorreta, essas intervenções sociais podem sair pela culatra — tornando o conflito ainda pior.

Quando o *viés* está em ação, as pontes largas são apenas a primeira parte da solução. Há dois outros fatores que importam. O segundo é o *enquadramento* e como ele determina a relevância.

No Capítulo 7, você viu que os sentimentos de solidariedade e pertencimento ao grupo podem ser notavelmente contagiosos quando são socialmente reforçados. Você viu como eles foram usados para criar limites de grupos fictícios entre pré-adolescentes estadunidenses em um acampamento de verão em Oklahoma. Mesmo linhas superficiais de semelhança (como dividir os meninos entre Rattlers e Eagles) podiam ser usadas para espalhar contágios emocionais que desencadeavam a violência intergrupal. Da mesma forma, o estudo feito entre adolescentes cristãos e muçulmanos em Beirute mostrou que criar limites de grupo fictícios entre uma equipe de Blue Ghosts e uma equipe de Red Genies levou adolescentes muçulmanos e cristãos a se unirem na equipe Red em confrontos violentos com muçulmanos e cristãos da equipe Blue.

Vemos os mesmos efeitos no "mundo real" das mídias sociais. Democratas e republicanos interagem o tempo todo nas mídias sociais, frequentemente com resultados terríveis. A incivilidade e a crescente hostilidade exacerbam a polarização do grupo, aprofundando a inimizade entre as linhas partidárias.

Nossas descobertas mostraram que a causa dessa inimizade intergrupal não são as interações em si, mas como essas interações são enquadradas. Nas mídias sociais, as pessoas interagem em um mar de vídeos e imagens que as lembram que o mundo está polarizado.

Símbolos de partidos, ícones políticos e memes virais preenchem a twittersfera com imagens que enquadram o pensamento das pessoas em termos de sua identidade partidária. Essas imagens moldam o senso das pessoas sobre quem é relevante e quem não é. Elas determinam quem é visto como parte do endogrupo e do exogrupo e definem implicitamente os limites da influência social.

Descobrimos que esses recursos aparentemente irrelevantes das mídias sociais — em específico, as imagens que lembram as pessoas sobre as suas lealdades partidárias — têm uma influência poderosa no funcionamento das redes sociais. Pontes largas entre os grupos podem facilitar o aprendizado e a compreensão mútua, mas somente quando essas interações são enquadradas de uma forma que torna os diversos participantes relevantes uns para os outros. Se as interações são enquadradas de uma forma que desperta sentimentos de lealdade política, mesmo introduzindo algo tão trivial como um desenho de um burro e de um elefante, isso reduz a capacidade das pessoas de ouvir opiniões diversas e até mesmo de ver os fatos com clareza.

Para qualquer campanha de transformação social, é importante criar uma mensagem convincente. Mas os efeitos de enquadramento podem determinar o que as pessoas realmente ouvem. Como a Nasa descobriu, os efeitos de enquadramento podem ter um impacto maior sobre o que as pessoas acreditam do que a própria mensagem em questão.

Pontes largas e efeitos de enquadramento são duas peças essenciais do quebra-cabeça para entender como o viés opera nas redes sociais. A terceira e última peça do quebra-cabeça é a *centralização da rede social*. No início deste livro, apresentei a ideia de influenciadores altamente conectados no "centro" de uma rede social. Quanto mais conectadas essas pessoas estiverem em relação a todas as outras, mais *centralizada* será a rede. Uma rede social centralizada se assemelha a uma única explosão de fogos de artifício. Uma pessoa altamente conectada — uma estrela — está no centro da conversa. Esse indivíduo exerce uma influência desproporcional sobre o fluxo de informações entre todos os outros. As vozes da periferia são facilmente silenciadas.

O polo oposto é uma rede de pesca. Em vez de ser centralizada, essa rede é *igualitária*.

Em uma rede igualitária, todo mundo tem uma voz igual na conversa. Em essência, todo mundo é parte de uma grande periferia interconectada. As pessoas em geral interagem em pequenos grupos, e as ideias fluem através de pontes largas entre elas. A característica-chave de uma rede igualitária é que novas ideias e opiniões podem surgir de qualquer lugar na comunidade e se propagar para todo mundo sem ser bloqueadas por uma estrela social poderosa no centro da rede.

Nos capítulos anteriores, você viu por que as redes centralizadas são excelentes para propagar contágios simples, mas não muito efetivas em disseminar os contágios complexos. Agora quero mostrar por que esse recurso de redes centralizadas as tornam propensas a aumentar o viés na opinião das pessoas — e o que você pode fazer a respeito disso.

Em nossos experimentos sobre como as pessoas interpretam dados de mudanças climáticas da Nasa, nós colocamos democratas e republicanos em padrões de rede de pesca. Para ver como a centralização da rede afetaria os resultados, realizamos uma nova série de estudos. Testamos o que aconteceria se trabalhássemos com a nossa segunda experiência novamente — aquela *sem* as imagens políticas. Mas, desta vez, os democratas e os republicanos seriam colocados em uma rede centralizada — com um padrão de uma única explosão de fogos de artifício — em vez de uma rede de pesca. Fizemos o experimento escolhendo aleatoriamente diferentes pessoas para estar no centro da rede — às vezes um democrata, outras vezes um republicano.

Desta vez, a polarização não foi um problema. Mas o viés sim. Se a pessoa central tivesse algum viés, ele seria amplificado por todo o restante da rede. A centralização da rede fez com que toda a população — tanto democratas quanto republicanos — tendesse para o ponto de vista da pessoa central.

Há uma ponta de esperança na centralização. Se a pessoa no centro da rede tiver uma opinião perfeitamente imparcial, a sua influência pode reduzir o viés de todo o grupo.

Mas é uma ponta de esperança muito pequena. Mesmo pequenos vieses ou erros da pessoa central podem aumentar a tendência de toda a população na direção de uma opinião enviesada.

Descobrimos que esse problema é menos grave em grupos mais diversos, como redes compostas por democratas e republicanos com uma ampla gama de pontos de vista. Os seus pontos de vista diversos podem ajudar a mitigar o viés de um indivíduo central.

A centralização é um problema muito maior em grupos de pessoas com mentalidade semelhante. Quando as comunidades são organizadas em linhas de crenças políticas, sociais ou culturais compartilhadas, as ideias que reforçam as crenças existentes de uma comunidade são os contágios simples: elas são fáceis de entender e fáceis de se propagar. Dentro das bolhas políticas, influenciadores altamente conectados no centro da conversa podem difundir informações erradas que afetam os vieses de um grupo com facilidade.

Por outro lado, ideias contenciosas que *desafiam* os vieses de um grupo são contágios complexos: essas ideias enfrentam forte oposição e, portanto, é improvável que surjam de indivíduos altamente conectados enfrentando um mar de influências compensatórias. É mais comum que novas ideias que desafiam o *status quo* surjam na periferia da rede moderadamente conectada — onde a voz de todos é igualmente ouvida e onde novas ideias podem ser reforçadas entre os pares e protegidas de muitas influências compensatórias.

O problema do viés afeta a todos, desde CEOs poderosos até os cidadãos mais vulneráveis do país. A assimetria natural na influência dos influenciadores — eles são bons em propagar contágios simples, mas ruins em espalhar contágios complexos — pode ser particularmente importante para a disseminação de desinformação que explora os preconceitos de uma comunidade. Por exemplo, pesquisas sobre comunidades carentes, em particular de mulheres afro-americanas e latinas, descobriram que os membros dessas comunidades relatam níveis desproporcionais de desconfiança em relação aos cuidados médicos convencionais — muitas vezes devido a anos de tratamento precário e discriminatório. Como resultado, influenciadores altamente conectados nessas comunidades podem ser eficazes para espalhar informações erradas que amplificam a desconfiança das pessoas em relação a medidas preventivas atuais de saúde, como controle de natalidade, vacinação e medidas de prevenção contra a covid-19. A fácil disseminação dessa desinformação pode, por sua vez, exacerbar ainda mais as desigualdades em saúde, tornando as comunidades que já desconfiam dos cuidados de saúde convencionais cada vez mais vulneráveis a sofrer resultados de saúde negativos, mas evitáveis.

E isso não acontece só na saúde pública.

Como você verá a seguir, as redes centralizadas podem aumentar o viés — e as redes igualitárias podem reduzi-lo — entre gestores corporativos, líderes políticos e treinadores esportivos profissionais. Até mesmo entre médicos que tomam decisões de vida ou morte.

A maioria de nós foi ensinada a pensar no viés como uma característica das crenças individuais das pessoas — algumas pessoas são tendenciosas e outras não. Mas as formas mais importantes de viés não estão na cabeça das pessoas, e sim em suas redes sociais.

Uma revolução (lentíssima) na medicina

Em 1929, Werner Forssmann era um ambicioso cardiologista de 25 anos que trabalhava em um pequeno hospital na remota cidade alemã de Eberswalde. Ele teve uma grande ideia que transformaria o campo da cardiologia. A sua ideia era sobre os pequenos tubos de plástico que os médicos chamam de *cateteres*.

Desde o final de 1800, os cateteres eram usados por via intravenosa na urologia e áreas afins para ajudar fluidos como o sangue e a urina a sair do corpo.

A estranha nova ideia de Forssmann era que essa técnica também poderia ser usada *dentro* do coração. E se você pudesse empurrar esses cateteres do braço de um paciente até a cavidade torácica? Isso permitiria que os médicos examinassem a qualidade do músculo cardíaco de um paciente, identificassem o tecido doente e até mesmo administrassem medicamentos que salvam vidas diretamente no pericárdio.

Havia uma boa razão para *não* fazer isso — a saber, que toda a comunidade médica concordava que empurrar um tubo de plástico para dentro do coração de uma pessoa a mataria imediatamente.

Toda a comunidade médica, menos Forssmann.

Ele havia lido sobre o procedimento sendo realizado em animais e não via razão para que não funcionasse igualmente bem em seres humanos. Na época, não havia salas cirúrgicas ou laboratórios montados para lidar com esse procedimento. Será que era realmente possível inserir um tubo plástico de um metro e meio de comprimento no braço ou na perna de um paciente e guiá-lo até o coração — sem matá-lo? Como você poderia ver quando o tubo chegasse à veia cava ou ao átrio direito? E, mesmo que você conseguisse levá-lo até lá, como o usaria para diagnóstico ou tratamento?

Forssmann tinha algumas ideias.

Ele convenceu uma enfermeira, chamada Gerda Ditzen, a ajudá-lo. Forssmann disse a ela que planejava realizar o procedimento em si mesmo. Isso parecia suicídio para Ditzen, então ela insistiu que ele realizasse o procedimento nela. Dessa forma, se algo começasse a dar errado, ele poderia abortar o procedimento antes que aquilo se tornasse potencialmente fatal.

Ele concordou. Assim que ela lhe deu acesso à sala cirúrgica e a todos os materiais estéreis necessários para anestesia, incisão, cateterização e extração, ele usou as amarras de contenção cirúrgica para prendê-la à mesa de operação. Ela estava pronta.

Mas Gerda não sentiu nada.

Ela esperou pela incisão, antecipando a sensação incômoda do tubo de plástico deslizando para dentro do seu braço. Forssmann se inclinou e pareceu começar o procedimento. Parecia que ele estava fazendo o corte e inserindo o tubo. Mas ela ainda não podia sentir nada. Não demorou muito para ela perceber que ele havia astutamente colocado o braço dele ao lado do dela. Em vez de cortá-la, ele havia feito a incisão em si mesmo!

Ela estava impotente amarrada à mesa enquanto o jovem cardiologista enfiava o tubo de plástico em seu próprio antebraço. Ela assistiu horrorizada enquanto ele empurrava o cateter cada vez mais para dentro do seu corpo, procurando por sua própria cavidade torácica.

Ela estava apavorada. Parecia que ele iria se matar.

Mas o jovem médico tinha um plano.

Ele pediu a Ditzen que descesse com ele até a sala de radiografia. Ela concordou. Ele a soltou de suas contenções. Os dois saíram apressados da sala de cirurgia pelo longo corredor até o departamento de radiografia, com vários metros de tubo de plástico enrolado ainda saindo do braço esquerdo de Forssmann. Ele se posicionou em frente à máquina de radiografia e observou a própria cavidade torácica no monitor enquanto guiava o cateter tórax acima, ao redor do saco pericárdico e para dentro do ventrículo direito. Ele fez Ditzen tirar uma chapa de radiografia de seu trabalho. Ela mostrava o tubo de plástico dentro do antebraço esquerdo de Forssmann, estendendo-se até a cavidade do ombro, passando pela cavidade torácica e pousado confortavelmente dentro do coração. O experimento ousado de Forssmann havia funcionado.

Semanas antes, o chefe de Forssmann, o cirurgião-chefe do hospital, havia proibido Forssmann de tentar esse procedimento. O que o chefe achava disso agora?

Ele ficou furioso e encantado. Furioso por Forssmann ter sido tão imprudente com o seu próprio bem-estar (e ter desrespeitado a sua ordem de forma tão flagrante). Mas o chefe não podia deixar de ficar encantado com o fato de que havia funcionado. Ele sabia que o pequeno hospital de Eberswalde estava prestes a entrar para a história da medicina.

Antecipando reações indignadas de seus pares, Forssmann e seu chefe decidiram demonstrar o valor terapêutico do procedimento. Eles usaram o método de cateter para administrar medicação cardíaca diretamente no ventrículo direito de um paciente cardíaco terminal. O método provou ser muito mais eficaz terapeuticamente do que a abordagem padrão de injeção intravenosa. Com essa demonstração concluída com sucesso, Forssmann sentiu-se pronto para anunciar a sua ideia revolucionária para o mundo.

Ele submeteu o relatório sobre o procedimento a uma conhecida revista médica alemã. Em apenas algumas semanas, o artigo foi aceito para publicação.

Parecia que Werner Forssmann estava a caminho da fama e da fortuna. Naquele ano, ele havia se mudado do pequeno hospital de Eberswalde para o prestigioso Hospital Charité em Berlim, onde planejava continuar o seu trabalho pioneiro em cateteres cardíacos.

E então o artigo foi publicado.

Assim que as descobertas inovadoras de Forssmann foram publicadas, sua carreira começou a desmoronar. A comunidade médica não aceitou de bom grado aquele cirurgião arrivista que usou um procedimento autoadministrado de forma imprudente para desafiar a sabedoria popular da cardiologia.

Em 1929, as normas sociais na medicina já estavam bem estabelecidas. Forssmann as violara nitidamente. Quanto mais atenção o artigo inovador recebia da imprensa internacional, mais ressentimento ele despertava em seus pares da comunidade médica. O seu novo chefe, o cirurgião-chefe do Hospital Charité, ordenou a demissão imediata de Forssmann. O jovem cirurgião foi mandado embora.

Nos trinta anos seguintes, Forssmann andou de um lado para outro, trabalhando em cardiologia, urologia e outros departamentos, nunca se estabelecendo em uma carreira adequada na medicina.

Talvez você se lembre da reviravolta nessa história apresentada no início deste livro. Algumas décadas depois, Forsmann, agora na casa dos cinquenta anos, tinha conseguido um cargo de urologista em um hospital local na pequena cidade alemã de Bad Kreuznach. Em uma noite fria do outono de 1956, quase trinta anos depois de sua única grande publicação, Forssmann estava tomando uma bebida no pub local. A sua esposa ligou para o bar para dizer a ele que voltasse para casa porque um repórter estava tentando encontrá-lo. Mas Forssmann não estava interessado em falar com repórteres, então ficou com os seus amigos para outra rodada de bebidas. Por volta das dez da noite, quando Forssmann finalmente voltou para a sua modesta casa de campo, ele recebeu uma ligação informando que ele havia ganhado o Prêmio Nobel de Medicina e Fisiologia de 1957.

Hoje, o cateterismo cardíaco é um dos procedimentos mais rotineiros da medicina, usado para diagnóstico e tratamento em todos os principais departamentos de cardiologia do mundo.

Mas o cateterismo demorou muito para chegar lá.

Alguns capítulos atrás, eu mostrei como funcionam as normas sociais e por que elas podem ser tão difíceis de mudar. Você pode imaginar que as normas sociais não desempenhariam nenhum papel na forma como os médicos tomam decisões. Afinal, espera-se que a ciência médica seja objetiva e empírica.

Infelizmente, os médicos são tão suscetíveis às influências das normas sociais quanto todos os outros. Talvez ainda mais.

No Capítulo 10, você viu como os agricultores estavam relutantes em adotar o milho híbrido, em parte porque havia consequências para a reputação que poderiam assombrar um agricultor que tomasse uma decisão imprudente. À medida que as apostas aumentam, os riscos sociais de tomar uma decisão impopular são maiores. Em profissões que envolvem tanto uma grande incerteza quanto altos riscos — como a economia e a medicina —, as pessoas bem-sucedidas estão altamente cientes das normas sociais em sua comunidade profissional. Quanto maiores as apostas e maior a incerteza, maior a conformidade das pessoas com as normas sociais.

Em 2020, um estudo inovador desse fenômeno, liderado por Nancy Keating, da Harvard Medical School, mostrou que a disposição dos médicos em usar novas terapias biológicas para tratar pacientes com câncer depende crucialmente das redes sociais dentro de sua comunidade médica.

Keating e sua equipe examinaram as decisões de tratamento de mais de 800 médicos, em 432 consultórios, localizados em mais de 400 comunidades médicas diferentes. Ao longo de seu estudo de quatro anos, iniciado em 2005, a equipe de Keating examinou as razões pelas quais os médicos trocaram os tratamentos quimioterápicos tradicionais de seus pacientes com câncer para a nova terapia biológica, o bevacizumabe. Keating descobriu que nem a natureza da doença de um paciente nem as características da formação e experiência de um médico podiam explicar por que alguns pacientes receberam o novo tratamento enquanto outros não. Nem mesmo o tamanho do consultório de um médico parecia importar. Pacientes com câncer de mama clinicamente idênticas — tratadas por médicos treinados de forma semelhante, com origens semelhantes e tipos de práticas semelhantes — estavam recebendo tratamentos totalmente diferentes. A explicação óbvia era dinheiro. Mas, surpreendentemente, a análise de Keating descobriu que nenhuma teoria econômica padrão ou diretriz médica poderia explicar por que algumas comunidades médicas adotaram o tratamento e outras não.

Finalmente, eles descobriram a explicação.

Ela não era médica nem econômica.

Era social.

O uso do bevacizumabe pelos médicos era determinado pelo reforço em suas redes sociais. Uma vez que um tratamento atingia uma massa crítica na comunidade de um médico, ele era socialmente aceitável para uso. Se o tratamento não tivesse se consolidado na rede social de um médico, ele provavelmente não o usaria.

Keating e a sua equipe descobriram que não era a conscientização informacional que determinava se os oncologistas usariam o novo tratamento. Eles precisavam ver que o tratamento era considerado legítimo dentro de sua rede social antes de prescrevê-lo. Quanto mais reforço social recebiam, maior a probabilidade de eles prescreverem o tratamento.

Isso não é necessariamente uma coisa ruim. Como você viu em nosso estudo sobre as avaliações de democratas e republicanos a respeito dos dados climáticos da Nasa, a influência social das redes de pares pode melhorar significativamente o julgamento das pessoas. Com a rede social certa, não é uma má ideia que os médicos confiem na sabedoria de seus pares quando há incerteza sobre um novo tratamento.

Mas, com a rede errada, isso também pode dar terrivelmente errado.

Uma segregação por cor nos cateteres?

Na década de 1990, o Prêmio Nobel de Medicina e Fisiologia de Forssmann havia se tornado uma lenda. A história foi repetida por décadas como um conto inspirador para médicos jovens e rebeldes. O procedimento de cateterismo cardíaco tornou-se bem estabelecido. As diretrizes médicas dos Estados Unidos estipulavam quando ele era necessário, e todos os grandes hospitais do país tinham salas de cirurgia projetadas para isso.

Em 1997, porém, um grupo de cientistas sociais e médicos da Universidade da Pensilvânia, da Universidade de Georgetown e da RAND Corporation começaram a investigar uma suspeita. Eles acreditavam que esse procedimento que salva vidas não estava sendo usado de uma maneira justa. Suspeitavam que havia certa discriminação sistemática, de acordo com a raça e o sexo, na forma com a qual os médicos recomendavam quem deveria ou não receber o cateterismo cardíaco.

Pesquisas anteriores haviam estabelecido o poder destrutivo da assistência médica desigual nos Estados Unidos. Em geral, o viés na assistência médica está enraizado em disparidades genuínas em estatísticas médicas, que mostram que os resultados de saúde variam amplamente com base na riqueza, na dieta, em fatores ambientais e na raça. Esses fatores estão frequentemente correlacionados. Quando essas correlações se tornam bem conhecidas dentro da comunidade médica, os médicos as aceitam como inevitáveis com regularidade. Então as normas sociais assumem o controle: os médicos começam a desenvolver expectativas sobre os pacientes com base na raça deles, o que seus colegas muitas vezes reforçam de maneira inconsciente.

A conclusão é que os maus resultados de saúde para pacientes negros são mais propensos a serem atribuídos ao estilo de vida ou aos antecedentes do que ao tratamento médico inadequado. Os médicos às vezes também fazem suposições semelhantes baseadas no estilo de vida de pacientes brancos, mas não com tanta frequência. Os homens brancos, em particular, são o grupo menos propenso a sofrer os efeitos desses tipos de vieses.

A razão pela qual é difícil corrigir esses vieses é que eles são muitas vezes inconscientes ou *implícitos*. O problema com o viés implícito é que ele não vive dentro dos corações e das mentes de médicos e enfermeiras intolerantes; ele vive dentro das normas sociais profissionais e das redes que as reforçam. Dezenas de estudos nas últimas décadas nos Estados Unidos descobriram que o viés implícito permeia a tomada de decisões médicas por todo o país. Estudos descobrem que as mulheres negras levam a pior no dia a dia. Nem mulheres negras abastadas, instruídas e respeitadas são tratadas com o mesmo padrão de cuidado que os homens brancos.

Os pesquisadores do cateterismo cardíaco, portanto, tinham boas razões para suspeitar que os médicos estavam tomando decisões desiguais sobre o tratamento dos pacientes. Mas como eles poderiam mostrar isso? Nenhum cardiologista nos Estados Unidos acreditaria que já ter feito uma recomendação clínica racista ou sexista, muito menos admitiria isso em uma pesquisa.

Os estudiosos bolaram um plano engenhoso para ver se os cateteres cardíacos estavam de fato sendo prescritos de forma equitativa. Eles montaram cabines de computadores privadas nas reuniões anuais de 1997 do American College of Physicians e da American Academy of Family Practice. Estandes como esses são comuns nos congressos anuais dos médicos. Os participantes normalmente recebem pequenos incentivos monetários para participar de pesquisas e estudos em andamento. Os pesquisadores projetaram habilmente a sua cabine para se parecer com uma cabine de votação, cercada por cortinas grossas, para que os médicos pudessem participar de forma anônima.

Cada participante do estudo via uma tela de vídeo na qual um paciente descrevia os sintomas que tinham. Era como uma visita virtual ao consultório médico. Os médicos eram então solicitados a responder a uma série de perguntas sobre a condição do paciente e, finalmente, solicitados a determinar se aquele paciente deveria receber um cateter cardíaco.

Esse tipo de cenário de "paciente virtual" é básico na formação médica. Ao longo da faculdade de medicina, residência e bolsa, os médicos são regularmente expostos a experiências com pacientes padronizadas como essa. Seja pessoalmente ou por vídeo, os médicos são solicitados a diagnosticar os atores que fingem ser pacientes. Os atores retratam os sintomas, a linguagem corporal e até a fala arrastada (por exemplo, para um caso de lesão cerebral) que seriam típicos de um paciente real com essa condição. O trabalho do médico é descobrir o problema, fazer o diagnóstico correto e prescrever o teste ou tratamento adequado. É uma prática tão comum que alguns atores ganham bem a vida com um trabalho em tempo integral como pacientes padronizados para hospitais conhecidos. Não há engano envolvido: os médicos sabem que os atores são atores. Mas eles também sabem que estão sendo avaliados com base em seu desempenho, então levam o teste a sério.

O que os médicos que participaram desse estudo não sabiam era que havia dezenas de variações diferentes do vídeo do paciente. Em cada uma, os pacientes apresentavam sintomas, histórias e registros médicos ligeiramente diferentes. Esse enorme número de variações tornava improvável que dois médicos que se encontrassem em uma das reuniões anuais pudessem comparar notas sobre as suas experiências, uma vez que os casos que cada um deles vira provavelmente haviam sido diferentes.

Também desconhecido pelos médicos, o real objetivo do estudo não era a maioria dessas variações. O verdadeiro projeto experimental variava sistematicamente a raça e o sexo dos pacientes nos vídeos para ver se essas características dos pacientes afetavam as recomendações dos médicos.

O artigo atingiu o *New England Journal of Medicine* (NEJM) como uma bomba atômica. As descobertas mostraram que mulheres negras eram significativamente menos propensas a receber cateterismo cardíaco do que homens brancos. Foi o primeiro experimento controlado a demonstrar um efeito direto do preconceito racial e de gênero nas recomendações de tratamento dos médicos. Dezenas de notícias e comentários foram escritos sobre ele, e centenas de artigos subsequentes o citaram. Os resultados aguçaram o pensamento de todos sobre a desigualdade no atendimento à saúde. O viés implícito estava agora no centro da conversa.

A questão desde então tem sido o que fazer em relação a isso.

Redes de "desenviesamento"

Você já viu como as redes sociais igualitárias foram capazes de eliminar o viés entre democratas e republicanos que avaliavam os dados climáticos da Nasa. Eu acreditava que isso também funcionaria para médicos avaliando pacientes.

A questão era como demonstrar isso.

Uma resposta inesperada veio do NEJM.

Acontece que os médicos gastam um tempo enorme respondendo a questionários profissionais. Às vezes, esses questionários são feitos por dinheiro, similares aos oferecidos no congresso anual do American College of Physicians. Em outros casos, os médicos recebem crédito profissional por responderem a questionários que demonstram que eles estão atualizados sobre os novos avanços médicos. Cada edição do NEJM inclui esses questionários nas últimas páginas da revista. Os médicos escrevem suas respostas e, em seguida, verificam ansiosamente a edição da semana seguinte para ver se estavam corretas.

Em 2016, tive a ideia de criar um jogo de perguntas e respostas semelhante para avaliar o viés no raciocínio médico dos profissionais da saúde. Eu executaria o estudo nacionalmente, com centenas de clínicas. Seria como o estudo do cateterismo cardíaco realizado duas décadas antes, mas, em vez de os médicos assistirem a vídeos de pacientes cardíacos fictícios em uma cabine de votação em um congresso anual, eles os assistiriam e tomariam suas decisões de diagnóstico e tratamento na internet. Reuni uma equipe de colegas da Universidade da Pensilvânia e da Universidade da Califórnia, em São Francisco, e juntos trabalhamos para projetar tal experimento.

A primeira coisa que percebemos foi que, para recrutar médicos em exercício, precisaríamos fazer com que os incentivos valessem a pena. Decidimos pagar a eles centenas de dólares se acertassem as respostas, mas não lhes daríamos nenhum pagamento caso errassem. Funcionou: o nosso recrutamento foi bastante eficaz. Milhares de médicos de todo o país se registraram avidamente em nosso estudo e baixaram o aplicativo.

Ao longo de dois meses, realizamos sete repetições do experimento. Cada um começava com o envio de notificações para todos os médicos que se registraram. Eles podiam ignorar a notificação se estivessem ocupados ou clicar no link se quisessem participar de um questionário. Normalmente, centenas de médicos respondiam a cada vez.

Quando o estudo começava, os médicos viam um vídeo do paciente, exatamente como aqueles usados no estudo de cateterismo cardíaco. Havia duas versões do vídeo, e os atores em cada uma seguiam o mesmo roteiro. Eles se queixavam de aperto no peito e de ter histórico familiar de problemas cardíacos. Mas em um vídeo o paciente era uma mulher negra e, no outro, um homem branco. Os médicos foram então solicitados a selecionar a melhor opção de tratamento. As opções variavam entre enviar o paciente para casa, encaminhá-lo ao pronto-socorro para avaliação imediata e recomendar cirurgia cardíaca imediata.

Havia quatro condições em cada estudo. Os médicos nas duas primeiras condições trabalharam sozinhos, assim como os médicos do estudo original de 1997. O primeiro grupo era composto por quarenta clínicos independentes que assistiram ao vídeo da paciente negra e indicaram o seu tratamento recomendado. Um segundo grupo de quarenta médicos independentes assistiu ao vídeo do homem branco e fez o mesmo. Depois de ter tempo para refletir sobre a decisão, os médicos de ambos os grupos foram autorizados a revisar suas respostas, se quisessem, e então enviar a resposta final.

Esperávamos que esses dois grupos sozinhos produzissem alguns dados úteis sobre o viés implícito na medicina. Mas o meu real interesse era saber como a dinâmica das redes poderia afetar esses vieses. Nossa esperança era que os dois grupos restantes pudessem fornecer algumas respostas. A um grupo foi mostrado o vídeo da mulher negra e, ao outro, o vídeo do homem branco. Mais uma vez, cada grupo de quarenta clínicos enviou independentemente a sua recomendação inicial. Em seguida, conectamos cada grupo em sua própria rede igualitária. Em cada rede, os médicos podiam compartilhar anonimamente com os seus contatos as suas decisões iniciais de tratamento, ver as decisões de seus contatos e revisar as suas respostas, se quisessem. Por último, os médicos foram solicitados a enviar as recomendações finais.

As respostas iniciais de cada grupo revelaram um grau de viés perturbador. A recomendação correta era encaminhar o paciente ao pronto-socorro para avaliação imediata. No entanto, descobrimos que homens brancos tinham quase duas vezes mais chances de serem encaminhados para avaliação imediata do que mulheres negras. Esse é um nível impressionante de desigualdade. Isso significava que as mulheres negras que precisavam de monitoramento cardíaco imediato eram mandadas para casa com regularidade.

Nos grupos de controle, quando os médicos tiveram a oportunidade de refletir sobre suas respostas antes de enviar as recomendações finais, nada mudou. As respostas finais foram tão tendenciosas quanto as iniciais. Foi desanimador.

Mas os grupos experimentais mostraram algo notável.

Depois que os médicos trocaram suas opiniões em redes igualitárias, a taxa de encaminhamento de mulheres negras para avaliação imediata quase dobrou. Ao final do estudo, não havia diferença significativa na taxa de encaminhamento de homens brancos e mulheres negras. Na verdade, descobrimos que, para *ambos* os pacientes, os médicos nas redes igualitárias eram incrivelmente *onze vezes* mais propensos do que os médicos nos grupos não conectados a mudar o tratamento inicial não satisfatório para oferecer o cuidado correto no final. Em termos práticos, isso significa que um médico que teria *erroneamente* dispensado um paciente com uma doença cardíaca perigosa era agora 1.000% mais propenso a tomar a decisão *correta*, encaminhando o paciente para o pronto-socorro. Isso simplesmente como resultado de sua rede social.

Além do estudo cardíaco, realizamos mais de meia dúzia de versões desse experimento usando diferentes casos clínicos — desde a prescrição de opioides até o tratamento de diabetes. Ao todo, executamos mais de cem replicações. Os resultados foram consistentes: médicos que compararam anotações em uma rede igualitária não foram apenas menos enviesados em suas recomendações de tratamento; eles também foram mais propensos a fornecer melhor tratamento a seus pacientes de todas as raças e origens.

Especialistas na borda externa

Uma das descobertas mais inesperadas desses experimentos foi que os médicos que pontuaram alto em alguns questionários tiveram uma pontuação baixa em outros. O melhor clínico individual obteve resultados diferentes de um questionário para outro. Na rede de pesca, essas alterações no desempenho individual de um questionário para o outro não afetaram as melhorias no desempenho de todos da rede em cada questionário. Mas essa variação destaca um dos principais (e inevitáveis) problemas das redes centralizadas: a mesma pessoa está sempre no centro.

Um cirurgião de alta autoridade provavelmente terá uma influência desproporcional, mesmo em tópicos clínicos que estão bem distantes de sua especialidade. Quando estão errados sobre alguma coisa — como às vezes estarão —, suas ideias erradas se propagarão rapidamente.

Como esse problema pode ser resolvido na vida real? Como podemos aumentar a influência das pessoas na periferia da rede? Será que realmente é possível tornar uma rede centralizada mais igualitária?

Em 2018, o ex-presidente dos Estados Unidos, Barack Obama, abordou essa mesma questão em uma palestra na Sloan School of Management do MIT. Ele estava falando sobre como os líderes tomam boas decisões em situações de incerteza.

Ele descreveu uma ocasião em que estava em uma mesa com membros do seu ministério, enfrentando uma difícil decisão política. Ele notou como o carvalho escuro e polido da mesa e as altas cadeiras de couro onde ele e os seus ministros estavam sentados impunham autoridade. Então, em tom de brincadeira, observou: "Tudo parecia muito presidencial".

Ele se lembrou de como um exército de funcionários se alinhava na periferia mal iluminada da sala. Esses eram os soldados de baixa patente — os analistas de dados, especialistas em políticas públicas e redatores, com "pastas e anotações", cujo trabalho era preparar os materiais que os membros do ministério usariam para fazer as suas recomendações. Obama observou incisivamente que as pessoas "importantes" sentadas ao redor da mesa não tinham tempo de analisar os dados. Em vez disso, eles costumavam passar os olhos pelas informações políticas de alto nível preparadas pelos membros sêniores da equipe para então, Obama acrescentou, mais ou menos em tom de brincadeira: "explicar [o assunto], provavelmente de forma imprecisa".

Ele admitiu que a enorme complexidade do mundo moderno exigia esse tipo de destilação para condensar centenas de páginas de pesquisa em informações úteis para o presidente. Mas então chamou nossa atenção para o seu *insight* fundamental sobre como a tomada de decisões tem sucesso ou fracassa. Tudo se relaciona à periferia da rede.

"Um truque meu era que eu tinha o hábito de chamar essas pessoas na borda externa" — ou seja, os funcionários escondidos nas beiradas da sala —, "porque eu sabia que eles estavam fazendo todo o trabalho". Os funcionários ficavam apavorados e haviam sido instruídos por seus chefes a não falar. Mas, quando o presidente explicitamente os chamava, eles eram forçados a obedecer, trazendo suas informações úteis da periferia da rede para o centro da conversa.

Obama acrescentou: "Se você quer um amplo conjunto de vozes, você as terá". Elas estão lá na periferia — na "borda externa". Mas ele enfatizou que os líderes precisam ter a intenção de trazer essas vozes para a conversa. Obama concluiu: "Na cultura de hoje, se você não estiver fazendo isso deliberadamente, então ficará para trás. Isso é verdade na política e é verdade nos negócios".

Como mudar a mente de um treinador

Alguns anos atrás, recebi um telefonema do diretor de pesquisa em performance e desenvolvimento do Philadelphia 76ers. Ele tinha visto algumas de minhas pesquisas sobre redes sociais e se perguntou se meu trabalho poderia ser útil para a NBA.

O problema, ele explicou, era o recrutamento.

Se você leu *Moneyball: o homem que mudou o jogo*, de Michael Lewis (ou viu o filme estrelado por Brad Pitt e Jonah Hill), entenderá imediatamente o problema: o recrutamento esportivo profissional, não muito diferente da medicina, tem sido um clubinho fechado. A maioria dos olheiros profissionais são ex-jogadores ou dirigentes. Eles têm tendências bem estabelecidas sobre como avaliar os jogadores. Normas de longa data no recrutamento podem privilegiar certos tipos de jogadores (que tendem a falhar) e ignorar outros tipos de jogadores (que podem ter sucesso).

Moneyball descreve a maneira como o Oakland Athletics jogou fora as veneradas normas de olheiros e concebeu uma maneira totalmente nova de construir a sua lista de escalações. A nova estratégia de recrutamento levou o Oakland A's a quebrar o recorde de maior sequência de vitórias na história da Liga Americana.

A pergunta que o Philadelphia 76ers tinha para mim era: "Podemos fazer isso também?"

Na NBA, existem algumas histórias bastante famosas de recrutamentos profissionais que terminaram terrivelmente mal. Em 2011, a última escolha no *draft* da NBA — literalmente, a última pessoa a entrar em um time — foi Isaiah Thomas. Esse nome soa familiar para muitos porque ele recebeu esse nome em homenagem a Isiah Thomas, do Detroit Pistons, que entrou no Hall da Fama na década de 1980. Este Isaiah Thomas — o escolhido do último estágio do *draft* de 2011, com 1,75 metro — não era um grande astro universitário como o seu epônimo. Na verdade, ele teve a sorte de conseguir uma vaga no elenco do Sacramento Kings'. Muitos pensaram que ele desapareceria logo depois. Mas ele subiu nos rankings da NBA, tornando-se um NBA All-Star nas temporadas de 2016 e 2017 e ganhando o prestigioso prêmio All-NBA Team na temporada de 2016/17.

Por outro lado, em 2013, a primeira escolha no *draft* da NBA — a altamente cobiçada escolha "número um geral" — foi Anthony Bennett. Com mais de dois metros, o ala-pivô da UNLV provocava comparações com o grande jogador do basquete Larry Bird. Bennett estava preparado para ser um All-Star. Mas quatro anos depois, em 2017, quando Isaiah Thomas estava fazendo a sua segunda aparição no time All-Star da NBA, Bennett acabou indo para ligas menores após uma série de temporadas decepcionantes.

Em 2017, Bennett jogou pelo Maine Red Claws e, em 2018, foi negociado com o Agua Caliente Clippers de Ontário — times dos quais a maioria de nós nunca ouviu falar.

Quando o Philadelphia 76ers me ligou, eles tinham o campeonato da NBA em mente. Eles queriam saber como poderiam melhorar os procedimentos dos seus olheiros para ajudá-los a identificar os improváveis Isaiah Thomas do mundo, evitando os desafortunados Anthony Bennett.

Mesmo antes de terminar o telefonema, eu sabia o que eles tinham que fazer. Eu só não sabia se eles estariam dispostos a fazer isso.

Na época, os Sixers já tinham uma grande equipe de cientistas de dados analisando tudo sobre os seus jogadores, desde o número total de segundos que cada um jogara em cada jogo e a distância total percorrida por jogador, até dados que mostravam a postura e a linguagem corporal deles durante os jogos. Com todos esses dados à disposição, parecia que devia haver uma maneira de encontrar o algoritmo secreto que lhes traria sucesso — a agulha no palheiro que os levaria à vitória.

A minha abordagem era diferente.

Ela era baseada na ideia de que, embora a ciência de dados seja uma parte essencial do quebra-cabeça, também há muito conhecimento humano tácito que nunca é incluído na análise de dados — principalmente porque é difícil saber quais partes da informação importam e quais não. Se as partes certas nunca forem registradas, elas nunca poderão entrar nos algoritmos.

Eu estava interessado nos *insights* ocultos que poderiam estar dentro das redes sociais humanas entre a equipe dos Sixers. Será que havia conhecimento inexplorado na "borda externa" dos treinadores dos Sixers que poderia ser usado para melhorar o trabalho dos seus olheiros?

O principal desafio foi que as redes organizacionais no esporte profissional são altamente centralizadas. Assim como executivos, políticos e médicos de sucesso, os treinadores trabalham em um mundo hierárquico. Alguns membros da comissão técnica são mais poderosos do que outros. A influência flui das pessoas no centro da rede (como o treinador principal ou o técnico geral) para todos os outros. Meu objetivo era ver se mudar o padrão dessas redes poderia levar a melhores previsões sobre o desempenho dos jogadores.

Você pode estar se perguntando se isso é realmente possível. Em uma equipe esportiva profissional, há centenas de milhões de dólares em jogo a cada ano. A cadeia de comando é difícil de modificar. Embora o presidente dos Estados Unidos possa ter a intenção de trazer diversas vozes da periferia da rede, o que um sociólogo poderia fazer para tornar as redes dos Sixers mais igualitárias?

Minha ideia era seguir a mesma abordagem que tinha funcionado para o estudo médico: nós iríamos transformar o problema dos olheiros dos treinadores em um jogo de perguntas.

A minha equipe de pesquisa e eu desenvolvemos um aplicativo simples no qual, quando os treinadores se registravam usando os seus telefones ou laptops, eles eram conectados em um padrão de rede de pesca. Eles então eram questionados sobre o desempenho dos atletas com chances de sucesso que os Sixers estavam considerando seriamente para os drafts.

A temporada de recrutamento já estava em andamento, e os Sixers tinham começado a analisar as suas principais apostas para o próximo *draft*. Durante a execução desse estudo, eu jurei sigilo. Quaisquer vazamentos meus ou de minha equipe de pesquisa poderiam fazer com que os atletas visados pelos Sixers recebessem atenção adicional da mídia, o que poderia atrair o interesse de outra equipe durante o *draft*.

Durante um período de várias semanas, os Sixers estavam levando as suas principais apostas para visitar o centro de treinamento. Eles organizavam uma série de exercícios com os jogadores, incluindo jogos curtos de dois contra dois e três contra três, arremessos de lance livre, arrancadas, arremessos de três pontos e assim por diante. Os Sixers levavam as suas novas apostas para a NBA várias vezes por semana, e havia um interesse intenso em identificar os melhores "arremessadores".

Todos os dias, eu ou um de meus alunos de pós-graduação chegávamos ao centro de treinamento dos Sixers em Camden, em Nova Jersey, normalmente no final da manhã. As sessões de treinamento e exercícios já estavam em andamento. Depois de preparar os nossos materiais, o nosso contato na equipe enviava uma mensagem para todos os treinadores para informá-los de que estava na hora de participar do estudo. Nesse ponto, haveria mais um exercício para fazer no dia. Era o arremesso de três pontos.

Fizemos um total de cinco desses estudos em cinco dias diferentes. Todos funcionaram da mesma maneira. Assim que os treinadores eram alertados de que o estudo estava para começar, cada um entrava no site e via os perfis dos possíveis atletas a serem recrutados naquele dia. O questionário pedia que eles digitassem as suas previsões — com base em tudo o que tinham visto até agora naquele dia — para a porcentagem de arremessos de três pontos convertidos de cada jogador no exercício que estava por vir.

Assim como no estudo médico, depois que os treinadores faziam as suas previsões iniciais, eles podiam ver as previsões anônimas feitas pelos outros treinadores aos quais estavam conectados na rede. Eles podiam ignorar essa informação e seguir o seu primeiro instinto ou usar as opiniões de seus colegas para revisar o seu palpite. Então eles enviavam a sua resposta final.

Era isso.

Cada questionário durava cerca de dez minutos. Em seguida, os treinadores voltavam ao trabalho. Algumas horas depois, os jogadores faziam o exercício de arremesso de três pontos e podíamos testar as previsões dos treinadores. Durante os exercícios, os treinadores estavam observando vários jogadores ao mesmo tempo. Eles podiam avaliar prontamente a forma de arremesso, mas não sabiam sobre a precisão. Os treinadores tinham de esperar pelos resultados do estudo como todos os outros.

O estudo da primeira semana não correu bem.

A maioria dos treinadores ficou indiferente. Mas alguns ficaram genuinamente irritados. Os comentários foram exatamente o que você poderia esperar. Muitas piadas.

Mas, depois da primeira semana, a atitude de todos melhorou drasticamente. Na verdade, os treinadores *queriam* participar. Algumas coisas aconteceram após a sessão da primeira semana que levaram a essa mudança de opinião.

Primeiro, os treinadores perceberam que o questionário era divertido. Em segundo lugar, os treinadores são pessoas naturalmente competitivas, como os médicos. Uma vez que eles entenderam a ideia do questionário, e que eles poderiam se sair melhor ou pior do que os seus colegas, ficaram mais motivados.

Mas a principal razão pela qual os treinadores ficaram mais engajados foi um subproduto inesperado do padrão da rede de pesca: eles perceberam que estavam sendo ouvidos.

Eles inicialmente presumiram que as pessoas de alto escalão na comissão técnica dominariam as interações no jogo de perguntas e respostas. Não sabiam sobre as redes igualitárias que eu estava usando para conectá-los. Após a primeira sessão, alguns dos treinadores de posição mais baixa (da "borda externa") viram que poderiam exercer uma influência genuína sobre o grupo. Eles sentiram uma sensação de poder.

Eu não tinha percebido essa ideia de empoderamento em meus estudos anteriores, provavelmente porque nunca tinha conseguido falar cara a cara com os participantes antes. Eu também não esperava isso porque o empoderamento parece uma preocupação estranha para um grupo de ex-atletas com mais de 1,90 metro. Mas, evidentemente, alguns dos treinadores sentiam que nem sempre eram ouvidos. Conversando com eles depois, alguns me falaram que o teste era satisfatório porque eles podiam ver a sua própria influência afetando a decisão do grupo e os levando a uma resposta melhor. Mas o mais notável de tudo é que todos com quem conversei ficaram felizes em ver que a opinião do grupo não estava sendo dominada pelos mesmos indivíduos sêniores que normalmente influenciavam as suas reuniões. Esse fato, mais do que tudo, ajudou a criar adesão entre os treinadores durante as semanas restantes do estudo.

Uma vez que contabilizamos os dados de todas as cinco sessões, os resultados foram surpreendentes. Em apenas dez minutos, a capacidade dos treinadores de prever com precisão o arremesso de três pontos de um jogador melhorou significativamente, passando de 57% para 66% de precisão. Os treinadores acharam as descobertas interessantes, mas foi a direção do Sixers que realmente parou e prestou atenção.

O experimento deu a eles novos *insights* sobre como a periferia da rede entre treinadores e equipe de apoio pode ser usada para melhorar não apenas as decisões de olheiros, mas os julgamentos sobre quanto tempo de jogo os atletas devem ter, bem como decisões sobre quanto tempo os treinos devem durar e quanto tempo de recuperação os atletas devem ter entre os treinos. Há muito conhecimento tácito escondido na periferia da rede, e uma rede igualitária oferece uma nova maneira de coletá-lo e usá-lo.

Os vieses são coisas estranhas. Eles nos tornam mais propensos a escolher respostas familiares em vez de corretas, mesmo quando esses erros custam caro. As redes centralizadas tendem a reforçar esses maus hábitos de pensamento. Uma vez que os vieses são estabelecidos, as ideias que ressoam com eles se tornam contágios simples. Elas são fáceis de entender e fáceis de propagar. O verdadeiro problema é que nossos vieses e as redes que os reforçam podem nos impedir de encontrar novas maneiras de resolver problemas difíceis. Eles podem até nos impedir de ver nitidamente a informação que está bem na nossa frente.

Felizmente, a periferia da rede pode, e consegue, dar apoio a uma transformação social real. Em 2001, o Oakland A's era o segundo time mais pobre da Major League Baseball*, usando uma estratégia excêntrica para tentar ganhar vantagem. Ninguém pensou que isso funcionaria.

Hoje, essa ideia excêntrica foi adotada por todas as franquias da Major League. Houve uma mudança radical nas normas sociais dos olheiros da liga. E isso se difundiu a partir da periferia.

---

* Liga Principal de Beisebol. (N.T.)

CAPÍTULO 13

As sete estratégias fundamentais para a transformação

No início deste livro, falamos sobre os fracassos frustrantes que resultam dos mitos populares sobre como a transformação acontece. Por falta de uma explicação melhor, esses fracassos são muitas vezes atribuídos apenas à má sorte. Mas agora você sabe que a sorte importa menos do que se imagina quando falamos da adoção de um comportamento ou de uma inovação.

Gurus de *brand marketing*, estrategistas políticos, empresas de consultoria e toda uma série de especialistas alegam conhecer o segredo para algo "se tornar viral". E, até certo ponto, eles sabem: eles podem saber que tipos de informações e produtos provaram ser contagiosos no passado; eles podem entender como selecionar e medir mensagens de mídia bem-sucedidas. Há muito conhecimento impressionante sobre a disseminação de contágios simples.

Mas essas estratégias falham quando se trata de disseminar contágios complexos.

Então, e se você quiser propagar uma mudança por conta própria? Talvez você seja um CEO gerenciando uma rede de equipes. Ou talvez você só queira difundir uma nova ideia na sua comunidade, no seu grupo de igreja, na sua legislatura estadual ou no seu time de basquete. O que você pode tirar dessas descobertas na ciência das redes para mudar o comportamento das pessoas com quem você está conectado? A seguir, estão apresentadas sete estratégias úteis sobre como aplicar as lições deste livro à sua própria iniciativa de mudança.

Estratégia 1: não confie no contágio

A mudança social não se propaga como um vírus. Uma campanha de publicidade viral não permite que novas ideias se consolidem. Apenas atrair olhares não será suficiente. Não só isso, o tiro pode sair pela culatra. Se a notícia de uma inovação chega a todos, mas ninguém a adota, o efeito não intencional é fazer com que a inovação pareça indesejável. Pense no Google+. O estigma negativo decorrente de um fracasso amplamente divulgado pode prejudicar os esforços futuros.

Para tornar a sua iniciativa de mudança bem-sucedida, não conte com a disseminação contagiosa de informações para resolver o problema. Use estratégias projetadas para aumentar o apoio a contágios complexos, que permitirão que a mudança de comportamento se estabeleça e decole.

Estratégia 2: proteja os inovadores

Os não adotantes são muitas vezes *influências compensatórias*. Qualquer esforço de transformação social que exija legitimidade ou coordenação social depende tanto da limitação dos sinais céticos dos não adotantes quanto da criação de sinais de reforço dos adotantes. Pense no milho híbrido.

Inovações que enfrentam a oposição arraigada de normas estabelecidas podem se propagar de forma mais efetiva quando os primeiros adotantes têm *menos* exposição a toda a rede. Essa é uma questão de equilíbrio entre estar *protegido* e estar *conectado*. Você precisa criar pontes largas o suficiente para permitir que os inovadores trabalhem juntos para difundir a nova ideia, ao mesmo tempo dando a eles bastante reforço entre eles para que não sejam subjugados por influências compensatórias. Uma boa maneira de fazer isso é mirar nos grupos sociais na periferia da rede.

Estratégia 3: use a periferia da rede

Influenciadores altamente conectados podem ser um obstáculo para a transformação social. Isso porque eles estão conectados a um grande número de influências compensatórias — ou seja, pessoas em conformidade com o *status quo*. O caminho para iniciar a transformação social é mirar na periferia. Pense na Primavera Árabe. A periferia da rede foi associada tanto à maior propagação das mensagens ativistas quanto ao maior comparecimento aos eventos de protesto.

Pare de procurar pessoas especiais e, em vez disso, concentre-se nos lugares especiais. Pense no exemplo da difusão da contracepção visto na Coreia. Os seus recursos são preciosos, então utilize-os nos locais onde terão o maior impacto. As pessoas na periferia estão menos conectadas e, portanto, estão mais protegidas. A periferia da rede é o lugar onde inovações desconhecidas podem se consolidar e se espalhar.

Estratégia 4: estabeleça pontes largas

Uma ponte estreita normalmente consiste em um único vínculo fraco entre os grupos. Pontes estreitas têm alcance, mas carecem de redundância, o que é necessário para espalhar contágios complexos. Para difundir um novo comportamento de um grupo para outro, pontes largas são essenciais para estabelecer a confiança, a credibilidade e a legitimidade necessárias. Pense no crescimento do Black Lives Matter.

Qualquer tentativa de coordenar uma população que se mostra e diversa deve se basear no estabelecimento de pontes largas entre diferentes subgrupos — entre divisões diversas dentro de uma organização, entre diferentes comunidades e regiões e entre círculos políticos diferentes.

Estratégia 5: crie relevância

Não existe uma fórmula mágica para criar relevância, nenhum traço definidor único que seja *sempre* influente. No entanto, alguns princípios gerais são úteis para entender como a relevância é estabelecida de um contexto para o outro:

Princípio 1 – Quando a mudança de comportamento exige que as pessoas recebam provas sociais de que uma determinada inovação será útil para elas, *a semelhança com os adotantes* é um fator-chave para criar relevância.

Princípio 2 – Quando a mudança de comportamento requer um grau de empolgação emocional ou sentimentos de lealdade e solidariedade, então, mais uma vez, a *semelhança* entre as *fontes de reforço* ajudará a inspirar a mudança de comportamento.

Princípio 3 – Quando a mudança de comportamento é baseada na legitimidade — ou seja, em acreditar que o comportamento é amplamente aceito —, então o *oposto* é verdadeiro: a *diversidade* entre as fontes de reforço para a adoção é o segredo para difundir a inovação. Pense na campanha do sinal de igual no Facebook.

Quando se trata de criar relevância, o contexto é soberano. Decidir se o fator-chave é a diversidade ou a similaridade (e que tipo de similaridade) depende das barreiras à adoção — o tipo de resistência que a mudança de comportamento desejada terá mais probabilidade de encontrar. É uma questão de credibilidade, legitimidade ou empolgação emocional? Depois de identificar o tipo de resistência, você também saberá como criar relevância.

Estratégia 6: use a bola de neve

O agrupamento é o segredo para desencadear pontos de virada. Mire estrategicamente nos locais da rede social onde os primeiros adotantes possam reforçar o compromisso uns dos outros com a sua iniciativa. Lembre-se do Malawi. A estratégia da bola de neve cria bolsões estáveis de legitimidade para uma inovação.

A ênfase aqui, novamente, está nos *lugares especiais*, não em *pessoas especiais*. As vizinhanças incubadoras permitem que um novo comportamento entre em competição contra uma norma estabelecida. Ao contrário das lições aprendidas em décadas de pesquisa sobre contágios simples, a exposição excessiva a não adotantes no início é contraproducente. Agrupar os agentes de mudança pode diminuir o tamanho da massa crítica necessária para desencadear a mudança social.

Dois princípios podem ajudá-lo a aplicar a estratégia bola de neve:

Princípio 1 – *Conheça a comunidade e os seus limites.* Sua comunidade-alvo é composta por agricultores em Iowa, proprietários de casas na Alemanha ou moradores de vilas no Zimbábue? Quem são as pessoas que você deseja alcançar, no que elas acreditam e quais são as normas sociais que você deseja mudar? Para derrubar uma norma social, você deve primeiro determinar o limite da comunidade que deseja mudar. É um bairro, um estado ou uma nação? É um grupo de bate-papo on-line ou um partido político? É uma divisão organizacional ou uma empresa inteira? Depois de conhecer os limites da comunidade em questão, o próximo passo é encontrar os locais especiais dentro da rede.

Princípio 2 – *Mire nos grupos-ponte.* Os grupos-ponte são agrupamentos sociais que estabelecem pontes largas entre as divisões. Pense em um grupo que trabalha entre a equipe de engenharia, a equipe de design e a equipe de vendas. Os grupos-ponte são especiais porque são os grupos *localizados mais ao centro* de uma rede social.

Individualmente, os membros de um grupo-ponte são indistinguíveis de qualquer outra pessoa. Eles não são "influenciadores" altamente conectados ou mediadores, e é provável que nem saibam que ocupam um local especial. A influência deles vem do fato de que coletivamente eles se localizam em meio a *pontes mais largas* do que qualquer outro agrupamento social da população. Isso torna esses locais da rede eficientes para iniciar campanhas de bola de neve.

Estratégia 7: projete redes de equipes para otimizar a descoberta e reduzir o viés

As redes não são neutras. Ou elas promovem a inovação ou a impedem. Ou promovem a transferência de conhecimento entre grupos ou a reduzem. A infraestrutura de contágio certa estimula as equipes a serem mais criativas e os grupos a serem mais cooperativos; a errada pode impedir a criatividade e a cooperação.

Ideias familiares e opiniões tendenciosas são contágios simples. Elas são fáceis de entender e fáceis de seguir. Elas vão se espalhar, se você deixar. Em redes centralizadas, as estrelas são eficazes para espalhar esses contágios simples.

A verdadeira inovação requer proteger as pessoas de influências que reforcem o *status quo*. Libertar-se de velhas ideias e descobrir novos pontos em comum exige uma infraestrutura de contágio que preserve a diversidade e estimule a descoberta de novos conhecimentos.

As campanhas de transformação baseadas em informações geralmente falham por causa das redes sociais. Lembre-se dos dados climáticos da Nasa. As redes são prismas que colorem e moldam o que as pessoas veem e no que acreditam. As redes podem reforçar o viés, estabilizando o *status quo*, ou defender novas ideias que derrubam o *status quo*.

O conhecimento inexplorado vive na periferia da rede. A infraestrutura de contágio certa pode levar esse conhecimento a todos — e reduzir o viés inconsciente de um grupo no processo.

Como você deve usar essas estratégias?

As sete estratégias de transformação exigem uma mudança de pensamento. Elas demandam que você desvie a sua atenção do objetivo de espalhar informações e a direcione para o objetivo de propagar normas. A importância essencial dessa distinção foi negligenciada no passado por causa da suposição secular de que, se as pessoas receberem as informações corretas, o restante se resolverá por si só. Mas essa visão de transformação social não leva em conta as redes sociais.

Ideias e crenças que reforçam vieses existentes se propagam facilmente através de redes centralizadas. Ideias inovadoras que desafiam os nossos vieses e melhoram o nosso pensamento se beneficiam de uma infraestrutura de contágio que protege os inovadores de muitas influências compensatórias e oferece pontes largas para transmitir ideias inovadoras.

Redes igualitárias difundem transformações sociais. Mas, mais importante, elas permitem que novas ideias e opiniões surjam de qualquer lugar da comunidade e se espalhem para todos sem ser bloqueadas por uma poderosa estrela no centro da rede.

As estratégias de redes para a transformação devem ser focadas na incorporação de vozes da periferia. Essa abordagem da mudança social melhora a equidade na saúde e a justiça nas discussões políticas; ela cria oportunidades para que inovações que salvam vidas se espalhem onde antes falharam, tornando menos provável que inovações inferiores se consolidem.

As sete estratégias de mudança podem extrair o conhecimento tácito escondido na "borda externa" de uma comunidade, o que leva todos a uma compreensão maior e mais nítida dos problemas que enfrentam e das soluções que funcionarão.

Como disse o presidente Obama: "Na cultura de hoje, se você não estiver fazendo isso deliberadamente, então ficará para trás. Isso é verdade na política e é verdade nos negócios".

Agradecimentos

É preciso uma aldeia inteira para escrever um livro. É um grande prazer agradecer a todos os muitos habitantes dessa aldeia que tornaram este projeto possível. Sou grato a todos os meus colegas e leitores que forneceram comentários importantes sobre estes capítulos, incluindo Lori Beaman, Cristina Bicchieri, Paul DiMaggio, Deen Freelon, Mark Granovetter, Douglas Heckathorn, Thomas House, Rosabeth Moss Kanter, Elihu Katz, Elaine Khoong, Jon Kleinberg, Hans-Peter Kohler, Sune Lehmann, Aharon Levy, David Martin, Karl-Dieter Opp, Jennifer Pan, Johannes Rode, Urmimala Sarkar, Oliver Sheldon, Peter Simkins, Brian Skyrms, Zachary Steinert-Threlkeld, Johannes Stroebel, Paul Tough, Brian Uzzi, Arnout van de Rijt, Brooke Foucault Welles, Peyton Young e Jingwen Zhang. Grande parte do trabalho relatado neste livro foi apoiado por bolsas de pesquisa da National Science Foundation, do National Institutes of Health, da Robert Wood Johnson Foundation e da James S. McDonnell Foundation. Também gostaria de agradecer à minha excelente equipe, incluindo a minha editora, Tracy Behar, os meus agentes, Alison MacKeen e Celeste Fine, e as pessoas maravilhosas do Hachette Book Group e Park & Fine Literary and Media, por me ajudarem a concretizar a ideia deste livro. Eu também tenho uma dívida de gratidão com os excelentes alunos de pós-graduação com quem tive o privilégio de trabalhar em vários dos projetos discutidos nestas páginas, incluindo Devon Brackbill, Joshua Becker e Douglas Guilbeault, bem como todos os membros do Network Dynamics Group, cujo entusiasmo com a ciência das redes e as possibilidades que ela oferece para a transformação social me mantêm fascinado por novas e fascinantes explorações. Por fim, a minha maior dívida é com minha esposa, Susana, que inspirou este livro.

Notas e leituras adicionais

Capítulo 1

A pesquisa sobre líderes de opinião começou com vários estudos de referência, incluindo: de Paul Lazarsfeld et al., *The People's Choice* (Nova York: Duell, Sloan e Pearce, 1944); de Elihu Katz e Paul Lazarsfeld, *Personal Influence* (Nova York: Free Press, 1955); e de Elihu Katz, "The Two-Step Flow of Communication: An Up-to-Date Report on an Hypothesis", em *Public Opinion Quarterly* 21 (1957): 61-78. A pesquisa relacionada a essas ideias foi bem popularizada por Malcolm Gladwell em *O ponto da virada: como pequenas coisas podem fazer uma grande diferença* (Rio de Janeiro: Sextante, 2009).

A noção original de Katz e Lazarsfeld sobre um "líder de opinião" não era uma celebridade como Oprah Winfrey (que eles consideravam parte da mídia), mas um contato pessoal — uma cunhada ou um colega amigável — que seria altamente informado sobre o conteúdo de novas mídias e que, por sua vez, ajudaria a informar todos os outros. A noção moderna de "influenciador" amplia a ideia de líderes de opinião para incluir pessoas altamente conectadas (por exemplo, nas mídias sociais), mas não necessariamente familiarizadas com os seus contatos. A história dessas ideias é detalhada em "Influencers, Backfire Effects and the Power of the Periphery", de Damon Centola, em *Personal Networks: Classic Readings and New Directions in Ego-Centric Analysis*, editado por Mario L. Small, Brea L. Perry, Bernice Pescosolido e Edward Smith (Cambridge: Cambridge University Press, 2021).

Medidas contemporâneas de influência social focam no conceito de "centralidade" da rede, conforme definido em *Networks: An Introduction* (Londres: Oxford University Press, 2010), de Mark Newman. Os métodos mais populares para identificar indivíduos influentes em uma rede social são: "centralidade de grau" (indivíduos com mais conexões), "centralidade de intermediação" (indivíduos pelos quais a maioria dos caminhos deve passar, indo de uma parte da rede a outra) e "centralidade de autovetor" (indivíduos cujos vizinhos são altamente conectados). Entre os estudos recentes que mostram as limitações dessas medidas para identificar posições de rede influentes para espalhar contágios sociais incluem-se: de Eytan Bakshy et al., "Social Influence and the Diffusion of User-Created Content", em *Proceedings of the 10th ACM Conference on Electronic Commerce* (Nova York: Association of Computing Machinery, 2009), 325-334; de Glenn Lawyer, "Understanding the Influence of All Nodes in a Network", em *Scientific Reports* 5 (2015): 1-9; de Xioachen Wang et al., "Anomalous Structure and Dynamics in News Diffusion among Heterogeneous Individuals", em *Nature Human Behavior* 3 (2019): 709-718; e o meu comentário sobre Wang et al., "Influential Networks", em *Nature Human Behavior* 3 (2019): 664-665, de Damon Centola.

Em "Topological Measures for Maximizing the Spread of Complex Contagious" (em produção; Annenberg School for Communication, Universidade da Pensilvânia, Filadélfia, 2020), de Douglas Guilbeault e Damon Centola, desenvolvemos a medida de "centralidade complexa", que fornece um método formal para identificar e mirar em localizações específicas da rede, encontradas na periferia da rede, que são mais eficientes para disseminar contágios sociais. Os primeiros trabalhos empíricos mostrando a importância das localizações de redes periféricas para a disseminação de movimentos sociais incluem os principais estudos de Karl-Dieter Opp sobre os protestos do Muro de Berlim em 1989 — incluindo, de Steven Finkel et al., "Personal Influence, Collective Rationality, and Mass Political Action", em *American Political Science Review* 83, n. 3 (1989): 885-903; e, de Karl-Dieter Opp e Christiane Gern, "Dissident Groups, Personal Networks, and Spontaneous Cooperation: The East German Revolution of 1989", em *American*

Sociological Review 58, n. 5 (1993): 659-680 — e o trabalho inovador de Douglas McAdam no Freedom Summer de 1964, *Freedom Summer* (Oxford: Oxford University Press, 1988); e, de Douglas McAdam, "Recruitment to High-Risk Activism: The Case of Freedom Summer", em *American Journal of Sociology* 92, n. 1 (1986): 64-90.

Trabalhos recentes que mostram o poder das localizações de redes periféricas para o crescimento de movimentos sociais on-line incluem: de Zachary Steinert-Threlkeld, "Spontaneous Collective Action: Peripheral Mobilization during the Arab Spring", em *American Political Science Review* 111 (2017): 379-403; de Killian Cark, "Unexpected Brokers of Mobilization", em *Comparative Politics* 46, n. 4 (julho de 2014): 379-397; de Sandra González-Bailón et al., "Broadcasters and Hidden Influentials in Online Protest Diffusion", em *American Behavioral Scientist* 57, n. 7 (2013): 943-965; e, de Pablo Barberá et al., "The Critical Periphery in the Growth of Social Protests", em *PLOS ONE* 10 (2015): e0143611. Um trabalho mais recente que mostra a importância das localizações de redes periféricas para iniciar a mudança organizacional está em *Think Outside the Building: How Advanced Leaders Can Change the World One Smart Innovation at a Time* (Nova York: Public Affairs, 2020), de Rosabeth Moss Kanter.

Capítulo 2

A dinâmica de rede da epidemia da peste bubônica é apresentada por Seth Marvel et al. em "The Small-World Effect Is a Modern Phenomenon", em *CoRR abs/1310.2636* (2013), que é a fonte dos dados da ilustração da Peste Bubônica usada neste capítulo. A dinâmica geral da disseminação de doenças modernas é nitidamente descrita por N. T. J. Bailey em *The Mathematical Theory of Infectious Diseases and Its Applications*, 2.ed. (Londres: Griffin, 1975). A vasta literatura sobre redes sociais e epidemias virais está bem condensada em uma antologia das redes de Mark Newman et al., *The Structure and Dynamics of Networks* (Princeton, NJ: Princeton University Press, 2006). Três artigos particularmente úteis sobre a disseminação de doenças infecciosas nas redes sociais são: de Ray Solomonoff e Anatol Rapoport, "Connectivity of Random Nets", em *Bulletin of Mathematical Biophysics* 13 (1951): 107-117; de Fredrik Liljeros et al., "The Web of Human Sexual Contacts", em *Nature* 411, n. 6840 (2001): 907-908; e, de J. H. Jones e M. S. Handcock, "Social Networks (Communication Arising): Sexual Contacts and Epidemic Thresholds", em *Nature* 423, n. 6940 (2003): 605-606. Excelentes estudos sobre os efeitos das redes de transporte na dinâmica de doenças infecciosas estão no artigo de Vittoria Colizza et al., "The Role of the Airline Transportation Network in the Prediction and Predictability of Global Epidemics", em *Proceedings of the National Academy of Sciences* 103, 7 (2006): 2015-2020; e, de P. Bajardi et al., "Human Mobility Networks, Travel Restrictions, and the Global Spread of 2009 H1N1 Pandemic", em *PLOS ONE* 6, 1 (2011): e16591, que é a fonte dos dados da ilustração do H1N1 usada neste capítulo. A dinâmica de disseminação do H1N1 é claramente descrita no artigo de Kamran Khan et al., "Spread of a Novel Influenza A (H1N1) Virus via Global Airline Transportation", em *New England Journal of Medicine* 361 (2009): 212-214. Os dados mais atualizados sobre a disseminação da epidemia de covid-19 podem ser encontrados em https://coronavirus.jhu.edu (acessado em: 06 jul. 2022).

O clássico (e ainda excelente) estudo de Mark Granovetter sobre redes sociais é "The Strenght of Weak Ties", em *American Journal of Sociology* 78, n. 6 (1973): 1360-1380. O estudo original dos "seis graus de separação" é de Stanley Milgram, "The Small World Problema", em *Psychology Today* 1 (1967): 61-67. Notavelmente, o termo "seis graus de separação" não vem de Milgram, mas da peça premiada de John Guare, *Six Degrees of Separation* (Nova York: Random House, 1990). O estudo original de Milgram teve uma excelente elaboração teórica e empírica nos trabalhos de Jeffrey Travers e Stanley Milgram, "An Experimental Study of the Small World Problem", *Sociometry* 32, n. 4 (1969): 425-443; Harrison White, "Search Parameters for the Small World Problem", em *Social Forces* 49 (1970): 259-264; Judith Kleinfeld, "Could It Be a Big World after All? The 'Six Degrees of Separation' Myth", em *Society*, 2002; Peter Dodds et al., "An Experimental Study of Search in Global Social Networks", em *Science* 301, n. 5634 (2003):

827-829; Duncan Watts e Steven H. Strogatz, "Collective Dynamics of 'Small-World' Networks'", em *Nature* 393, n. 6684 (1998): 440-442; e Jon Kleinberg, "Navigation in a Small World", em *Nature* 406, n. 6798 (2000): 845. Uma introdução geral a essa literatura pode ser encontrada no Capítulo 2, "Understanding Diffusion", de Damon Centola, em *How Behavior Spreads* (Princeton, NJ: Princeton University Press, 2018).

Uma excelente análise da propagação do Twitter é fornecida por Jameson L. Toole et al. em "Modeling the Adoption of Innovations in the Presence of Geographic and Media Influences", em *PLOS ONE* 7, n. 1 (2012): e29528. O mapa "Blue Circles" do Facebook é apresentado por Michael Bailey et al. em "Social Connectedness: Measurement, Determinants, and Effects", em *Journal of Economic Perspectives* 32, n. 3 (2018): 259-280, e pode ser consultado em https://www.nytimes.com/interactive/2018/09/19/upshot/facebook-county-friendships.html (acessado em: 06 jul. 2022).

Capítulo 3

A predominância inesperada de produtos inferiores foi muito bem analisada por Brian Arthur em "Competing Technologies, Growth Returns, and Lock-In by Historical Events", em *Economic Journal* 99, n. 394 (1989): 116-131; também por Brian Arthur, em "Positive Feedbacks in the Economy", em *Scientific American* 262, n. 2 (1990): 92-99; por Robin Cowan, "Nuclear Power Reactors: A Study in Technological Lock-In", em *The Journal of Economic History* 50, n. 3 (1990): 541-567; e, por David Evans e Richard Schmalensee, "Failure to Launch: Critical Mass in Platform Businesses", em *Review of Network Economics* 9, n. 4 (2010). Esse trabalho foi recentemente elaborado e refinado por Arnout van de Rijt em "Self-Correcting Dynamics in Social Influence Processes", em *American Journal of Sociology* 124, n. 5 (2019): 1468-1495, o que mostra que, mesmo na ausência de restrições institucionais que impeçam a livre escolha, essas ineficiências de mercado podem surgir devido aos efeitos de reforço das redes sociais.

O termo *aderência* neste capítulo refere-se às características das inovações que as tornam mais prováveis de serem adotadas. Uma discussão altamente envolvente desses tópicos está no trabalho de Jonah Berger, *Contágio: por que as coisas pegam* (Rio de Janeiro: Alta Books, 2020), que elabora o excelente livro de Chip Heath e Dan Heath, *Ideias que colam: por que algumas ideias pegam e outras não* (Rio de Janeiro: Alta Books, 2018). Os relatórios sobre o fracasso do Google Glass e do Google+ incluem os trabalhos de Thomas Eisenmann, "Google Glass", em *Harvard Business School Teaching Case 814-116,* junho de 2014; Thompson Teo et al., "Google Glass: Development, Marketing, and User Acceptance", em *National University of Singapore e Richard Ivey School of Business Foundation Teaching Case W15592*, 21 de dezembro de 2015; Nick Bilton, "Why Glass Broke", em *New York Times*, 4 de fevereiro de 2015; Sarah Perez, "Looking Back at Google+", em *Techcrunch*, 8 de outubro de 2015; Seth Fiegerman, "Inside the Failure of Google+, a Very Expensive Attempt to Unseat Facebook", em *Mashable*, 2 de agosto de 2015; Chris Welch, "Google Begins Shutting Down Its Failed Google+ Social Network", em *The Verge*, 2 de abril de 2019; e o artigo citado de Mat Honan, "I, Glasshole: My Year With Google Glass", em *Wired*, 30 de dezembro de 2013. O efeito toranja foi relatado pela primeira vez por David Bailey et al. em "Interaction of Citrus Juices with Felodipine and Nifedipine", em *The Lancet* 337, n. 8736 (1991): 268-269, e foi amplamente divulgado por Nicholas Bakalar em "Experts Reveal the Secret Powers of Grapefruit Juice", em *New York Times*, 21 de março de 2006.

As transições demográficas da década de 1960 e os desafios de difundir a contracepção nas nações em desenvolvimento estão documentados em relatórios úteis do governo e de ONGs, incluindo, de Warren C. Robinson e John A. Ross, eds., *The Global Family Planning Revolution* (Washington, DC: The International Bank for Reconstruction and Development/The World Bank, 2007); *Trends in Contraceptive Use Worldwide 2015* (Nova York: United Nations Department of Economic and Social Affairs); e National Research Council, *Diffusion Processes and Fertility Transition: Selected Perspectives,* Comitê de População, John B. Casterline, ed. Division of Behavioral and Social Sciences and Education (Washington, DC: National

Academy Press, 2001). Estudos proveitosos sobre como as redes sociais influenciam a disseminação da contracepção estão nos trabalhos de Everett M. Rogers e D. Lawrence Kincaid, *Communication Networks: Toward a New Paradigm for Research* (Nova York: Free Press, 1981); Hans-Peter Kohler et al., "The Density of Social Networks and Family Planning Decisions: Evidence from South Nyanza District, Kenya", *Demography* 38 (2001): 43-58 (que destaca os efeitos diferenciais da estrutura da rede nas decisões de contracepção em comunidades rurais *versus* urbanas); D. Lawrence Kincaid, "From Innovation to Social Norm: Bounded Normative Influence", em *Journal of Health Communication,* 2004: 37-57; Barbara Entwisle et al., "Community and Contraceptive Choice in Rural Thailand: A Case Study of Nang Rong", em *Demography* 33 (1996): 1-11; e Rhoune Ochako et al., "Barriers to Modern Contraceptive Methods Uptake among Young Women in Kenya: a Qualitative Study", em *BMC Public Health* 15, 118 (2015).

O estudo VOICE, apoiado pelo NIAID, foi uma série de testes controlados e randômicos de profilaxia pré-exposição (PrEP) elegantemente projetados na África Subsaariana, que visavam não apenas o Zimbábue, mas também a África do Sul e Uganda, conforme detalhado no artigo de Marrazzo et al., "Tenofovir-Based Pre-Exposure Prophylaxis for HIV Infection among African Women", em *New England Journal of Medi cine* 372, n. 6 (5 de fevereiro de 2015): 509-518. Um útil resumo em vídeo do estudo está disponível em https://www.nejm.org/do/10.1056/NEJMdo005014/full/ (acessado em: 06 jul. 2022).

Capítulo 4

Minha pesquisa inicial sobre contágios complexos foi estimulada por vários estudos clássicos de redes e movimentos sociais, incluindo: de Peter Hedström, "Contagious Collectivities: On the Spatial Diffusion of Swedish Trade Unions, 1890-1940", em *American Journal of Sociology 99,* n. 5 (1994): 1157-1179; de Dennis Chong, *Collective Action and the Civil Rights Movement* (Chicago: University of Chicago Press, 1987); de Douglas

McAdam e Ronnelle Paulsen, "Specifying the Relationship between Social Ties and Activism", em *American Journal of Sociology* 99, n. 3 (1993): 640-667; de Michael Chwe, *Rational Ritual: Culture, Coordination, and Common Knowledge* (Princeton, NJ: Princeton University Press, 2001); de Roger V. Gould, "Multiple Networks and Mobilization in the Paris Commune, 1871", em *American Sociological Review* 56, n. 6 (1991): 716-729; de Dingxin Zhao, "Ecologies of Social Movements: Student Mobilization during the 1989 Prodemocracy Movement in Beijing", em *American Journal of Sociology* 103, n. 6 (1998): 1493-1529; e, de Robert Axelrod, *The Evolution of Cooperation,* ed. rev. (Nova York: Basic Books, 1984). Minha pesquisa sobre contágio complexo foi estimulada ainda mais pelos primeiros trabalhos sobre redes sociais e saúde coletados por Lisa Berkman e Ichiro Kawachi, em *Social Epidemiology* (Oxford: Oxford University Press, 2000), bem como por pesquisas iniciais sobre a dinâmica espacial da difusão de tecnologia — incluindo, de Torsten Hagerstrand, *Innovation Diffusion as a Spatial Process* (Chicago: University of Chicago Press, 1968); e, de William H. Whyte, "The Web of Word of Mouth", Fortune 50, n. 5 (1954): 140-143 — e por trabalhos iniciais que estudaram o comportamento on-line de Lars Backstrom et al., "Group Formation in Large Social Networks: Membership, Growth, and Evolution", em *Proceedings of the 12th ACM SIGKDD International Conference on Knowledge Discovery and Data Mining* (Nova York: Association of Computing Machinery, 2006): 44-54.

Meus estudos teóricos iniciais sobre contágio complexo incluem, de Damon Centola et al., "Cascade Dynamics of Multiplex Propagation", em *Physica A* 374 (2007): 449-456; de Damon Centola e Michael Macy, "Complex Contagions and the Weakness of Long Ties", em *American Journal of Sociology* 113, n. 3 (2007): 702-734; e, de Damon Centola, "Failure in Complex Social Networks", em *Journal of Mathematical Sociology* 33, n. 1 (2008): 64-68. Todos esses estudos foram aprofundados em: de Damon Centola, "The Social Origins of Networks and Diffusion", em *American Journal of Sociology* 120, n. 5 (2015): 1295-1338; de Damon Centola, *How Behavior Spreads;* e, de Douglas Guilbeault et al., "Complex Contagions: A Decade in Review", em *Complex Spreading Phenomena in Social Systems,*

Yong Yeol Ahn e Sune Lehmann, eds. (Nova York: Springer Nature, 2018). O volume *Complex Spreading Phenomena* inclui vários estudos interessantes sobre contágios complexos.

As imagens de rede usadas neste capítulo são adaptadas do estudo clássico de Paul Baran sobre computação distribuída, publicado pela primeira vez em "On Distributed Communications Networks", de Paul Baran, documentos da RAND Corporation, documento P-2626 (1962). Relatos úteis sobre os Batalhões de Camaradas na Primeira Guerra Mundial estão em: de Peter Simkins, *Kitchener's Army: The Raising of the New Armies, 1914-1916* (Nova York: Manchester University Press, distribuído pela St. Martin's Press, 1988); e, de Peter Simkins, "The Four Armies, 1914-1918", em *The Oxford Illustrated History of the British Army*, David Chandler e Ian Beckett, eds. (Oxford: Oxford University Press, 1994): 241-262. Uma descrição proveitosa da influência dos pares na comunidade PatientsLikeMe pode ser encontrada em "Social Uses of Personal Health Information within PatientsLikeMe, an Online Patient Community: What Can Happen When Patients Have Access to One Another's Data", de Jeana Frost e Michael Massagli, em *Journal of Medical Internet Research* 10, n. 3 (2008): e15.

Meu estudo experimental sobre a disseminação da inovação foi publicado originalmente em "The Spread of Behavior in an Online Social Network Experiment", de Damon Centola, em *Science* 329, n. 5996 (2010): 1194-1197. Uma explicação sobre como construí esse experimento — e como usei o método dos "laboratórios sociológicos" como uma ferramenta geral de pesquisa científica — pode ser encontrada em *How Behavior Spreads,* de Damon Centola, no Capítulo 4 ("A Social Experiment on the Internet") e no epílogo ("Experimental Sociology"). Quando estava desenvolvendo esse método, era importante para mim que meu experimento social atendesse a altos padrões éticos. Eu queria que todos os participantes soubessem que estavam participando de um estudo patrocinado pela universidade e que eu estava coletando dados sobre o seu comportamento. Ao mesmo tempo, queria que eles tivessem uma experiência social "natural" para que eu pudesse observar como os seus pares influenciariam as escolhas que eles fizessem. Na época, parecia que esses dois objetivos — criar uma experiência social natural e dar às pessoas uma ampla divulgação sobre o estudo científico — poderiam estar em conflito. Mas, no final, não estavam. Em vez de atrapalhar o interesse das pessoas no meu estudo sobre a disseminação da inovação, a transparência sobre ele ajudou a criar entusiasmo. As pessoas raciocinavam que, se uma universidade conhecida estava patrocinando um estudo sobre saúde e redes sociais, provavelmente ele ofereceria algo útil. E eles estavam certos. Depois que o estudo terminou, fiquei surpreso com o número de e-mails que recebi dos participantes me agradecendo por oferecer o site de rede de saúde ao público e comentando como ele era proveitoso. Foi um passo importante para a minha pesquisa perceber que um estudo científico pode não apenas fornecer novos conhecimentos, mas também oferecer um bem público útil.

Para leitores interessados em aplicações desse método experimental para pesquisa e políticas de saúde pública, detalhes podem ser encontrados em: de Damon Centola, "Social Media and the Science of Health Behavior", em *Circulation* 127, n. 21 (2013): 2135-2144; de Jingwen Zhang et al., "Support or Competition? How Online Social Networks Increase Physical Activity: A Randomized Controlled Trial", em *Preventive Medicine Reports* 4 (2016): 453-458; de Jingwen Zhang e Damon Centola, "Social Networks and Health: New Developments in Diffusion, Online and Offline", em *Annual Review of Sociologia* 45 (1): 91-109; e, de Damon Centola, *How Behavior Spreads,* Capítulo 9 ("Creating Social Contexts for Behavior Change"). Uma referência metodológica útil para pesquisadores que desejam compreender a ampla gama de novos métodos empíricos para a ciência das redes é *Bit by Bit: Social Research in the Digital Age* (Princeton, NJ: Princeton University Press, 2017), de Matthew Salganik.

Capítulo 5

Um bom estudo do evento #SupportBigBird pode ser encontrado em "#Bigbirds Never Die: Understanding Social Dynamics of Emergent Hashtags", de Yu-Ru Lin et al, em *Seventh International Conference on Weblogs and Social*

Media (2013). A disseminação de hashtags políticas foi estudada por Daniel Romero et al. em "Differences in the Mechanics of Information Diffusion through Topics: Idioms, Political Hashtags, and Complex Contagion on Twitter", em *Proceedings of the 20th International Conference on World Wide Web* (Nova York: Association of Computing Machinery, 2011): 695-704. O movimento do sinal de igual no Facebook foi estudado por Bogdan State e Lada Adamic em "The Diffusion of Support in an Online Social Movement: Evidence from the Adoption of Equal-Sign Profile Pictures", em *Proceedings of the 18th ACM Conference on Computer Supported Cooperative Work & Social Computing* (Nova York: Association of Computing Machinery, 2015): 1741-1750. Uma análise relacionada à disseminação do comportamento eleitoral por meio de laços fortes online está em "A 61-Million-Person Experiment in Social Influence and Political Mobilization", de Robert Bond et al, em *Nature* 489, n. 7415 (2012): 295-298. O Desafio do Balde de Gelo e memes relacionados foram estudados por Daniel Sprague e Thomas House em "Evidence for Complex Contagion Models of Social Contagion from Observational Data", em *PLOS ONE* 12, n. 7 (2017): e0180802; e o estudo de bots para o bem social é detalhado por Bjarke Mønsted et al. em "Evidence of Complex Contagion of Information in Social Media: An Experiment Using Twitter Bots", em PLOS ONE 12, n. 9 (2017): e0184148. Uma coleção abrangente de estudos empíricos sobre contágio complexo pode ser encontrada em *Complex Contagions: A Decade in Review,* de Douglas Guilbeault et al.

Existem vários artigos excelentes que abordam o tópico de como o reforço social entre bots de mídia social e "trolls" influencia a disseminação da desinformação e "fake news". Novos estudos importantes no campo político incluem os trabalhos de Kathleen Hall Jamieson, *Cyberwar: How Russian Hackers and Trolls Helped a President: What We Don't, Can't, and Do Know* (Nova York: Oxford University Press, 2018); Alessandro Bessi e Emilio Ferrara, "Social Bots Distort the 2016 US Presidential Election Online Discussion", em *First Monday* 21, n. 11 (2016): 7; e Norah Abokhodair et al., "Dissecting a Social Botnet: Growth, Content and Influence in Twitter", em *CSCW* (2015): 839-851. No campo da saúde, trabalhos úteis sobre esse tópico incluem os de Ellsworth Campbell e Marcel Salathé, "Complex Social Contagion Makes Networks More Vulnerable to Disease Outbreaks", em *Scientific Reports* 3 (2013): 1-6; David Broniatowski et al., "Weaponized Health Communication: Twitter Bots and Russian Trolls Amplify the Vaccine Debate", em *American Journal of Public Health* 108, n. 10 (2018): 1378-1384; e meu recente relatório de políticas sobre esse tópico, "The Complex Contagion of Doubt in the Anti-Vaccine Movement", de Damon Centola, em *2019 Anual Report of the Sabin-Aspen Vaccine Science & Policy Group* (2020).

Capítulo 6

Excelentes estudos sobre a transferência de conhecimento através das fronteiras organizacionais incluem os de Deborah Ancona e David Caldwell, "Bridging the Boundary: External Activity and Performance in Organizational Teams", em *Administrative Science Quarterly* 37 (1992): 634-665; Morten T. Hansen, "The Search-Transfer Problem: The Role of Weak Ties in Sharing Knowledge across Organization Subunits", em *Administrative Science Quarterly* 44, n. 1 (1999): 82-111; e Gautam Ahuja, "Collaboration Networks, Structural Holes, and Innovation: A Longitudinal Study", em *Administrative Science Quarterly* 45 (2000): 425-55. Análises do papel dos mediadores nas redes organizacionais podem ser encontradas em *Structural Holes: The Social Structure of Competition* (Cambridge, MA: Harvard University Press, 1992), de Ronald Burt, e no Capítulo 7, "Diffusing Change in Organizations", em *How Behavior Spreads,* de Damon Centola.

Histórias breves, porém úteis, sobre o Projeto Genoma Humano são disponibilizadas por Henry Lambright em "Managing 'Big Science': A Case Study of the Human Genome Project" (Washington, DC: Pricewaterhouse-Coopers Endowment for the Business of Government, 2002) e por Charles R. Cantor em "Orchestrating the Human Genome Project", em *Science* New Series 248, n. 4951 (6 de abril de 1990): 49-51. A conexão do Projeto Genoma Humano com a inovação aberta é bem elaborada por Walter Powell e Stine Grodal em "Networks of Innovators", em *The Oxford Handbook of Innovation* (2005), 56-85. Um verdadeiro tesouro de dados sobre a logística de colaboração diária entre os centros que trabalham no Projeto Genoma Humano pode ser encontrado no arquivo governamental disponível ao público: https://web.ornl.gov/sci/techresources/Human_Genome/index.shtml (acessado em:06 jul. 2022).

Estudos proveitosos sobre a história da inovação aberta incluem os de AnnaLee Saxenian, *Regional Advantage: Culture and Competition in Silicon Valley and Route 128* (Cambridge, MA: Harvard University Press, 1994); Eric Von Hippel, "Cooperation between Rivals: Informal Know-How Trading", em *Research Policy* 16 (1987): 291-302; e John Hagedoorn, "Inter-Firm R&D Partnerships: An Overview of Major Trends and Patterns since 1960", em *Research Policy* 31 (2002): 477-492. Excelentes estudos sobre redes sociais e inovação aberta incluem os de Christopher Freeman, "Networks of Innovators: A Synthesis of Research Issues", em *Research Policy* 20 (1991): 499-514; e Walter Powell et al., "Interorganizational Collaboration and the Locus of Innovation: Networks of Learning in Biotechnology", em *Administrative Science Quarterly* 41, n. 1 (1996): 116-145. O processo de coordenação através das fronteiras organizacionais não é isento de complicações; a ver, por exemplo, de Paul DiMaggio e Walter W. Powell, "The Iron Cage Revisited: Institutional Isomorphism and Collective Rationality in Organizational Fields", em *American Sociological Review* 48 (1983): 147-160; e, de Mark Granovetter, "Economic Action and Social Structure: The Problem of Embeddedness", em *American Journal of Sociology* 91 (1985): 481-510.

Uma boa análise do movimento espontâneo #myNYPD pode ser encontrada em "Hijacking #myNYPD: Social Media Dissent and Networked Counterpublics", de Sarah Jackson e Brooke Foucault Welles, em *Journal of Communication* 65 (2015): 932-952; os tweets citados são desse estudo. Um relatório abrangente sobre a evolução das redes do Twitter durante os protestos de Ferguson pode ser encontrado em *Beyond the Hashtags: #Ferguson, #Blacklivesmatter, and the Online Struggle for Offline Justice*, de Deen Freelon et al. (Washington, DC: Center for Media & Social Impact, American University, 2016). As citações do Twitter sobre os protestos de Ferguson são de

"#Ferguson Is Everywhere: Initiators in Emerging Counterpublic Networks", de Sarah Jackson e Brooke Foucault Welles, em *Information, Communication, and Society* 19, n. 3 (2015): 397-418, que oferece uma análise perspicaz das experiências dos cidadãos durante os protestos e o seu crescente envolvimento com a mídia. Elaborações proveitosas desse trabalho incluem "Social Media Participation in an Activist Movement for Racial Equality", de Munmun De Choudhury et al., em *Proceedings of the Tenth International AAAI Conference on Web and Social Media (ICWSM 2016);* e *#HashtagActivism: Race and Gender in America's Network Counterpublics* (Cambridge, MA: MIT Press, 2019), de Sarah Jackson et al. Pesquisas de opinião pública detalhando o rápido crescimento do apoio ao movimento Black Lives Matter são encontradas em "How Public Opinion Has Moved on Black Lives Matter", de Nate Cohn e Kevin Quealy, em *New York Times*, 10 de junho de 2020.

Capítulo 7

Meu estudo experimental sobre similaridade e influência social no MIT foi publicado em "An Experimental Study of Homophily in the Adoption of Health Behavior", de Damon Centola, em *Science* 334, n. 6060 (2011): 1269-1272. O termo *homofilia* usado por sociólogos muitas vezes tem gerado confusão devido aos seus múltiplos significados. Ele se refere tanto à preferência das pessoas por fazer conexões sociais com outras semelhantes quanto à observação de que as pessoas estão desproporcionalmente conectadas a outras semelhantes (o que pode ocorrer por outros meios que não a seleção preferencial, como por classificação organizacional); mais confusão é criada pela subdivisão do termo em *homofilia de status* (conexão social baseada em circunstâncias e características semelhantes) e *homofilia de valor* (conexão social baseada em crenças e atitudes semelhantes). Esses múltiplos sentidos de homofilia levaram a usos sobrepostos e ambiguidade conceitual; para mais detalhes, ver: de Miller McPherson et al., "Birds of a Feather: Homophily in Social Networks", em *Annual Review of Sociology* 27 (2001): 415-444; de Paul Lazarsfeld e Robert K. Merton, "Friendship as a Social Process: A Substantive and Methodological Analysis", em *Freedom and Control in Modern Society* 18, n. 1 (1954): 18-66; e, de Damon Centola e Arnout van de Rijt, "Choosing Your Network: Social Preferences in an Online Health Community", em *Social Science & Medicine* 125 (janeiro de 2015): 19-31. Para maior compreensão neste capítulo, uso o termo *similaridade* em vez de *homofilia* e discuto os cenários em que a semelhança das pessoas em status ou crença pode afetar o fluxo de influência social entre elas. O papel da similaridade na influência social é circunscrito pelos três Princípios de Relevância.

Em relação ao Princípio 1, um relato perspicaz de como as respostas dos pacientes aos conselhos de saúde dos médicos variam de acordo com as características dos médicos se encontra em "Healthier than Thou? 'Practicing What You Preach' Backfires by Increasing Anticipated Devaluation", de Lauren Howe e Benoît Monin, em *Journal of Personality and Social Psychology* 112, n. 5 (maio de 2017): 735. Um excelente estudo sobre a disseminação de inovações organizacionais, incluindo a pílula de veneno e o paraquedas dourado, está em "Corporate Elite Networks and Governance Changes in the 1980s", de Gerald F. Davis e Henrich R. Greve, em *American Journal of Sociology* 103, n. 1 (julho de 1997): 1-37. Davis e Greve usam o termo *legitimidade cognitiva*, enquanto eu uso o termo *credibilidade* para me referir à necessidade dos membros do conselho de acreditar na segurança e eficácia da inovação. Também relacionado ao Princípio 1, ver *Friendship as a Social Process,* de Lazarsfeld e Merton.

Relacionada ao Princípio 2, a abordagem de rede de Heckathorn e Broadhead para recrutar usuários de drogas injetáveis para participar de um programa de prevenção ao HIV é descrita por Douglas Heckathorn em "Development of a Theory of Collective Action: From the Emergence of Norms to Aids Prevention and the Analysis of Social Structure", em *New Directions in Contemporary Sociological Theory*, Joseph Berger e Morris Zelditch Jr., eds. (Nova York: Rowman e Littlefield, 2002); e por Douglas Heckathorn e Judith Rosenstein em "Group Solidarity as the Product of Collective Action: Creation of Solidarity in a Population of Injection Drug Users", em *Advances in Group Processes*, vol. 19 (Emerald Group Publishing Limited, 2002), 37-66.

O estudo clássico que mostra os efeitos da similaridade na disseminação da solidariedade é de Muzar Sherif et al., *Intergroup Conflict and Cooperation: The Robbers Cave Experiment* (Norman, OK: The University Book Exchange, 1961). O estudo de acompanhamento realizado em Beirute é de Lutfy Diab, "A Study of Intragroup and Intergroup Relations among Experimentally Produced Small Groups", em *Genetic Psychology Monographs* 82, n. 1 (1970): 49-82, que é mais detalhado por David Berreby em *Us and Them: The Science of Identity* (Chicago: University of Chicago Press, 2008). Uma série de novos estudos sobre grupos-ponte (também chamados de *gateaway groups*) está no trabalho de Aharon Levy et al., "Ingroups, Outgroups, and the Gateway Groups Between: The Potential of Dual Identities to Improve Intergroup Relations", em *Journal of Experimental Social Psychology 70* (2017): 260-271; e, de Aharon Levy et al., "Intergroup Emotions and Gateway Groups: Introducing Multiple Social Identities into the Study of Emotions in Conflict", em *Social and Personality Psychology Compass* 11, n. 6 (2017): 1-15.

Relacionados ao Princípio 3, estudos de difusão que mostram a importância de diversas fontes de reforço social para o estabelecimento de legitimidade incluem *The Diffusion of Support in an Online Social Movement*, de Bogdan State e Lada Adamic; "Complex Contagion of Campaign Donations", de Vincent Traag, em *PLOS ONE* 11, n. 4 (2016): e0153539; e "Structural Diversity in Social Contagion", de Johan Ugander et al., em *Proceedings of the National Academy of Sciences* 109, n. 16 (2012): 5962-5966.

Capítulo 8

As primeiras explorações de como as normas sociais funcionam e o que acontece quando são violadas podem ser encontradas em descrições convincentes dos "experimentos de violação" de Harold Garfinkel, em *Studies in Ethnomethodology* (Polity Press, 1991); em "Response to Intrusion in Waiting Lines", de Stanley Milgram et al., em *Journal of Personality and Social Psychology* 51, n. 4 (1986): 683-689; e no trabalho relacionado de Erving Goffman, *Relations in Public: Microstudies of the Public Order* (Nova

York: Basic Books, 1971). Imagens evocativas do Dia H podem ser encontradas em https://rarehistoricalphotos.com/dagen-h-sweden-1967/ (acesso em 06 jul. 2022).

Reportagens populares de mudanças de expectativas em relação a apertos de mão e soquinhos podem ser encontradas em "Meeting Etiquette 101: Fist Bumps, Going Topless, and Picking Up Tabs", de Amber Mac, em *Fast Company*, 14 de março de 2014; "Who Made the Fist Bump?", de Pagan Kennedy, em *New York Times*, 26 de outubro de 2012; e em "Will the Fistbump Replace the Handshake?", de Simon Usborne, em *Independent*, 29 de julho de 2014. A entrevista com Chris Padgett pode ser encontrada em "The Fist Bump Is Invading Fortune 500 Boardrooms", de Eric Markowitz, em *Business Insider*, 31 de julho de 2014. O primeiro trabalho contemporâneo da filosofia a colocar o problema das normas sociais na linguagem dos jogos de coordenação é de David Lewis, *Convention: A Philosophical Study* (Oxford, Reino Unido: Wiley-Blackwell, 1969).

As distinções sociológicas entre *normas injuntivas*, *normas descritivas* e *convenções* são omitidas neste capítulo em favor do termo genérico *norma*. Alguns trabalhos teóricos importantes reservam o termo *norma* para equilíbrios de cooperação, em que a imposição é necessária para sustentar comportamentos pró-sociais (ver, por exemplo, *The Grammar of Society: The Nature and Dynamics of Social Norms*, de Cristina Bicchieri [Cambridge: Cambridge University Press, 2006]). No entanto, os casos empíricos que considero são jogos de coordenação, nos quais as falhas de coordenação são altamente significativas. São situações nas quais as pessoas esperam que os outros tenham um determinado comportamento e acreditam que os outros também esperam que eles adotem esse comportamento (por exemplo, cumprimentar um cliente executivo adequadamente). Jogos de coordenação que codificam padrões de etiqueta ou status envolvem expectativas normativas, mesmo sem preocupações sobre a violação do comportamento pró-social. Esse ponto é abordado com mais detalhes no Capítulo 9, que discute as normas para minorias "simbólicas" em ambientes organizacionais. Excelentes fontes para leitura adicional sobre jogos de coordenação incluem *The Strategy of Conflict*, de Thomas Schelling, (Cambridge, MA: Harvard University Press, 1960) e

A Course in Game Theory, de Martin J. Osborne e Ariel Rubinstein, (Cambridge, MA: MIT Press, 1994). A famosa analogia do barco a remo vem de David Hume, em *Tratado da natureza humana* (publicado originalmente em 1739-40; São Paulo: Editora Unesp, 2009, 2. ed.). O relato de Arthur Miller sobre *The Crucible* está em "*Why I Wrote 'The Crucible'*", de Arthur Miller, em *The New Yorker*, 13 de outubro de 1996; essas observações são exploradas em profundidade em meu estudo computacional sobre caça às bruxas, "The Emperor's Dilemma: A Computational Model of Self-Enforcing Norms", de Damon Centola et al., em *American Journal of Sociology* 110, n. 4 (2005): 1009-1040.

Importantes trabalhos sobre "revoluções" científicas são apresentados por Thomas S. Kuhn em *The Structure of Scientific Revolutions* (Chicago: University of Chicago Press, 1970) e por Thomas S. Kuhn em *The Copernican Revolution* (Cambridge, MA: Harvard University Press, 1957). A publicação que mudou o paradigma de Copérnico foi de Nicolau Copérnico, *On the Revolutions of the Heavenly Spheres* (Nuremberg, 1543), traduzido e comentado por Edward Rosen (Baltimore: Johns Hopkins University Press, 1992). A noção original de Kuhn de um paradigma científico abarcava um quadro social, psicológico e histórico da prática científica. Mais tarde, ele desenvolveu essa ideia em uma concepção mais explícita da prática científica em "Second Thoughts on Paradigms", de Thomas Kuhn, em *The Structure of Scientific Theories*, F. Suppe, ed. (Urbana: University of Illinois Press): 459-482, em que substituiu o termo ambíguo *paradigma* pelo mais socializado *matriz disciplinar*. As revoluções científicas ocorrem em velocidades variadas: a "mudança de paradigma" da mecânica de Newton para a relatividade geral, por exemplo, aconteceu de forma relativamente rápida em comparação com a lenta mudança da teoria da relatividade geral para a mecânica quântica (veja a citação de Max Planck neste capítulo). Uma análise útil das várias interpretações da concepção de paradigmas e mudanças de paradigma de Kuhn está em "Kuhn — The Conservative and Radical Interpretations: Are Some Mertonians 'Kuhnians' and Some Kuhnians 'Mertonians'?", de T. J. Pinch, em *Social Studies of Science* 27, n. 3 (1997): 465-482.

O segundo tratado de Wittgenstein é *Investigações filosóficas* (Rio de Janeiro: Vozes, 2014). *Investigações filosóficas* fornece ilustrações convincentes de jogos de linguagem e o problema fundamental da coordenação. O paradoxo de Wittgenstein diz respeito a como aprendemos a "continuar da mesma maneira" quando seguimos uma regra, embora existam muitas regras possíveis que descrevem o nosso comportamento passado. Uma interpretação influente da obra de Wittgenstein, muitas vezes referida como *Kripkenstein,* é de Saul Kripke, *Wittgenstein on Rules and Private Language* (Cambridge, MA: Harvard University Press, 1982).

Wittgenstein não foi o único a passar da lógica para a pragmática. A visão pragmática da linguagem estava ganhando popularidade na década de 1920 na Universidade de Cambridge; ver, por exemplo, "Facts and Propositions", de Frank Ramsey, em *Proceedings of the Aristotelian Society*, (sup. vol.) 7 (1927): 153-170. No entanto, a concepção de Wittgenstein de "significado como uso" era ao mesmo tempo nova e revolucionária. A pesquisa do final do século com professores de filosofia pode ser encontrada em "What Are the Modern Classics? The Baruch Poll of Great Philosophy in the Twentieth Century", de Douglas P. Lackey, em *The Philosophical Forum* 4 (dezembro de 1999).

Capítulo 9

A teoria dos pontos de virada foi aplicada pela primeira vez para a compreensão dos padrões de segregação residencial por raça por Morton M. Grodzins em "Metropolitan Segregation", em *Scientific American* 197 (1957): 33-47. A ideia foi posteriormente ampliada para incluir tópicos gerais relacionados à dinâmica da "massa crítica" no comportamento coletivo por Thomas Schelling em *Micromotives and Macrobehavior* (Nova York: W. W. Norton, 1978); e por Mark Granovetter em "Threshold Models of Collective Behavior", em *American Journal of Sociology* 83, n. 6 (1978): 1420-1443.

Nos estudos clássicos de Kanter sobre massa crítica (incluindo *Men and Women of the Corporation* [Nova York: Basic Books, 1977], de Rosabeth Moss Kanter, e "Some Effects of Proportions on Group Life: Skewed Sex

Ratios and Responses to Token Women", de Rosabeth Moss Kanter, em *American Journal of Sociology* 82, nº 5 [1977]: 965-990), ela trouxe a ideia de pontos de virada para a literatura sociológica sobre gênero e organizações. Esse trabalho foi estendido e aplicado ao gênero e à política por Drude Dahlerup em "From a Small to a Large Minority: Women in Scandinavian Politics", em *Scandinavian Political Studies* 11, n. 4 (1988): 275-297. Uma aplicação proveitosa da teoria da massa crítica para mudanças no ensino superior pode ser encontrada no trabalho de Stacey Jones, "Dynamic Social Norms and the Unexpected Transformation of Women's Higher Education, 1965-1975", em *Social Science History* 33 (2009):3. Embora o termo *massa crítica* tenha sido usado genericamente na pesquisa que decorre dos estudos originais de Kanter, Dahlerup e Kanter usaram termos diferentes: *atos críticos* e *grupos inclinados*, respectivamente. Permanece um debate considerável sobre a aplicação de pontos de virada nos estudos de gênero e os fatores específicos — como a coesão entre os ativistas — que determinam o quanto uma massa crítica pode ser eficaz na virada das normas sociais, conforme discutido por Sarah Childs e Mona Lena Krook em "Critical Mass Theory and Women's Political Representation", em *Political Studies* 56 (2008): 725-736; e por Drude Dahlerup em "The Story of the Theory of Critical Mass", em *Politics and Gender* 2, n. 4 (2006): 511-522. No Capítulo 10, exploro alguns desses fatores na discussão sobre estratégias de gratificações sociais.

Nosso estudo experimental de pontos de virada foi publicado em "Experimental Evidence for Tipping Points in Social Convention", de Damon Centola et al., em *Science* 360 (6393), 2018: 1116-1119. Identificamos dois parâmetros-chave — memória e tamanho da população — que determinam a massa crítica necessária para desencadear um ponto de virada. Essas descobertas estenderam o meu trabalho teórico inicial sobre pontos de virada, "Homophily, Networks, and Critical Mass: Solving the Start-Up Problem in Large Group Collective Action", de Damon Centola, em *Rationality and Society* 25, n. 1 (2013): 3-40; e "A Simple Model of Stability in Critical Mass Dynamics", de Damon Centola, em *Journal of Statistical Physics* 151 (2013): 238-253; bem como o nosso estudo experimental anterior sobre dinâmica de coordenação e normas sociais, "The Spontaneous Emergence of Conventions: An Experimental Study of Cultural Evolution", de Damon Centola e Andrea Baronchelli, em *Proceedings of the National Academy of Sciences* 112, n. 7 (2015): 1989-1994. Excelentes trabalhos iniciais em teoria dos jogos evolucionários sobre dinâmica de coordenação podem ser encontrados em "The Evolution of Convention", de Peyton Young, em *Econometrica* 61 (1993): 57-84; e "Learning, Local Interaction, and Coordination", de Glenn Ellison, em *Econometrica* 61, (1993): 1047-1071. O trabalho clássico de economia sobre seleção de equilíbrio pode ser encontrado em *A General Theory of Equilibrium Selection in Games*, de John Harsanyi e Reinhard Selten, (Cambridge, MA: MIT Press, 1988).

Os estudos de "surpresas" revolucionárias vêm de "The Inevitability of Future Revolutionary Surprises", de Timur Kuran, em *American Journal of Sociology* 100, n. 6 (1995): 1528-1551; e de *Private Truths, Public Lies: The Social Consequences of Preference Falsification* (Cambridge, MA: Harvard University Press, 1995), de Timur Kuran. Observações relacionadas sobre mudanças organizacionais inesperadas podem ser encontradas no trabalho de Rosabeth Moss Kanter, *The Change Masters: Innovation for Productivity in the American Corporation* (Nova York: Simon & Schuster, 1983). Excelentes trabalhos sobre o Partido dos Cinquenta Centavos na China estão em "How the Chinese Government Fabricates Social Media Posts for Strategic Distraction, Not Engaged Argument", de Gary King et al., em *American Political Science Review* 111 (2017): 484-501; e "How Censorship in China Allows Government Criticism but Silences Collective Expression", de Gary King et al., em *American Political Science Review* 107, n. 2 (maio de 2013): 1-18. A entrevista de Ai Weiwei é relatada em "China's Paid Trolls: Meet the 50-Cent Party", de Ai Weiwei, em *New Statesman*, 17 de outubro de 2012.

Capítulo 10

Um trabalho interessante sobre a ilusão da introspecção é o de Emily Pronin et al., "Alone in a Crowd of Sheep: Asymmetric Perceptions of Conformity and Their Roots in an Introspection Illusion", em *Journal of Personality and*

Social Psychology 92, n. 4 (2007): 585-595, que foi aplicado a intervenções sobre mudanças climáticas por Jessica Nolan et al. em "Normative Social Influence Is Underdetected", em *Personality and Social Psychology Bulletin* 34 (2008): 913- 923. Trabalhos relacionados sobre autopercepções ilusórias na tomada de decisões econômicas podem ser encontrados em *Rápido e devagar: duas formas de pensar* (Rio de Janeiro: Objetiva, 2012), de Daniel Kahneman.

Contribuições proeminentes para a crescente literatura sobre "estratégias de semente" para espalhar contágios sociais incluem as de David Kempe et al., "Maximizing the Spread of Influence through a Social Network", em *Theory of Computing* 11 (2015): 105-147; de Yipping Chen et al., "Finding a Better Immunization Strategy", em *Phys. Rev. Lett.* 101 (2008): 058701; e de Chanhyun Kang et al., "Diffusion Centrality in Social Networks", em *2012 IEEE/ACM International Conference on Advances in Social Networks Analysis and Mining* (2012): 558-564. A estratégia de semente da bola de neve foi apresentada no Capítulo 6, "Difusing Innovations that Face Opposition", em *How Behavior Spreads*, de Damon Centola, e foi formalizada usando a medida de "centralidade complexa" em "Topological Measures for Maximizing the Spread of Complex Contagions", de Douglas Guilbeault e Damon Centola, que fornece um método geral para identificar os locais mais influentes em uma rede social para espalhar contágios sociais.

Relatos detalhados dos experimentos do Malawi são encontrados em "Can Network Theory-Based Targeting Increase Technology Adoption?", de Lori Beaman et al., em *NBER Working Paper* n. 24912 (2018); e "Making Networks Work for Policy: Evidence from Agricultural Technology Adoption in Malawi", de Lori Beaman et al, em *Impact Evaluation Report* 43 (New Delhi: International Initiative for Impact Evaluation, 2016). O estudo clássico do milho híbrido, que ajudou a estabelecer o campo moderno de pesquisa sobre a difusão da inovação, é encontrado em "The Diffusion of Hybrid Seed Corn in Two Iowa Communities", de Bryce Ryan e Neal Gross, em *Rural Sociology* 8 (março de 1943): 15; todas as citações são desse estudo. Para uma análise de rede nítida desse processo de disseminação, veja "The Dynamics of Social Innovation", de Peyton Young, em *Proceedings of the National Academy of Sciences* 108, 4 (2011): 21285-21291.

A literatura em rápida expansão sobre os efeitos da vizinhança na disseminação da energia solar doméstica inclui os trabalhos de Bryan Bollinger e Kenneth Gillingham, "Peer Effects in the Diffusion of Solar Photovoltaic Panels", em *Marketing Science* 31, 6 (2012), 900-912; de Varun Rai e Scott Robinson, "Effective Information Channels for Reducing Costs of Environmentally-Friendly Technologies: Evidence from Residential PV Markets", em *Environmental Research Letters* 8, n. 1 (2013): 014044; de Marcello Graziano e Kenneth Gillingham, "Spatial Patterns of Solar Photovoltaic System Adoption: The Influence of Neighbors and the Built Environment", em *Journal of Economic Geography* 15, n. 4 (2015): 815-839; de Johannes Rode e Alexander Weber, "Does Localized Imitation Drive Technology Adoption? A Case Study on Rooftop Photovoltaic Systems in Germany", em *Journal of Environmental Economics and Management* 78 (2016): 38-48; de Hans Christoph Curtius et al., "Shotgun or Snowball Approach? Accelerating the Diffusion of Rooftop Solar Photovoltaics through Peer Effects and Social Norms", em *Energy Policy* 118 (2018): 596-602; e, de Samdruk Dharshing, "Household Dynamics of Technology Adoption: A Spatial Econometric Analysis of Residential Solar Photovoltaic (PV) Systems in Germany", em *Energy Research & Social Science* 23 (2017), 113-124. Na Alemanha, o notável sucesso inicial do programa dos mil telhados gerou o programa de incentivo de cem mil telhados (1999-2014), que se baseou na dinâmica de massa crítica que já estava em andamento, adicionando novos incentivos que ajudariam a acelerar a tendência social nacionalmente. A imagem do painel solar neste capítulo mostra o aumento de watts fotovoltaicos per capita (de wpc < 0,1 a wpc > 0,1) de 1992 a 2014. Um mapa animado pode ser encontrado em https://en.wikipedia.org/wiki/Solar_energy_in_the_European_Union (acessado em: 06 jul. 2022).

Capítulo 11

As abordagens de rede para entender a criatividade e a inovação foram aplicadas à indústria musical da Broadway por Brian Uzzi e Jarrett Spiro em

"Collaboration and Creativity: The Small World Problem", em *American Journal of Sociology* 111, 2 (2005); e por Brian Uzzi em "A Social Network's Changing Statistical Properties and the Quality of Human Innovation", em *Journal of Physics A: Mathematical and Theoretical* 41, 22 (2008): 224023. Ideias de rede relacionadas foram aplicadas à inovação em empresas de engenharia e gestão de alta tecnologia por James March em "Exploration and Exploitation in Organizational Learning", em *Organizational Science* 2, 1 (1991): 71-87; por David Lazer e Allan Friedman em "The Network Structure of Exploration and Exploitation", em *Administrative Science Quarterly* 52, 4 (2007): 667-694; e por Ray Reagans et al. em "How to Make the Team: Social Networks vs. Demography as Criteria for Designing Effective Teams", em *Administrative Science Quarterly* 49, n. 1 (2004): 101-133. Estudos relacionados que aplicam ideias de rede semelhantes ao estudo da descoberta científica são encontrados nos trabalhos de Roger Guimera et al., "Team Assembly Mechanisms Determine Collaboration Network Structure and Team Performance", em *Science* 308 (2005): 697-702; e de Lingfei Wu et al., "Large Teams Develop and Small Teams Disrupt Science and Technology", em *Nature* 566 (2019): 378-382. Observações semelhantes sobre o equilíbrio produtivo entre coordenação e criatividade na descoberta científica podem ser encontradas em "The Essential Tension: Tradition and Innovation in Scientific Research", de Thomas Kuhn, em *The Third (1959) University of Utah Research Conference on the Identification of Scientific Talent*, C. Taylor, ed. (Salt Lake City: University of Utah Press, 1959), 162-174.

Fontes para entender o campo mais amplo da ciência de dados e competições de ciência de dados podem ser encontradas em https://www.kdd.org/ (acesso em: 06 jul.2022). Os detalhes do Annenberg Data Science Competition são encontrados em "Impact of Network Structure on Collective Learning: An Experimental Study in a Data Science Competition", de Devon Brackbill e Damon Centola, em *PLOS ONE* (2020). Excelentes estudos culturais e econômicos que destacam o papel histórico das redes sociais no processo de inovação estão em *Guns, Germs, and Steel: The Fates of Human Societies* (Nova York: Norton, 2005), de Jared Diamond; e *O capital no século XXI* (Rio de Janeiro: Intrínseca, 2014), de Thomas Piketty.

Capítulo 12

Estudos sobre como os efeitos de enquadramento impactaram a interpretação dos dados da Nasa sobre as mudanças climáticas (por meio de um relatório do National Snow and Ice Data Center) incluem o de Kathleen Hall Jamieson e Bruce Hardy, "Leveraging Scientific Credibility about Arctic Sea Ice Trends in a Polarized Political Environment", em *Proceedings of the National Academy of Sciences* 111 (2014): 13598-13605; e o de Douglas Guilbeault et al., "Social Learning and Partisan Bias in the Interpretation of Climate Trends", em *Proceedings of the National Academy of Sciences* 115, 39 (2018): 9714-9719. O trabalho clássico sobre o raciocínio motivado é de Leon Festinger, *A Theory of Cognitive Dissonance* (Stanford, CA: Stanford University Press, 1957). Estudos relacionados sobre "viés de *status quo*" podem ser encontrados em "Status Quo Bias in Decision Making", de William Samuelson e Richard Zeckhauser, em *Journal of Risk and Uncertainty* 1 (1988): 7-59.

Meus alunos e eu realizamos vários estudos adicionais sobre o viés de rede e a inteligência coletiva usando tanto redes centralizadas quanto redes igualitárias. Esses estudos incluem: de Joshua Becker et al., "Network Dynamics of Social Influence in the Wisdom of Crowds", em *Proceedings of the National Academy of Sciences* 114, 26 (2017): E5070-E5076; de Douglas Guilbeault e Damon Centola, "Networked Collective Intelligence Improves Dissemination of Scientific Information Regarding Smoking Risks", em *PLOS ONE* 15, 2 (2020): e0227813; e, de Joshua Becker et al., "The Wisdom of Partisan Crowds", em *Proceedings of the National Academy of Sciences* 116, 22 (2019): 10717-10722. Pesquisas sobre as fontes de desconfiança em relação aos cuidados médicos convencionais entre as mulheres afro-americanas — em particular, como resultado dos programas de esterilização involuntária nas décadas de 1950 e 1960 — podem ser encontradas no trabalho de Rebecca Kluchin, *Fit to Be Tied: Sterilization and Reproductive Rights in America, 1950-1980* (New Brunswick, NJ: Rutgers University Press, 2009). Pesquisas úteis sobre os efeitos posteriores dessa história na adoção de medidas preventivas de saúde entre populações vulneráveis podem ser encontradas nos trabalhos de B. R. Kennedy et al., "African Americans and Their Distrust of the Health-Care System: Healthcare for Diverse Populations ", em *J Cult Divers* 14, n. 2 (2007): 56-60; e de E. B. Blankenship et al., "Sentiment, Contents, and Retweets: A Study of Two Vaccine-related Twitter Datasets", em *Perm J* 22 (2018): 17-138.

A dinâmica de contágio da desinformação sobre a segurança das vacinas é discutida em *The Complex Contagion of Doubt in the Anti-Vaccine Movement,* de Damon Centola, e em *Influencers, Backfire Effects, and the Power of the Periphery,* de Damon Centola. Um dos principais desafios políticos para os programas de vacinação contra a covid-19 é que informações falsas podem ser facilmente adaptadas para direcionar vieses específicos dentro de diferentes comunidades, enquanto as informações corretas não. Isso dá origem a uma potencial assimetria na dinâmica de contágio simples/complexo de desinformação *versus* informação correta, particularmente quando a informação correta é nova ou difícil de entender; veja no trabalho de Neil Johnson et al., "The Online Competition between Pro- and Anti-Vacination Views", em *Nature* 582 (2020): 230-233.

Relatos úteis do trabalho de Forssman e seu Prêmio Nobel incluem o de Renate Forssman-Falck, "Werner Forssman: A Pioneer of Cardiology", em *American Journal of Cardiology* 79 (1997): 651-660; e o de H. W. Heiss, "Werner Forssman: A German Problem with the Nobel Prize", em *Clinical Cardiology* 15 (1992): 547-549. Vários estudos excelentes sobre como as redes sociais e as normas sociais influenciam o comportamento de prescrição dos médicos incluem os de James Coleman et al., "The Diffusion of an Innovation between Physicians", em *Sociometry* 20 (1957): 253-270; de Craig Pollack et al., "The Impact of Social Contagion on Physician Adoption of 354 Advanced Imaging Tests in Breast Cancer", em *Journal of the National Cancer Institute* 109, 8 (2017): djx330; de Nancy Keating et al., "Association of Physician Peer Influence with Subsequent Physician Adoption and Use of Bevacizumab", em *JAMA Network Open* 3, n. 1 (2020): e1918586; e o meu comentário sobre Keating et al., "Physician Networks and the Complex Contagion of Clinical Treatment", de Damon Centola, em *JAMA Network Open* 3, n. 1 (2020): e1918585. Nosso estudo que usa redes igualitárias para abordar o viés implícito é "Experimental Evidence for the Reduction of Implicit Race and Gender Bias in Clinical Networks" (em produção; Annenberg School for Communication, University of Pennsylvania, Filadélfia, 2020), de Damon Centola et al.

Estudos importantes no conjunto de trabalhos em rápido crescimento que abordam o viés implícito de raça e gênero na tomada de decisões médicas incluem "The Effect of Race and Sex on Physicians' Recommendations for Cardiac Catheterization", de Kevin Schulman et al., em *New England Journal of Medicine* 340, n. 8 (1999): 618-626; "Implicit Racial/Ethnic Bias among Health Care Professionals and Its Influence on Health Care Outcomes: A Systematic Review", de William Hall et al., em *American Journal of Public Health* 105, 12 (2015): e60-e76; e "Physicians and Implicit Bias: How Doctors May Unwittingly Perpetuate Health Care Disparities", de Elizabeth Chapman et al., em *Journal of General Internal Medicine* 28 (2013): 1504-1510.

Um relato fascinante da notável temporada de 2002 do Oakland A's está na obra de Michael Lewis, *Moneyball: O homem que mudou o jogo* (Rio de Janeiro: Intrínseca, 2015).

Índice remissivo

#BlackLivesMatter 14, 131, 172, 200
#MeToo 42, 86, 140, 172, 174, 183, 195

A
aderência 15, 64, 66, 69, 75, 79, 82, 114
adesão 86
adoção 102
Aerosmith 24
alcance 49, 54, 85, 87, 101, 115, 213, 217, 227, 296
amigo da saúde 98
astroturfing 111

B
bala de prata 215
barreiras para a
    adesão 86
    adoção 88
Betamax 65
Black Lives Matter 54, 86, 131, 296
bola de neve 298
bot(s) 17, 104, 111, 112, 220
brand marketing 21, 294
Broadway 243
buzz 69

C
camaradas 91
campanha de
    marketing 234, 250
    marketing social 15
cartões-postais de Stanley Milgram 49
cateteres 273, 279
cateterismo 13, 277, 279, 280, 282, 283
centralização da rede social 270
ciência das redes 9, 15, 16, 18, 32, 43, 46, 52, 63, 124, 245, 250, 294, 302
círculos azuis 60
comunidades de saúde 98
conscientização 69
contágio 295
    complexo 16, 88, 94, 101, 104, 108, 113, 156, 224, 254
    simples 86, 94, 104, 107, 216, 224
coordenação 88, 121
coronavírus 9
covid-19 45, 53, 57, 173, 238, 273
credibilidade 89
criando solidariedade 150

D
Desafio do Balde de Gelo 108
desenviesamento 282
diferenciação 69
dilema de coordenação 166

E

empolgação 89
    emocional 145
energia solar 236
enquadramento 269
entrincheiramento 91
equidade racial 35
equipes 250, 294, 299
    de fogos de artifício 260
    de redes de pesca 252
esclerose lateral amiotrófica (ELA) 99
estratégias 294, 300
    da bala de prata 216
    da bola de neve 218
    da espingarda 212
    da vizinhança da bola de neve 223
    dos mil telhados 235
experimento do Zimbábue 79

F

Facebook 14, 27, 37, 43, 54, 60, 76, 86, 89, 106, 145, 156, 198, 214, 220, 297
fogos de artifício 97
fontes
    críveis 145
    de reforço 297
força 49, 59
formadores de opinião 29, 30, 41
fraqueza 44, 48, 53

G

geometria das redes 94
Google 66, 76
Google+ 14, 77, 79, 214, 295
Google Glass 67, 76, 79, 157, 217
grupos-ponte 154, 298

H

H1N1 45
Hamilton 241
hashtag 14, 104, 128, 131

HIV 80, 91
hub-and-spoke 41

I

influenciadores 15, 17, 22, 23, 29, 31, 32, 40-42, 82, 110, 212, 215, 216, 224, 225, 270, 272, 296, 299
influências compensatórias 28, 33, 78, 157, 215, 216, 227, 232, 247, 272, 295, 296, 300
infraestrutura de contágio 82, 115
inovação aberta 123
Instagram 14, 77

J

jogos de coordenação 182

L

laços
    fortes 46, 47, 50, 54, 57, 61, 75, 79, 86, 92, 94, 95, 99, 116
    fracos 44-47, 50, 52, 53, 58, 60, 63, 85, 94, 95, 99, 115, 117, 118, 238, 251
    sociais 42, 75, 93, 113, 129, 171, 211
legitimidade 89, 145, 156
localização 42, 61

M

marketing
    de influência 30, 32, 67
    social 15
    viral 80, 82, 112, 212, 213, 230
massa crítica 29, 57, 110, 130, 161, 184, 197, 218, 227, 235, 278, 298
memes 16, 104, 108, 111, 270
metáfora viral 15
mídias sociais 18, 32, 36, 37, 39, 40, 53, 59, 77, 111, 132, 142, 199, 201, 203, 211, 266, 269
milho híbrido 228

mil telhados 235
minoria comprometida 194
mito
    da aderência 64, 82
    da viralização 44
    do influenciador 21, 29, 32, 42
mudança
    de paradigma 175
    social 15, 29, 41, 82, 91, 140, 174, 186, 189, 193, 197, 212, 263, 295, 298, 300
Muro de Berlim 34, 39, 195

N
NBA 287
Netflix 252

P
padrão 15, 32, 40, 43, 58, 60, 62, 74, 87, 96, 97, 100, 117, 126, 129, 133, 138, 188, 211, 225, 231, 246, 250, 251, 254, 260, 268, 271, 289, 290
painéis solares 238
pandemia 10, 80, 173, 212, 216
periferia da rede 296
pessoas especiais 31, 218, 296, 298
peste bubônica 44, 45, 57, 63, 238
pontes 115
    estreitas 115, 123
    largas 115, 116, 123, 296
    mais largas 299
ponto de virada 182, 196, 198, 206
    social 222
praça Tahrir 36, 37
Prêmio Netflix 253
PrEP 80
Primavera Árabe 39, 40, 53, 54, 86, 94, 97, 134, 195, 220, 296
Primeira Guerra Mundial 91, 145, 179, 220
princípio da relevância 141

problema da toranja 66, 69, 76
problema de coordenação 26, 121
Projeto Genoma Humano 124
propagação viral 46, 86
prova social 144
publicidade 21, 30, 65, 231, 255, 295

R
redes de
    cluster 96
    equipes 294, 299
    pesca 96
    "desenviesamento" 282
    fogos de artifício 258
    pesca 252
redundância 47, 53, 55, 86, 96, 101, 111, 116, 213, 226, 227, 296
relevância 141, 143, 297
    regras da 143
revolução do milho 228

S
salto quântico da Coreia 71
Second Life 24, 29, 33, 41, 78, 87, 95, 107
segregação 279
Segunda Guerra Mundial 33, 248
semelhança com os adotantes 297
status 31, 68, 73, 81, 144, 183, 218
SXSW 23, 62

T
teclado
    Dvorak 64
    QWERTY 64
tomada de perspectiva 143
top-down 21
transição demográfica 71
Twitter 17, 22, 29, 32, 37, 41, 43, 54, 55, 62, 63, 86, 89, 94, 97, 103, 104, 107, 109, 111, 116, 129, 131, 220

U
União Soviética 33, 38

V
VHS 65
viés 264, 266, 299

vilas da vasectomia 75
vilas do DIU 75
viral 15, 16, 46, 54, 62, 80, 87, 102, 105, 109, 216, 294, 295
viralização 44
vírus 9, 15, 45, 53, 62, 85, 86, 212, 295

Esta obra foi composta em Adobe Garamond Pro e Soleil
e impressa em papel Pólen Natural 70 g/m²
pela Gráfica e Editora Rettec